KB125316

가와시마 요시코

만주 공주, 일제의 스파이

가와시마 요시코—만주 공주, 일제의 스파이

지은이 | 필리스 번바움
옮긴이 | 이지민
펴낸이 | 박동성
내지 편집 | 박지선
표지 디자인 | 곽유미
홍보마케팅 | 유인철

펴낸 곳 | **사일런스북** / 16311 / 경기도 수원시 장안구 송정로 76번길 36
전화 | 070-4823-8399
팩스 | 031-248-8399
출판등록 | 제2016-000084호 (2016.12.16)

2018년 10월 29일 초판 1쇄 발행
ISBN | 979-11-89437-02-2 03910
가격 | 16,000원

「이 도서의 국립중앙도서관 출판예정도서목록(CIP)은
서지정보유통지원시스템 홈페이지(http://seoji.nl.go.kr)와
국가자료공동목록시스템(http://www.nl.go.kr/kolisnet)에서 이용하실 수 있습니다.
(CIP제어번호: CIP2018029649)」

필리스 번바움 지음

가와시마 요시코
만주 공주, 일제의 스파이

사일런스북

목차

주요 등장인물

치즈코: 요시코의 비서

도이하라 겐지: 관동군의 악명 높은 공작원이자 요시코의 재정적 후원자. 수많은 악행으로 일본이 중국을 침략하는 데 크게 기여함.

후쿠: 요시코의 양모, 가와시마 나니와의 부인

후쿠나가 코세이: 히로와 푸제 사이에서 태어나 유일하게 살아남은 딸

캉주르잡: 몽골 군사지도자 파푸챠프의 아들, 요시코와 1927년에 결혼함.

하라다 도모히코: 어린 시절의 요시코를 아는 나니와의 친척

히로: 사가 히로 참고

이토 한니: 투기꾼, 요시코의 연인

이와타 아이노스케: 초민족주의자이자 요시코의 구애자

진 비후이: 가와시마 요시코의 다른 이름

진 모유: 요시코의 여동생

가미사카 후유코: 요시코의 1984년 전기 작가

가와시마 나니와: 요시코의 양부

가와시마 렌코: 요시코의 조카로 가와시마 나니와가 입양함.

가와시마 쇼코: 요시코의 조카손녀이자 렌코의 딸

가와시마 요시코: 아이신기오로 셴위, 이스턴 쥬얼, 빛나는 옥, 진 비후이로도 불림.

코세이: 후쿠나가 코세이 참고

마리코: 무라마쓰 쇼후 소설 《남장미인》의 여주인공

마쓰오카 요스케: 일본의 외무대신(1940~41)

모리야마 에이지: 초민족주의자이자 요시코의 구애자

무라마쓰 쇼후: 베스트셀러 《남장미인》의 저자

나니와: 가와시마 나니와 참고

오가타 하치로: 말년에 요시코의 곁을 지킨 비서

숙친왕: 요시코의 친부로 아이신기오로 산치라고도 불림.

푸제: '마지막 황제' 푸이의 동생, 사가 히로의 남편

푸이: 청 왕조의 마지막 황제

렌코: 가와시마 렌코 참고

사가 히로: 귀족 출신으로 푸제의 일본인 아내

사사카와 료이치: 논란 많은 기업가이자 요시코의 후원자

쇼후: 무라마쓰 쇼후 참고

쇼코: 가와시마 쇼코 참고

소노모토 코토네: 1939년 후쿠오카에서 요시코와 친밀한 사이가 됨.

수 빙웬: 침략자 일본에 맞서 반란을 꾀한 군벌

타다 하야오: 관동군 장교, 요시코의 연인

다나카 류키치: 관동군 장교, 요시코의 연인

테라오 사호: 요시코의 2008년 전기 작가

도야마 미쯔루: 일본의 세력 확장에 전념한 단체, 현양사의 초민족주의 지도자

완룽: 푸이의 아내

센리: 요시코의 오빠

야마가 토루: 요시코의 '첫사랑', 훗날 일본 특무기관에서 일함.

야마구치 요시코: 유명한 가수 겸 배우, 중국에서는 리샹란으로, 일본에서는 리코란
　　으로 알려짐.

장쭤린: 1928년 일본인에 의해 암살당한 막강한 군벌

연대표

1865   요시코의 양부, 가와시마 나니와 탄생
1904-1905   러일전쟁
1907   요시코가 태어났을 것으로 추정되는 해
1911   중국에서 일어난 반란으로 청 왕조 몰락
1912   중화민국 수립, 청 황제 푸이 퇴위
              숙친왕과 가족들 베이징에서 뤼순으로 도피
1915   요시코가 나니와의 양녀로 일본에 도착한 것으로 추정되는 해
1922   요시코의 아버지와 어머니 사망
1925   푸이, 베이징에서 톈진 일본인 거주지역으로 도피
1927   요시코, 캉주르잡과 결혼
1928   군벌 장쭤린 암살
1931   만주사변
              푸이가 톈진을 떠나 만주로 향함, 아내 완룽도 곧 합류
1932   상하이사변, 만주국 수립
              수 빙웬의 만주국 철로 몰수로 후룬베이얼사변 발발
1933   열하 전투, 《남장미인》 출간
1937   중일전쟁 시작
1940   일본, 독일, 이탈리아와 삼국동맹 체결
1941   소일 중립조약 체결, 진주만 공습
1945   소련의 만주국 침공, 제2차 세계대전에서 일본 패배
              요시코, 체포됨
1948   요시코, 베이징에서 숙청됨

일러두기

　일본과 중국 이름은 보통 성을 먼저 쓴 뒤 이름을 쓴다. 등장인물은 보통 성으로 칭했으나 성이 같은 인물이 두 명 이상일 경우 이름을 사용했다. 예를 들어, 가와시마 요시코는 보통 요시코라 칭했으며 아이신기오로 셴리는 셴리라 칭했다.

　중국 인명과 지명의 경우 중국어의 로마자 표기법인 병음을 사용했으며 Chiang Kai-shek(장제스)처럼 다른 방식이 더 알려진 경우는 예외로 했다. 영어로 쓰인 작품과 번역문에 등장하는 인용의 경우 중국인과 일본인의 이름과 지명을 원문에 표기된 대로 사용했다.

　중국인과 일본인이 나이를 세는 방식은 서양과 다르다. 아이는 태어나자마자 1살이며 다음 년도에는 2살이 된다. 하지만 현대에는 서양 방식을 사용하기도 한다. 어떤 시스템을 사용했는지 판별하기가 쉽지 않기에 나이는 원문에 인용된 대로 그대로 따랐다. 요시코의 나이는 전기 작가마다 동시대 인물마다 다르게 언급하고 있어 특히 파악하기 어려웠다.

　※ 본문에 나오는 각주 내용은 전부 번역자가 첨가한 것임을 알려둔다.

가와시마 요시코, 1933년경　호카리 카시오 제공

1

혼돈 속에 태어나다

나는 인간들과 죽고 싶지 않다. 허나 원숭이들과 함께 죽는다면 기쁠 것
이다. 원숭이는 정직하다. 개 또한 마찬가지다.
-가와시마 요시코

1948년 3월의 어느 날 아침, 해가 막 뜨려는 찰나 죄수가 모습
을 드러냈다. 그녀는 평생 자신을 따라다닌 요란한 의식 없이 조용
히 죽고 싶다는 바람을 내비쳤다. 또한 마지막 가는 길에 흰색 일
본 예복을 입고 싶다고 했지만 이 요청은 받아들여지지 않았다. 그
녀는 양부에게 보낸 편지에 이렇게 적었다. "저는 3월 25일에 처
형될 것입니다. 젊은이들에게 중국의 미래를 위해 기도해달라고
당부해주세요." 교도관은 그녀를 베이징 교도소 뒤뜰로 데리고 가
죄목을 나열한 뒤 신분을 확인했다. 그녀는 무릎을 꿇은 채 머리
뒤편에 총을 맞고 쓰러졌다. 훗날 교도관은 그녀가 조금도 움찔하
지 않았다고 전했다.

횡설수설 쓴 옥중 편지를 보면 그녀가 자신의 평온한 마음 상태
를 자랑스럽게 여긴 것을 알 수 있다. 재판의 중압감으로 마음이
약해지지도 않았고 재판 결과를 두려워하지도 않았다. "아마 저를

처형할 모양입니다. 중국 법원은 제가 청 왕조를 부활하기 위해 일본인들을 이용한 위험한 간첩이라고 판결 내렸습니다. 제가 중국을 적국에 팔아넘겼다고 합니다. 그들의 생각이 이러할진대 저를 처형하는 게 마땅하겠지요. 저는 감사한 마음입니다. 제가 정말로 그렇게 중요한 인물이었나요? 저는 그들에게 요청하는 바입니다. 저를 처형함으로써 그 사실을 입증해달라고. 바로 그때부터 진짜 원숭이 쇼가 시작되는 거죠."

이 편지에서 그녀는 자신의 사상이 형성되는 데 큰 영향을 끼친 양부를 칭찬하기까지 한다. 그녀는 아버지의 조언대로 만주족을 위해 자신의 인생을 바침으로써 아버지의 가르침을 존중했다고 믿었다. 그녀는 말을 타고 열하를 내달렸으며 부대를 지휘해 자신의 앞길을 가로막는 이들을 처단했다. 전쟁에서 부상을 당하기도 했지만 승리할 경우 만주족이 부활함과 동시에 중국 전체에 만연한 혼란이 종식될 거라고 믿었다. 아버지에게 자신을 걱정하지 말라며 자신은 원하는 삶을 살았고 자신에게 그런 용기를 준 건 아버지라고 했다. "아버지의 딸답게 제 마음은 차분하고 맑은 상태입니다. 저 자신이 자랑스럽습니다." 아버지의 가르침이 없었더라면 그녀는 아무것도 아니었으리라. 자국민을 위해 애쓰지도, 영예를 얻지도 못했을 것이다. 그런 것이 없는 삶이 무슨 의미가 있으랴? 그녀는 전사답게 이렇게 썼다. "혐의를 벗는 거나 처형되는 거나 저에겐 다를 바 없습니다."

1948년 아침, 그녀는 근거리에서 발사된 총탄에 머리를 맞아 생을 마감했으며 이와 함께 국제적인 명성을 안겨준 업적들도 모두 끝나고 말았다. 처형식이 있고 난 뒤 그녀의 사체가 담긴 섬뜩한 사진 한 장이 공개되었는데, 대중이 볼 수 있도록 펼쳐놓은 시신의 얼굴은 피범벅이 되어 있었다. 누군가에게는 반역자로 다른 누구에게는 해방자로 그리고 모두에게는 외롭고 불안정한, 아마 미친 사람으로까지 여겨졌을지 모르는 여성의 최후였다.

하지만 정말로 끝이었을까? 그녀의 사체가 담긴 사진이 대중에게 공개되자마자 의혹이 제기되었다. 그녀는 정말로 베이징 제1교도소 뒤뜰에서 그날 아침 사망했을까? 서양 기자 두 명만이 처형식에 참석하도록 허가받았다. 하지만 그들은 신뢰할 수 없는 외부인이었다. 《AP통신》 기자는 전설적인 이 여성이 자신의 앞에서 쓰러지는 걸 보았다고 기록했지만 비평가들은 그 기자가 그녀를 제대로 알아볼 수 있었을지 의문을 제기했다. 이 역사적 행사에 참석하기를 기대한 중국 기자들은 그날 아침, 출입을 거부당했다. 출입이 차단되자 그들은 소동을 일으켰다. 숨길 게 없다면 왜 중국 기자들이 사체를 식별하도록 허락하지 않았던 것일까? 가족들이 사진에 보이는 시신의 손이 요시코의 손이 확실하다고 주장함으로써 논란을 잠재우려고 했지만 소용이 없었다. 사진은 흐릿했다. 따라서 손을 알아볼 수 있다고 주장하는 건 말도 안 되는 일이었다.

만족할 만한 답이 제공되지 않은 채 시간이 흘렀고 자질구레한 내용이 덧붙으면서 그럴듯한 새로운 소문이 떠돌기 시작했다. 중국에서는 돈만 있으면 무슨 일이든 가능했고 요시코의 가족은 부자들과 연줄도 풍부했다. 교도관 한 명쯤은 쉽게 매수해 가짜 처형식을 거행할 수 있었다. 훗날 한 여성이 그날 아침에 죽은 건 유명한 간첩이 아니라 가난하고 병든 자신의 동생이라고 주장하고 나섰다. 그 여성의 가족은 동생이 간첩을 대신해 죽어주면 엄청난 돈을 주겠다는 약속을 받았다고 했다. 그중 일부는 처형식 전에 지급되었지만 나머지는 받지 못했다며 그 여성은 불만을 늘어놓았다.

소문은 삽시간에 퍼졌다. 중국처럼 거대한 나라에서는 '동양의 마타 하리'나 '만주의 잔 다르크'로 잘 알려진 사람조차도 외딴 지역에서 아무도 모르게 새로운 삶을 시작할 수 있었다. 그녀가 몽골과 한국에서 짓궂은 장난질을 하다가 목격되었다는 증언도 있었고, 최근에 중국 연구원들은 그녀가 북동지역에 위치한 창춘에서 1978년까지 살았다고 주장하기까지 했다. 창춘은 그녀의 지인이 많이 거주하는 곳이었다. 그들의 주장에 따르면, 그녀는 나이가 들면서 불교에 심취해서 근처 사원을 자주 방문했다고 한다. 젊은 시절 사내아이 같은 기질로 유명했던 그녀였기에 일부 마을 사람들은 얼마 전까지만 해도 그녀가 동네에서 나무에 오르는 것을 분명히 봤다고 주장하기도 했다.

*

언제, 어디에서 죽었든, 다양한 이름으로 불리는 이 여성은 역사에서 금방 사라질 기미가 보이지 않는다. 그녀의 삶을 둘러싼 구체적인 내용은 논란의 여지가 있지만 시작이 조금만 더 평화로웠더라면 끝 역시 마찬가지였을 거라는 데에는 거의 모두가 동의한다. 하지만 왕국의 격변과 그녀가 당했던 성적 학대를 생각하면 그녀의 운명에 평화라는 단어는 애초부터 어울리지 않았다. 중국에서 태어나 일본에서 자란 그녀는 결국 양측 어디에도 속하지 못한 상태로 생을 마감했다.

숙친왕의 열네 번째 딸인 아이신기오로 셴위[1]로서 삶은 베이징에서 시작되었다. 숙친왕은 실패한 쿠데타와 서른여덟 명의 자녀를 유산으로 남겼다. 만주족이 지배하던 청 왕조가 1912년 몰락하면서 숙친왕은 만주족의 부활을 구상하기 시작했다. 자녀가 서른여덟 명이나 있었던 숙친왕은 자신과 같은 정치적 야망을 품고 있던 일본인 측근에게 딸을 흔쾌히 내주었다.

가와시마 요시코로서 그녀의 삶은 일본에서 새롭게 시작되었다. 그곳에서 그녀는 만주 공주답게 말을 타고 시골 학교에 등교해 마을 사람들을 놀라게 했다. 그녀는 만주의 부활을 위해 일생을 바쳐야 한다는 양부의 가르침에 순종했는데, 그녀를 전장으로 돌진하게 만든 이 목표는 그녀의 변덕스럽고 욱하는 성미와 잘 맞아떨어졌다.

---

1. 만주어로 아이신기오로 현우(愛新覺羅·顯玗), 중국어로 진 비후이(金璧輝 금벽휘)

진 비후이 사령관으로서의 그녀는 남장을 즐기는 간첩으로 명성을 쌓았으며 베스트셀러 소설의 여주인공이 되기도 했다. 세련된 짧은 머리에 군복을 입고 다니던 그녀는 다양한 업적을 달성했지만 실제로 확인된 것은 아무것도 없다. 자신이 이끄는 군대의 지휘관으로 다시 한번 말에 오른 것도 그중 하나다. 명성에 중독된 그녀는 자질이 다소 의심스러운 분야에 진출하기도 했다. 진짜 몽골 민요라 주장하며 노래를 녹음했는데, 주제를 직접 고르고 가사까지 직접 쓴 것으로 알려졌다.

사상은 숭고했을지 몰라도 그녀가 수행해야 할 일들은 그렇지 않았다. 그녀는 만주를 다시 일으키려는 과정에서 일본이 만주에 세운 괴뢰정권을 홍보하고 다녔고, 그 때문에 일본이 패배한 뒤 중국에서 반역죄로 재판을 받게 되었다. 그 무렵 그녀를 둘러싼 신화는 전 세계 사람들의 상상력을 사로잡은 상태였다. 장제스가 그녀를 처형한 1948년 아침, 그녀는 더 이상 자기 과시를 위해 남자 옷을 입지 못하게 되었다. 아니면 그날 정말 죽은 게 아니라 아슬아슬하게 도망쳐 대기 중인 비행기에 올라탄 뒤 아무도 모르는 곳에서 새로운 인생을 시작했을지도 모른다.

*

그녀의 죽음은 오늘날까지 의문으로 남아있지만 이 유명한 간첩은 아직도 이따금 그 존재감을 드러낸다. 애국심을 고취하려는 정부의 입장에서는 이런 인물의 과업을 상기시킴으로써 대중의 마음을 흔들 수 있겠지만 그녀의 경우에는 그리 용이하지가 않다. 그녀가 추구한 목표가 다소 모순적이기 때문이다. 따라서 중국과 일본 양측 모두에서 본받을 만한 인물로 추앙받지 못하고 있다. 중국에서 그녀는 자국에 극심한 피해를 준 반역자이자 악마의 화신으로 여겨진다. 중국인들은 그녀가 상하이에서 전쟁을 일으키고 일본의 점령을 도왔다며 그녀를 비난한다. 그러면서 어린 시절의 강간 사건을 비롯해 지칠 줄 몰랐던 그녀의 성적 갈증을 빼먹지 않고 언급한다. 물론 어느 정도 맞는 말이기는 하지만 그녀를 비난하는 중국인들은 어떤 군벌이 탑승한 기차가 심양의 다리 밑을 지나던 중 교각을 폭파한 사건의 배후에 그녀가 있었다고 주장하기까지 한다. 사실 그녀에겐 폭발물 관련 전문 지식이 없었고 그보다는 상하이의 무희 역에 훨씬 더 어울렸다. 왈츠대회에서 1등 상을 받은 소녀가 그렇게 어마어마한 암살 계획을 수행했다는 건 믿기 힘든 주장이다.

일본에서 그녀의 이야기는 완전히 다른 양상을 띤다. 그녀는 가와시마 요시코로서 유년 시절의 대부분을 일본에서 보냈기 때문에 사실상 자국민으로 받아들여진다. 따라서 일본인들은 그녀의 무모한 행동을 보다 애석한 관점에서 바라본다. 그들은 어린 시절의 변민이나 버림받음, 고독 등을 참작하여 그녀의 심리적인 문제에 초점을 맞춘다. 일본인들은 전시에 그녀가 저지른 행동에 너그러운 편이며 암살 계획 따위에는 관심조차 없다. 일본인들은 요시코를 애처롭게 바라보는 경향이 짙다. 처음에는 생부와 양부에게, 나중에는 일본 군대에, 그리고 그녀의 아름다움과 대범함을 이용하고자 했던 다른 남성들에게 학대당한 여인으로 생각한다. 그러나 궁극적으로 가와시마 요시코는 경솔함 때문에 불행한 결말을 자초했다고 한다. 그녀가 어렸을 때 한 장의 서류만 작성되었더라면 처형까지 가지는 않았을 것이라는 주장도 있다. 어수선했던 시절 어느 누구도 그 서류에 신경을 쓸 겨를이 없었고 그녀는 이미 목숨이 달린 법정에 선 상태였다. "불쌍한 요시코 이모!", 그녀의 조카딸이 그녀가 죽었다는 소식을 듣고 슬퍼했다. "그 작은 종이 한 장이면 이모를 살릴 수 있었는데…"

이 이중간첩은 영화제작자의 관심을 사기도 했다. 1987년에 개봉한 베르나르도 베르톨루치 감독의 〈마지막 황제〉가 가장 유명하다. 영화 속에서 요시코는 친척이자 망명한 '마지막 황제' 푸이의 톈진 집에 처음 등장한다. 그녀는 늠름하게 파일럿 가죽 재킷을 걸치고 의기양양하게 '이스턴 쥬얼'이라고 자신의 신분을 밝힌다. 그녀의 또 다른 이름이었다. 이스턴 쥬얼은 결혼제도를 무시하고 황후의 아편 제공자가 됨으로써 자신이 관습과 예절 따위는 하찮게 여긴다는 사실을 보여준다.

"저는 모르는 게 없어요." 그녀는 황후에게 말한다. "장제스(치앙카이쉑)의 이는 틀니예요. 저는 그 사람 별명도 알지요. '캐시마이체크(수표를_바꿔_줘)'랍니다. 저는 간첩이에요. 하지만 누구에게 알려지든 상관없죠."

푸이 황제가 방 안으로 성큼성큼 들어오자 이스턴 쥬얼은 사촌답지 않게 열정적으로 그를 껴안으며 환영한다. 푸이의 아내가 막 그를 떠난 상태였기에 이스턴 쥬얼은 자신이 그 자리를 대신하겠다고 자청하고 나선다. 하지만 푸이는 그녀가 자신이 좋아하는 타입이 아니라고 말한다.

이스턴 쥬얼은 이에 당황하지 않고 정치 음모로 화제를 돌린다.

*

베르톨루치 감독의 영화를 비롯해 기타 신뢰할 만한 자료에서 알 수 있듯, 요시코는 일본이 중국을 점령해가는 과정에서 명성을 쌓았다. 1931년, 만주에서 시작된 일본의 중국 점령은 1945년, 일본이 전쟁에서 패배할 때까지 지속하였다. 그 기간 동안 요시코는 중국과 일본의 전통과 언어 차이에 아랑곳하지 않고 양국을 오갔다. 그녀는 이 긴박한 상황에서 야기될 수 있는 위험을 두려워하지 않는 것 같았다. 위험한 상황에서도 이렇게 태평할 수 있는 이유는 둘 중 하나였다. 용기가 대단했거나 당시 상황을 완전히 잘못 이해했거나.

일본은 공격을 정당화하기 위해 자국이 중국을 서방 제국주의자에게서 해방시켜주는 거라고 주장했다. 특히 영국과 프랑스는 중국을 상대로 치욕스러운 조약을 맺게 했으며 '중국이라는 먹음직스러운 멜론을 잘게 쪼갠 뒤' 각자 원하는 만큼을 차지했다. 하지만 일본은 중국을 '해방'시키는 과정에서 서방 국가보다 더 잔인한 제국주의자가 되었다. 그러면서 '아시아인들만의 낙원'을 중국에 건설하겠다는 슬로건을 내세웠다. 그들은 중국 영토를 무자비하게 강탈했는데 만주에서 시작된 영토 찬탈은 중국 동쪽 해안의 여러 지역으로까지 이어졌다.

일본의 영향 아래 성장한 만주 공주 요시코는 역사의 격동 속에서 영예를 누리다 몰락했다. 중국과 일본이 끔찍한 과거사를 두고 계속해서 언쟁을 벌이는 동안 그녀는 끊임없이 논쟁의 대상이 되었다. 그녀는 당대에 자행된 도륙의 순진한 희생양에 불과했을까? 일본이 중국에 건설한다고 주장한 '낙원'의 소용돌이에 휘말려 드는 걸 피할 수는 없었을까? 그 소용돌이에 휘말린 이상 그녀 역시 일제의 잔인함에 대해 책임을 져야만 했던 것일까?

요시코를 지지하는 이들은 그녀가 친부에게 버려지고 애정을 갈망한 그저 외로운 여자였을 뿐이라고 말한다. 하지만 비판적인 이들은 외로운 여자라고 해서 모두가 말에 올라타 외부 침략자를 돕거나 침략자를 위해 첩보 활동을 하지는 않는다고 지적한다.

2
여동생

영화나 드라마에서나 나올 법한 주인공이 요즘 일본 언론에 자주 등장한다. 여걸 같기도 하고 사내아이 같기도 한 그녀에게는 '만주국의 잔다르크'라는 별명이 있다. 그 이름은 가와시마 요시코. 그녀를 둘러싼 여러 가지 독특한 이야기가 자국 군대에 강한 자긍심을 느끼는 일본이라는 나라에 큰 매력으로 다가오고 있다.

요시코는 일본 간첩으로 활동했고, 말에 올라탄 채 만주 부대를 이끌고 전쟁터로 향하는 모습이 목격되기도 했으며 신문 기사와 소설의 주인공으로 등장하기도 했다. 도쿄를 방문했을 때 한 카페 종업원이 그녀에게 남자인지 여자인지 물었는데, "저는 반은 여자고 반은 남자입니다."라고 대답했다고 한다. 그 후 얼마 안 가 한 방송에서 이제 자신은 남자라고 선언했으며 일본 여성들에게 단발머리를 하지 말고 외국 옷을 입지 말 것을 충고하기까지 했다.

가와시마 요시코는 만주에서 태어났다. 기록에 따르면 그녀의 아버지는 만주의 왕자였다고 한다. …혁명이 일어나자 그녀의 아버지는 중국의 혼란스러운 정치에 깊이 관여한 일본 낭인(유랑하는 사람 혹은 무사를 가리키는 말)의 도움으로 톈진에서 뤼순으로 도피했다.

-《뉴욕타임스》, 1933년 9월 17일

요시코는 재판에서 자신이 알려진 것보다 나이가 어리다고 주장했다. 또 중국 정부의 주장과는 달리 실제로는 살아있을지도 몰랐다. 하지만 처형식이 있던 날 이후 그녀의 언행이 세상에 공개적으로 드러나지 않은 것만은 확실하다. 요시코를 마지막으로 본 최측근은 동생 진 모유였다. 진 모유를 이야기의 출발점으로 삼아보자. 1918년에 태어난 진 모유는 숙친왕과 다섯 명의 부인에게서 태어난 서른여덟 명의 자식 중 막내였다. 성깔이 까칠했던 진 모유는 가족에 대한 자신만의 뚜렷한 관점을 지니고 있었고 형제들의 옷매무새에 대해 날카로운 지적을 서슴지 않았다. 진은 오랜 세월을 살면서(그녀는 2014년에 사망했다.) 자기의 까탈스러운 성격이 치명적인 결과를 가져올 수 있다는 사실을 알게 되었다. 특히 중국에서는 귀족 신분이 자기 생각을 거리낌 없이 말할 경우 최소한 감옥살이 신세가 되거나 최악의 경우 형장의 이슬로 사라질 수도 있었다.

요시코와 진 모유 둘 다 숙친왕의 네 번째 부인에게서 태어난 딸로 중국과 일본에서 꽤 오랜 기간을 살았다. 그 결과 둘 다 양국에 대한 충성심 사이에서 혼란스러워했고 이는 두 자매의 인생에 치명적인 영향을 미친다. 요시코는 1948년에 총살을 당한 걸로 추정되고 진은 신해혁명의 장애물이라는 죄목으로 15년 동안 옥살이를 했다. 악명 높은 언니 때문이기도 했고 자기 스스로 맺은 일본과의 연대 관계 때문이기도 했다. 나이가 들어 자신이 견뎌낸 세월을 달관할 때에 이르러서도 진은 자신의 복잡한 역사를 절대로 잊지 못했다.

그녀는 《청나라 공주로 태어나》라는 자서전에서 이렇게 썼다.

"나는 중국인이다. 하지만 사고방식이 일본화되었다. …나는 정치에는 아무런 관심이 없다. …중국 학교를 하루도 다녀본 적이 없다. 초등학교부터 대학교까지 일본에서 다녔다. 내 친구는 전부 일본인이다." 진은 일본과의 관계 때문에 중국에서 박해를 받았지만 일본 방식대로 사는 것을 자랑스럽게 여겼다. 그녀는 여든 살의 나이에 자신이 살던 베이징에 일본어학원을 차렸으며 병상에 누운 상태에서도 끝까지 전투적인 자세를 잃지 않았다.

진은 나와의 전화 인터뷰 도중 유창하면서도 퉁명스러운 일본어로 나를 꾸짖은 적이 있었다. "이봐요, 나는 과거 때문에 속만 끓이고 있을 수는 없어요. 그런 가문에서 태어난 건 내가 바꿀 수 있는 게 아니니까. …계속 후회만 하며 살고 싶지는 않다오. 나는 고통을 받았지만 결국 살아남았지. 중요한 건 지금의 나 아니겠소." 진은 중국과 일본의 역사보다는 양국의 요리가 어떻게 다른지 말하는 걸 더 좋아했다. "중국 요리는 훨씬 더 다양하다오. 하지만 음식을 대접할 때 사용하는 아름다운 접시에서는 일본을 따라올 수 없지." 그리고는 다음번 주제인 건강으로 넘어갔다. "나는 당뇨가 있지만 조금도 아프지 않다오. 정말 별거 아니래도. 설탕도 걱정 없어. 아흔을 바라보는 나이가 되면 걱정 따위는 다 사라지지. 미국인들은 먹는 거에 지나치게 예민하대도."

진은 음식과 건강에 대해 오랫동안 얘기했지만 요시코에 대한 얘기는 애써 피했다. 요시코의 행동으로 가족들이 국민당과 공산당 진영 모두로부터 수년간 박해를 당했기 때문일까. 물론 자매간의 관계가 화기애애하게 마무리된 것은 아니었다. 또한 언니에 대한 애정을 조금이라도 표현하는 것은 자칫 위험을 자초할 수도 있었다. 중국 당국은 요시코의 이름이 등장할 때면 언제나 맹렬한 비난을 퍼부어 왔으니까.

2007년, 그녀는 자신의 인생을 주제로 한 중국 TV 프로그램 〈88세 공주〉에서 인터뷰를 하면서 언니에 대한 기억을 되살리기 위해 부단히 애쓴 모습으로 나타났다. 언니가 자신을 '슈림프'라고 불렀다는 사실 외에 언니에 대한 언급을 일체 자제했지만 요시코 언니 특유의 스타일을 거리낌 없이 재연했다. 진은 머리부터 발끝까지 남자 복장을 한 채 TV에 등장한 것이다. 남자 양복과 셔츠, 신발로 멋을 부렸다. 여기에 사내아이 같은 머리 모양과 환한 미소까지 갖춘 진은 마치 요시코의 21세기 버전을 보여주는 듯했다. 깔끔한 바지를 입고 TV에 등장한 진은 대담한 언변을 선보였다. 자신의 경험을 바탕으로 정치적 논쟁을 일으킬 만도 했지만 그보다는 중국 청중들을 대상으로 자기 계발적인 조언을 하는 쪽을 택했다.

"나쁜 일이 일어나도 울지 마세요. 그건 쓸데없는 일입니다. 자신의 문제를 극복하고 더 높은 영적 수준에 도달하기 위해 노력해야 합니다. 그러기 위해서는 화와 슬픔을 적절히 조절해야 하며 그러한 감정을 그대로 노출해서는 안 됩니다." 그녀의 목소리는 거칠었다. 진은 청 왕조의 몰락, 그 이후의 망명 생활, 두 번의 결혼, 자신의 베이징 가정식 레스토랑에 일하던 요리사와의 불화, 긴 수감 생활 등 만주 공주로서 특권을 누리던 어린 시절 이후 겪게 된 일들을 대수롭지 않다는 듯 의연하게 말했다.

그녀는 머쓱한 듯 씩 웃으며 말했다. "저는 그런대로 새로운 환경에 잘 적응하는 편입니다. 수감되어 있는 동안에 옥수수빵을 훔쳤지요. 제 주위의 모두가 정말로 배고팠거든요. 저는 그들을 가엾게 여겼고 그들을 위해 음식을 훔칠 수밖에 없었습니다."

진 모유는 자서전에서 언니 요시코에 대해 조금 더 자세히 언급한다. 그녀는 자신보다 열한 살 많은 요시코와 함께 자라지는 않았다. 진은 뤼순에서 태어났는데, 그때 요시코는 이미 일본으로 보내진 상태였다. 진은 아홉 살이 되던 1927년, 언니를 처음으로 만나게 된다. 가족들이 살고 있던 뤼순에서 열린 요시코의 결혼식에서였다.

진 모유는 이렇게 적고 있다. "나는 언니가 뤼순에 온 뒤에야 언니를 처음 봤다. 하지만 언니에 대한 얘기는 많이 들었었다. 키는 작았지만 대단한 미인이었다. 거짓말도 정말 잘해서 엄마한테 늘 꾸중을 들었다. 엄마는 언니를 일본에 보내는 계획에 전적으로 반대했다. 앓아누운 상태에서도 '요시코를 데려다 다오.'라고 말했었다고 한다."

처음에 진은 언니의 화려함에 넋이 빠졌다. 결혼 전 즈음의 요시코는 남자처럼 옷을 입지 않았기 때문이었다. "언니는 느슨한 웨이브 머리를 하고 있었다. 동그랗게 말린 머리가 양 볼에 닿아있었다. 처음 본 머리 모양이었다. 언니는 치마에 새하얀 모피 재킷을 입고 있었다. 이런 옷차림으로 조용한 뤼순 거리를 활보했으니 눈에 띌 수밖에 없었다."

패션 감각이 남달랐던 이 언니는 골칫거리이기도 했다.

하루는 뭔가를 사러 가게에 갔다가 입구에서 우연히 언니를 만났다. 그날 역시 멀리서도 한눈에 언니를 알아볼 수 있었다. 언니는 새하얀 재킷과 치마를 입고 있었다. 다리가 훤히 보이는 걸 전혀 부끄러워하지 않는 것 같았다. 언니 다리는 무처럼 퉁퉁하고 못생겼는데 말이다(요시코는 몸집이 작고 손과 발이 예뻤지만 종아리는 무 같았다). 언니는 하이힐을 신고 있었다.

"아, 이런, 언니가 저기 있네."라고 생각하던 찰나 이미 늦은 상태였다.

언니는 나를 바로 알아보고는 외쳤다. "슈림프, 여기서 뭐 하고 있니?"

"강아지 간식 사러 왔어."

나는 가게 안으로 들어가려고 했지만 언니는 나를 순순히 놓아주지 않았다. "기다릴게. 집에 같이 가자."

언니 역시 손에 뭔가를 들고 있었다. 자세히 보니 라이온 치약이었다. 치약을 어떻게 한 건지 내용물이 위로 새어 나와 손바닥에 들러붙어 있었다. 자기 손에 묻은 치약을 본 언니는 화들짝 놀라며 크게 웃어댔다. 자신이 지금 어디에 있는지 전혀 개의치 않은 듯했다.

점차 사람들이 몰려들었고 창피한 나머지 나는 재빨리 가게 안으로 뛰어 들어갔다.

일본이 만주에 괴뢰정권을 수립한 뒤 요시코는 수도인 창춘에 자리를 잡았다. 그곳에서 중학교에 다녔던 진 모유는 요시코를 자주 방문했는데, 언니가 포드 V-8을 몰고 다녔던 거로 기억한다. 하루는 진이 아팠고 허락 없이 기숙사를 빠져나와 요시코의 집에서 쉬고 있었다. 선생님이 사라진 학생을 찾으러 왔지만 요시코는 규칙을 어긴 것을 사과할 사람이 아니었다.

요시코는 큰 소리로 웃으며 말했다. "왜 그러시죠? 맞아요. 우리 슈림프가 이리로 도망 왔어요. …슈림프는 건강하지 못해서 열이 자주 나요. 그래서 정말 걱정이죠. 이삼일 간 슈림프가 좋아하는 음식을 좀 먹인 뒤에 돌려보낼게요."

진 모유는 요시코의 집에서 풍기는 자유분방한 분위기를 즐겼지만 나머지 가족들은 두 자매가 가까워지는 걸 달가워하지 않았다. 요시코는 확실히 어린아이의 본보기로서는 적합한 인물이 아니었다. 요시코는 매일 밤 무도회장을 들락거렸고 언니를 따라 하고 싶었던 어린 진은 왈츠와 탱고를 완벽하게 체득했다. 자매는 함께 춤 연습을 했다.

요시코는 동생의 타고난 춤 솜씨에 경탄하며 자신의 비서에게 이렇게 말했다. "치즈코, 봐봐, 진은 너보다도 발놀림이 가볍고 뛰어나잖아."

진은 토요일마다 언니를 따라 무도회장에 갔고 곧 자신을 따르는 무리가 생기기도 했다. 그녀는 빨간 줄무늬가 그려진 검은색 벨벳 재킷과 이에 어울리는 벨벳 반바지, 흰색 셔츠, 빨간 넥타이를 입는 등 요시코의 사내아이 복장을 흉내 내기 시작했다. 이러한 모습에 경악한 진의 오빠는 얼마 안 가 진을 일본 학교로 보내버렸다.

"곧 돌아와!" 요시코는 작별을 슬퍼하며 이렇게 말했다.

자매는 1945년 여름, 둘 다 베이징에 살면서 마침내 다시 만나게 된다. 일본이 패배한 직후였다. 당시에 요시코는 더 이상 포드 V-8을 몰고 다니며 기자와 군부 거물들에게 인기 있는 유명인사가 아니었다. 불량한 무리와 어울려 다니는 한물간 인물일 뿐이었다.

"언니는 몇 번이나 나에게 함께 살자고 했다." 진 모유는 이렇게 적고 있다. "하지만 언니가 어울리는 사람들과 언니의 전반적인 인생관을 알고 난 뒤부터는 언니가 하고 다니는 일에 완전히 실망하고 말았다. 언니의 제안을 도저히 받아들일 수 없었기에 거절했다." 요시코를 퇴짜 놓은 것에는 대가가 따랐다.

얼마 안 있어, 언니가 갑자기 나를 찾아왔다. 한 번도 본 적이 없는 천민 행색의 중국인과 함께였다. 언니는 칼을 들고 내 방에 불쑥 들어와서는 미친 듯 날뛰었다.

"사과해!"

나는 당연히 사과할 게 없었다. "할 말이 있으면 저기 가서 조용히 앉아 대화하지그래."

"버릇없는 것이…" 언니가 답했다. "어디서 말대꾸냐. 나를 바보로 아느냐?"

언니가 유리 선반과 창문을 깨기 시작하자 본채에 있는 사람들에게까지 그 소리가 들렸고 그들은 깜짝 놀라 서둘러 달려왔다. 나는 그때까지 당연히 소리를 지르지도 울지도 않았다. 언니가 나를 칼로 찌르면 도움을 요청할 생각이었다.

결국 하인 한 명이 오빠가 집에 왔다고 소리치자 언니는 깜짝 놀라 하던 행동을 멈췄다.

"도대체 뭔 짓이냐?" 오빠가 언니에게 물었다. "할 말이 있으면 내 방으로 와라." 오빠는 이렇게 말하면서 가버렸고 나는 그 뒤를 따랐다. 오빠는 화가 많이 난 상태였다. "우리가 왜 이런 험한 꼴을 봐야 하는 건지 말해봐."

잠시 말이 없던 언니는 나에게 불쑥 말했다. "왜 내 생일 파티에 안 온 거야?"

1948년, 진은 요시코가 처형되었다는 소식을 접했을 때 슬픔에 잠기지 않았다. "언니의 시신이 담긴 사진을 신문에서 본 뒤 한동안 아주 복잡한 감정이 들었어요. 하지만 솔직히 말하면 눈물 한 방울 흘리지 않았죠. 오히려 이런 식으로 최후를 맞이하는 게 언니답다고, 그러니 차라리 잘된 일이라고 생각했죠."

3
망명한 왕족

막 잘라 통에 넣은 치자나무의 깨끗하고 상큼한 향기가 부드러운 동양
풍 벽걸이 실크처럼 우리를 어루만졌다. 커다랗고 부드러운 소파에 몸을
파묻으니 우리가 방금 떠난 시끄럽고 왁자지껄한 먼지투성이 톈진 거리
가 아주 먼 곳처럼 느껴졌다. 우리는 눈을 가늘게 뜨고 응접실에 드리워
진 야자나무 모양의 어둠에 익숙해지려고 애썼다.
널찍한 동양풍 러그 반대편에는 공주의 가족들이 잘 차려입은 채 반들
반들 윤이 나는 의자에 꼿꼿이 앉아있었다.
바깥 홀에서 작은 소동이 벌어지는 소리가 들리자 모두의 눈이 방 뒤쪽
문으로 향했다. 낮게 딸깍하는 소리가 나면서 문이 불쑥 열리더니 몸집
이 큰 중국 안내원이 나타났고 그 뒤를 따라 갈색 운동화에 밝은 오렌
지색 스웨터를 입은 작고 어려 보이는 중국 소녀(소년이라고 해야 하
나?)가 나타났다.
그녀는 길고 폭신한 카펫을 태연하게 활보해 오더니 존경의 표현으로
자리에서 일어난 몇몇 사람에게 다시 앉으라며 재빨리 손짓을 해 보였
다. 그러더니 별다른 의식 없이 커다란 흑단 의자에 털썩 앉아 다리를 꼬
고는 사내아이 같은 단발머리를 뒤로 넘긴 뒤 담배에 불을 붙였다.
-윌라 로우 우즈(《진 공주, 동양의 잔 다르크》 저자)

요시코는 1937년이 되어서 자서전 《동란의 그늘에서》를 쓰기
시작했다. 당시에 그녀는 톈진에 살면서 칭기즈칸 핫팟[1]으로 유명

---

1. 다진 고기, 양파 등을 섞은 것에 보통 얇게 저민 감자를 위에 덮고 물을 바특하게 부어 오븐
에 익힌 일종의 스튜

한 레스토랑을 운영하고 있었다. 서른 살밖에 되지 않았지만 그녀의 명성은 사라진 지 오래였다. 그녀는 신체적으로도 약해진 상태였다. 등이 아파 일본에 가 치료를 받기도 했으며 전투나 자살 시도로 인한 총알 파편은 여전히 그녀의 몸 곳곳에 박혀 있었다. 진통제나 아편 혹은 둘 다에 중독되면서 그녀의 몸은 더욱 쇠약해졌다. 요시코는 서른 살이라는 나이에 이미 과거를 돌아보며 후세에 전해줄 유산을 준비하고 있었다.

이 무렵 요시코는 약방의 감초 같은 인터뷰 대상이었다. 그녀는 수많은 기자와 팬에게 자신의 모험담을 전하고 다녔다. 한 일본 소설가는 요시코의 삶을 바탕으로 한 인기 있는 소설을 쓰기도 했다. 요시코는 능수능란하게 사실 속에 허구를 담아냈다. 요시코의 어머니는 아이답지 않은 그녀의 거짓말 솜씨에 불만을 털어놓기도 했다. 요시코의 기억은 부정확하고 이기적이었으며 때로는 환각에 기인하기도 했다. 게다가 그녀의 말은 그녀의 장점을 부각시키려는 이들의 손에 편집되곤 했다. 그 결과 믿기지 않는 수많은 주장에 더하여 다양한 수위의 허세까지 뒤섞이게 되었다. 하지만 뒤죽박죽 뒤섞인 이야기조차 요시코의 명성을 완전히 무너뜨릴 수는 없었다. 그녀는 자신의 이야기를 전할 때 곤란한 이야기는 교묘히 피했으며 무대의 중심에서 밀려난 처지에도 불구하고 여전히 자신의 주장을 강력하게 펼치려 했다.

어린 시절의 기억으로 시작되는 요시코의 자서전은 시작부터

극적이다. 다섯 살쯤 되었을까, 그녀는 미지의 장소로 향하는 배에 올라탔지만 당시의 바닷바람과 사람 냄새, 페인트 냄새를 기억한다고 주장한다. 그녀는 뱃전을 때리는 물결 소리를 배경으로 슬픈 자장가를 부르던 하인의 목소리에 잠에서 깬다. 하인은 울면서 그녀를 꼭 껴안는다.

"왜 울고 있어?" 어린 요시코가 묻는다. "왜 그래?"

하인은 눈물 섞인 외침으로 답한다. "아, 공주님, 공주님!"

이 장면을 선택한 건 잘한 일이다. 요시코의 인생이 송두리째 바뀌게 된 계기를 잘 포착하고 있기 때문이다. 청 왕조가 몰락한 이후 약 50명에서 200명에 달하는 것으로 추정되는 가족과 하인들은 숙친왕의 베이징 저택을 떠나 만주로 향하는 망명길에 올랐다. 아버지 숙친왕은 황제가 다스리던 정권에서 고위직을 맡고 있던 터라 황제의 퇴위에 강하게 반대했다. 하지만 결국 청 왕조는 멸망했고 이와 함께 250년이 넘게 지속한 소수민족 만주족의 집권도 끝이 났다. 그 후 다수민족인 한족이 중국을 통치하게 되었고 1912년, 중화민국이 수립되었다.

숙친왕은 가난한 상인으로 변장한 채 베이징을 떠나 일본 통제 하에 있던 만주의 뤼순에 도착했다. 일본 군대는 도피 기간 동안 왕을 보호했는데, 일본의 만주 영토 확장 계획에 왕이 도움이 될 거라 생각했기 때문이었다. 사실 일본은 만주에 수립할 예정인 괴뢰정권의 수장 자리에 그를 앉힐 계획이었다. 오늘날 숙친왕의 유족들은 그가 기다렸다는 듯 일본의 협조를 받아들인 건 아니었다고 간곡히 설명한다. 그의 아들 셴리는 이렇게 말한다. "아버지는 봉천[심양]에 가고 싶어 했습니다. 그곳에서 청 왕조의 국기를 달고 장쒀린[1]과 위안스카이[2]를 무너뜨리고 싶어 하셨죠." 하지만 심양으로 가는 길에 놓인 다리를 일본이 파괴하면서까지 왕의 이동을 저지하여 이 계획은 무산되고 말았다.

숙친왕은 베이징에 머물 당시 "나는 중화민국의 땅을 밟지 않으리."라며 시를 통해 새로운 정권에 반대하는 마음을 표현하기도 했다. 일본은 뤼순에서 왕이 머무를 거처를 제공해주었고, 요시코는 왕과 합류하기 위해 다른 가족들과 함께 뱃길에 올랐다.

망명 중인 만주 왕자 숙친왕과 그의 가족은 일본이 점령하고 있던 항구 도시 뤼순에 불가피하게 둥지를 틀었지만 새로운 환경이 마음에 들지는 않았을 것이다. 그 집에 잠시 살았던 한 사람은 당시의 왕을 "작고 통통했으며 가무잡잡한 피부에 머리가 컸고 얼굴에 주름이 많았으며 늘 만주 전통 머리 모양을 하고 다녔다."고 기억한다. 북방의 소수민족인 만주족이 중국을 수백 년 지배하는 동안 한족에 동화되었을 거라는 주장이 오랫동안 이어져 왔다. 하지만 오늘날에는 만주족이 한족에게 섞이지 않았으며 오히려 집권 기간 동안 개성을 유지했다는 사실을 뒷받침하는 증거들이 나타

---

1. 만주를 지배한 중화민국의 장군
2. 중국의 군벌이자 중화민국 초대 총통

나면서 이러한 의견이 반박을 받고 있다. 숙친왕은 전통적인 머리 모양과 의복을 고수했을 뿐만 아니라 만주의 관습을 지키고 정권의 부활을 위해 부단히 노력했다. 전통을 따르려는 전형적인 만주족의 모습이었다.

숙친왕은 한때 아서(Arthur) 항이라 불리던 뤼순으로 향하면서 한족이 대다수인 베이징에서 벗어난다는 사실에 기뻤을지 모르겠다. 그는 이제 일본 점령하에 있던 만주의 정신적 심장부로 들어가게 되었다. 러일전쟁 당시 치열한 전쟁이 벌어진 항구였다. 1904년, 전설적인 장군 노기 마레스케가 이끄는 군대는 뤼순에서 승리를 거머쥐었는데, 그 과정에서 5만 명이 넘는 사상자가 발생했다. 피로 획득한 잔인한 승리 덕분에 일본은 뤼순을 비롯해 만주 땅을 차지하게 되었고 그 결과 더 많은 중국 영토를 차지하고자 하는 야망을 품게 되었다. "고향에서 수천 리 떨어진 이곳에, 만주의 붉은 석양을 받으며 내 친구는 전쟁터 저 끝에 놓인 돌 아래 묻혀 있다네."라는 가사를 담은 한 대중가요는 당시의 희생을 떠올리게 한다.

러시아를 상대로 거머쥔 일본의 승리는 유럽 강대국에 맞서 아시아 국가가 달성한 군사적으로도 심리적으로도 대단한 업적이었다고 일본은 주장한다. 일본은 한때 존경의 대상이었던 이웃 나라 중국이 몰락한 반면 자신들은 승승장구하게 된 극적인 상황에 대단한 자긍심을 느꼈다. 수백 년 동안 중국 문명을 부러워했던 일본은 이제 중국의 후진성을 경멸하기 시작했다. 메이지 유신 이후 일본은 놀라운 속도로 현대화하였고 새로운 권력을 휘둘렀다. 막강한 러시아를 무찌른 것이 그 정점이었다. 한편 중국은 옛 방식에서 벗어나지도 하나로 단합해 발전을 꾀하지도 못하고 있었다. 한 일본인은 이렇게 말했다. "중국을 상대로 전쟁을 치를 때(1930년대) 일본의 애국심은 하늘을 찔렀다. 일본인은 중국인을 경멸하고 혐오했으며 나약하다고 멸시했다."

이러한 태도가 만연해지는 가운데 요시코를 포함한 대가족은 뤼순 언덕 꼭대기에 위치한 2층짜리 붉은 벽돌집으로 이사하게 되었다. 러시아 호텔로 이용되다가 러일전쟁 이후 일본에 이양된 건물이었다. 일본 군부는 숙친왕을 절대로 사정거리 밖에 두지 않았다. 그들은 숙친왕을 늘 가까이에 두고 감시했다. 숙친왕의 손자는 이렇게 말한다. "일본 경찰은 할아버지를 감시했습니다. 일본 정부가 보낸 경호원이 할아버지를 밤낮으로 지켜봤죠. …할아버지는 낚시를 좋아하셨어요. 대가족을 이끌고 항구에서 작은 보트를 타고 낚시를 하러 가곤 했는데… 당연히 일본 경찰이 따라붙었죠."

언덕에 위치한 커다란 붉은 벽돌집은 초라하기는 하지만 오늘날까지도 건재하다. 한때 2층에서는 멋진 경관이 내려다보였는데, 이제는 개발과 오염으로 사라진 지 오래다. "어린 시절 이 집 베란다에서 랴오둥반도를 내려다보곤 했다." 진 모유는 행복했던 기억을 떠올리며 이렇게 적고 있다. 물론 이 집은 넓지는 않아서 아이들은 일종의 귀족 기숙사처럼 좁은 공간에 한데 뒤섞여 지낼 수밖에 없었다. 숙친왕 역시 궁핍한 상황에 적응해야만 했다. 중국 경극을 애호하던 그는 베이징 저택에서는 무대를 설치해 사적인 공연을 즐기곤 했는데, 뤼순에서는 넓은 개인 공간이 필요 없는 취미에 만족해야 했으므로 주로 체스와 서예를 하며 시간을 보냈다.

숙친왕이 은퇴 후 한가로이 귀족 생활을 즐기느라 바빴던 것만은 아니었다. 왕은 중화민국을 무너뜨리고 청 왕조를 부활할 계획도 품고 있었다. 사실 청 왕조는 외세의 침입을 막아내지 못했고 만연한 아편 중독과 부패한 공무원, 무능력한 군대, 경제적 혼란 등 수많은 문제가 있었지만 왕은 그러한 문제는 개의치 않았다. 숙친왕에겐 오로지 가족들을 데리고 베이징으로 돌아가 과거의 영화를 다시 누리고자 하는 욕망뿐이었다. 그는 청 왕조 부활이라는 꿈을 이루기 위해 여생을 바쳤다.

왕은 다양한 계획을 세웠지만 전부 실패로 돌아갔다. 반란을 조직해내는 일에는 소질이 없어 보였다. 하지만 가족을 조직하는 일만큼은 뛰어났다. 그 규모를 생각했을 때 결코 손쉬운 일이라 할 수 없다. 요시코의 자서전에는 이러한 내용이 나와 있다. "뤼순 집에는 넓은 식사 공간이 있었다. 하루 3번 종이 울리면 우리는 각자의 방에서 나와 식당으로 향했다. 우리는 모두 합쳐 55명에 달했다. 따라서 우리가 다 같이 식사를 하려고 방에서 나와 이동할 때면 한바탕 소동이 벌어졌다. 식사를 마친 뒤에는 자리에 앉아 가족 회의를 하거나 아버지의 말씀을 들었다."

숙친왕은 가족들에게 앞으로 다가올 더 나은 미래를 맞이하기 위해 각자 준비를 하라고 촉구했다. "뤼순에서 보낸 날들을 돌아볼 때 아직도 생생히 기억나는 건 아버지의 장기인 〈푸튀의 보리와 쌀〉이라는 역사 이야기다." 전쟁에서의 좌절과 고통, 궁극적인 승리를 담은 이 이야기는 숙친왕이 저녁 식사 후 자녀들에게 자주 들려주던 이야기 중 하나였다. 그는 독려하는 목소리로 이렇게 말했다.

오늘날 비록 우리 왕조는 몰락했지만 우리는 생각지도 못한 행복을 누리고 있다. 우리 가족이 떨어져 있는 비극을 겪지 않아도 되며 이 집에서 모두가 함께 하루를 보낼 수 있으니 말이다. 우리는 모두 손과 발이 건재하다. 지금까지는 게으르게도 우리가 해야 할 일들을 다른 이들의 손과 발에 의존했다. 천지의 도리에 어긋나는 그러한 삶을 부끄러워해야 한다. 호화롭던 예전의 생활을 떠올릴 때 지금의 삶이 궁색해 보일지 몰라도 이 삶이야말로 진정 천도에 부합하는 삶이다.

숙친왕은 왕조를 일으킨 선대의 옛이야기를 들려주곤 했다. 그의 군대는 적군에게 밀려 푸퉈 제방까지 후퇴했다고 한다. 그는 비바람에 시달리고 굶주렸지만 친절한 농부가 준 한 줌의 보리와 쌀, 강물만으로 버텼고 다시 한번 전력을 다해 싸웠다.

숙친왕은 자식들에게 이렇게 말했다. "너희들도 조상님과 같은 정신으로 하루하루 살아가야 한다. 그는 한 줌의 곡식만으로 배고픔을 견뎠다. 이러한 정신력만 있다면 이곳에서의 삶이 옹색하거나 불만스럽게 느껴지지 않을 것이다."

숙친왕은 이러한 이야기를 통해 사기를 진작시키려고 했겠지만 요시코를 비롯한 아이들에게 한 줌의 곡식으로 연명한다는 건 이해조차 하기 힘든 일이었다. 어쨌든 그들은 200개가 넘는 중국식 방이나 서양식 방, 10개가 넘는 마당, 잘 가꿔진 정원, 마구간을 비롯해 황실에 필요한 온갖 필수품이 갖춰진 베이징의 으리으리한 저택을 떠나온 상황이었다. 베이징에서는 매년 여름, 숙친왕이 환기를 위해 내놓은 금과 은이 마당 전체에 가득했었다는 얘기도 있었다. 지금은 혼잡한 베이징 골목에 당시 저택의 일부만이 남아있지만 그 규모만 보더라도 그 지역에서 왕의 부가 얼마나 막대했는지 한눈에 가늠할 수 있다. 중국의 현 정부가 과거 숙친왕이 일본에 협조함으로써 중국에 해를 끼쳤다는 이유로 그의 베이징 저택을 보존하려는 노력을 전혀 하지 않았다는 사실을 고려하면, 실제 규모가 얼마나 방대했을지 가히 짐작된다.

한때 숙친왕이 살았던 지역을 둘러보다 보면 이 세상에서의 영광이 얼마나 덧없는 것인지를 절실히 깨닫게 된다. 오래된 저택은 대부분 철거되었고 숙친왕의 옛 영지에는 최근까지 양말 공장이 자리하고 있었다. 이제 옛 마당의 한쪽에는 채소 시장이, 다른 한쪽에는 신문 가판대나 생수 배급소가 자리 잡고 있다. 기존 저택에서 철거되지 않은 다 쓰러져가는 방 두 개가 간신히 형태를 유지하고 있지만 그것마저 수박 가판대에 거의 가려진 상태다. 옛 저택의 바깥마당 터에 살고 있는 술 취한 주민만이 한때 자자했던 숙친왕의 명성을 입증해줄 뿐이다.

"내 집은 한때 왕의 저택의 일부였다오. 여기는 하인들이 기거하던 마당 한쪽이었지요." 우리가 답사차 그곳을 방문했을 때 남자는 지저분한 오두막집의 누추한 방으로 방문객들을 맞이하면서 이렇게 떠벌렸다.

*

요시코의 가족들은 뤼순에서 갑작스럽게 변해버린 삶을 맞이했지만 이에 적응하기로 굳게 결심한다. 미래에 대한 걱정이 수많은 창문을 통해 집 안으로 들어왔을지 모르지만 그들은 활기 넘치는 가정과 가족 간의 연대에서 위안을 찾을 수 있었다. 요시코의 형제 중에는 당시를 달콤한 꽃과 나무가 만발하는 목가적인 경험으로 기억하는 이들도 있다. "사방이 조용했어요. 가끔 작은 새들이 날아와 치치 소리를 내며 노래를 불렀죠. 우리들은 마치 숲에 있는 기분이 들어 마음껏 뛰어놀았지요." 훗날 중국 정권하에서 숙친왕의 자손들은 구 왕족이라는 신분, 친일 활동 전력 등의 이유로 계속해서 박해를 받았을 것이다. 또한 대중적인 망신과 오랜 수감, 고문을 견뎌야 했고 일부는 처형당하기도 했을 것이다.

"뤼순에서 우리의 삶은 단순했습니다." 숙친왕의 손녀는 훗날 이렇게 기억했다. "하지만 그곳에서 전 큰 교훈을 얻었습니다. 좋은 경험이었죠. 할아버지의 화려한 저택에서 자랐더라면 그 후에 이어진 기나긴 고통의 시간을 견뎌낼 용기도 정신력도 없었을 거예요."

만주족 전사는 예로부터 말을 타고 북방의 초원을 가로지르며 활과 화살로 적의 무리를 무찔렀다. 17세기에 즉위한 강희제(康熙帝)도 늘 과녁 한복판을 쏘던 명수였다. 선조들의 업적을 잊지 않았던 숙친왕은 정원에 양궁장을 건설했다. 왕은 자녀들에게 이렇게 말했다. "고대부터 우리 가족의 남자들은 열 살부터 활쏘기를 배워야 했다. 매년 시합이 열렸고 가장 열정적이고 실력이 뛰어난 선수에게는 상으로 화살이 내려졌다. 활을 쏘는 것은 신체뿐만 아니라 마음을 단련시키는 방법이기도 하다. 정신과 몸이 일치해야만 표적을 맞힐 수 있다."

숙친왕은 자녀들에게 중국 고전과 서예를 직접 가르쳤으며 일본인 교사를 고용해 일본어와 수학을 가르쳤다. 인내력은 반드시 갖춰야 할 자질이었으므로 왕은 자식들에게 눈으로 뒤덮인 뤼순의 야산을 오르내리도록 시켰다. 수만 명의 군사가 러일전쟁 중 목숨을 잃은 곳이었다.

"그들은 일본 옷을 입고 일본말을 했습니다." 한 일본 여성은 뤼순에서 숙친왕의 딸들을 만났던 때를 떠올리며 이렇게 말했다. "거리에서 마주치더라도 이 아이들이 숙친왕의 딸이라고는 상상조차 할 수 없었죠. 청 왕조가 집권할 당시 어마어마한 권력을 휘둘렀던 그 숙친왕 말이에요." 숙친왕의 자녀들은 일본 학교에 다녔는데, 일본의 엄격한 교육 과정은 숙친왕의 높은 교육 기준에 잘 맞았고 그때부터 그의 자녀들은 중국 사회의 이방인이자 일본의 열렬한 지지자로 인식되기 시작했다.

한편, 활쏘기 연습과 수학 수업 말고도 숙친왕은 왕족을 부활시켜야 한다는 사명감을 자식들에게 심어주는 일을 잊지 않았다. 만주는 숙친왕의 조상 대대로 내려오는 땅이었을 뿐 아니라 일본이 중국에서의 영토 확장을 꿈꾸는 곳이기도 했다. 숙친왕과 일본은 둘 다 만주의 독립을 꿈꿨지만 사실은 각기 다른 야망을 품고 있었다. 일본 입장에서는 만주를 점령할 경우 북쪽에 위치한 러시아의 침공으로부터 안전을 도모할 수 있었고 향후 군사 활동을 위한 전초기지로도 활용할 수 있었다. 또한 만주의 자연 자원과 사업 기회를 이용할 수 있을 뿐만 아니라 농촌의 인구 밀집 지역에 거주하는 가난한 일본인들에게 광활한 땅을 제공할 수도 있었다.

일본은 목표를 달성하기 위해 다른 국가들을 설득하는 데 혈안이 되었다. 그리하여 만주는 내몽골과 마찬가지로 자체 문화와 혈통을 지닌 민족으로 한족이 대부분인 중국에 속해 있지 않다는 주장을 설파하고 다녔다. 어떤 일본인들은 만주와 몽골이 한족보다는 일본에 더 가깝다고 주장하기까지 했다. 만주와 몽골을 중국으로부터 '해방하고' 일본의 지도하에 새로운 정권을 세우기 위해 '독립운동' 추진 계획이 수립되었다.

반면 숙친왕은 일본의 협조요청을 수락했을 때 완전히 다른 계획을 구상 중이었다. 그 역시 독립적인 만주-몽골 정권을 수립하고 싶었으나 궁극적으로는 만주족이 독자적으로 중국 전체를 다시 통치하게 되기를 바랐다. 숙친왕은 이러한 복고주의적 야망에 흠뻑 빠져있었다. 크리스토퍼 드웰은 "뤼순에 자리한 숙친왕의 집은 사실상 비밀 독립운동 계획을 위한 본거지가 되었다. 다양한 일본인, 중국인, 만주인, 몽골인들이 계속해서 드나들었다."고 기록했다. 숙친왕은 자신의 집에 황제의 용 그림이 새겨진 화폐와 완장을 보관했으며 무기와 폭발물도 보관해두었다. 청나라의 부활에 대비해서였다. 드웰은 이 뤼순 집을 '분주한 음모자들의 은신처'라 불렀다. 숙친왕의 고문 중에서 주목할 만한 인물은 가와시마 나니와라는 일본인이었다. 그는 도쿄 일본 정부를 비롯해 중국 주둔 일본 군대와 숙친왕 사이에서 비밀 연락책으로 활동했다.

늘 화려한 만주 전통 의상을 입고 만주 전통 머리 모양을 한 모습으로 그려지는 숙친왕은 왕위를 회복하기 위해서라면 딸의 감정 상태는 안중에 없는, 항상 무언가에 몰두한 가장처럼 보인다.

청 왕조 시대의 의상을 입고 있는 여섯 살쯤의 요시코　와다 치슈 제공

그리하여 1915년쯤, 숙친왕의 열네 번째 공주 아이신기오로 셴위
는 뤼순을 떠나 아버지의 충신, 가와시마 나니와의 도쿄 집으로 보
내졌다. 그때부터 공주는 요시코라는 새로운 일본 이름을 갖게 되
었다. 가와시마 나니와의 양녀가 된 것이다. 생일은 정확히 알려져

있지 않으나 당시 나이가 여덟 살 정도였을 것으로 추정된다.

숙친왕이 가와시마 나니와에게 딸을 준 이유에 대해서는 여러 가지 설이 있다. 가와시마 나니와는 왕이 그를 측은하게 여겼다고 말한다. 나니와에게는 자식이 없었으며 아내가 점차 정신이상 증세를 보였기 때문이다. "왕은 나에게 장난감을 보내주는 거라고 했다." 나니와가 말했다.

나니와의 가정 문제에 대한 염려가 이 결정에 큰 영향을 미쳤겠지만 왕 자신의 환경 역시 고려 대상이었을 것이다. 그 무렵 빼어난 경관을 자랑하던 뤼순의 붉은 벽돌집 베란다에 앉아 서예 연습을 하던 왕은 랴오둥반도의 아침 안개를 타고 밀려오는 재앙을 보았을 것이다. 뤼순에서는 그가 거주하는 곳도 그의 안전 문제도 전부 일본의 통제하에 있었다. 새로운 만주-몽골 정권을 수립하기 위한 최근의 반란 계획은 실패로 돌아간 상태였다. 일본 정부는 비밀리에 인력과 무기를 공급했지만 이 계획에 더 이상 가담하지는 않겠다고 공식적으로 선언했다. 반란이 진행되는 도중 갑작스럽게 지원을 철회한 뒤 중화민국을 지지하는 쪽으로 돌아서 버린 것이다.

이러한 변덕으로 인해 숙친왕의 충실한 측근이자 공모자였던 나니와는 중국을 떠나 일본으로 돌아갈 수밖에 없었다. 숙친왕은 나니와가 중국을 떠난 상황에서 앞으로도 그의 관심을 받을 수 있을지 확신할 수 없었다. 결국 딸을 나니와에게 보내는 것은 서로

간의 유대를 강화하는 동시에 청 왕조의 부활을 위해 끝까지 함께 노력하겠다는 의지를 다지는 방편이었다.

요시코의 오빠는 활달한 성격이었던 요시코가 가족들을 떠나던 때를 기억한다.

요시코는 2층에 위치한 아버지의 방으로 와서 작별인사를 건넸다. 중국 의상을 입고 머리에 흰색 리본을 매고 있었다. 동생은 울고 있었다. "일본에 가고 싶지 않아요."
딸이 우는 것을 본 어머니는 계속해서 아이를 달랬다. "착하지? 울지 말렴."

곧 요시코를 태울 사륜마차가 도착했고 가족 모두가 나와 요시코에게 작별인사를 건넸다. 요시코의 오빠는 그날 어머니가 얼마나 슬퍼했는지 절대로 잊지 못했다.

훗날 요시코는 생부인 숙친왕을 정확히 기억하지 못했다. 하지만 자신의 미래를 완전히 통제하던 사람들을 마주하면서 어린 소녀가 느꼈던 혼란과 무기력함만큼은 쉽게 회상해낼 수 있었다.

"어느 날, 뤼순에 있는 아버지 숙친왕의 저택에서 잠이 들었는데 다음 날 눈을 떠보니 일본에 와 있었다. 나에게 무슨 일이 일어나고 있는지 알지도 못한 채 나는 일본에 보내졌다."

4
대륙의 모험가

물, 하늘. 하늘과 물, 구름. 이것들은 땅에 길을 내주었고 땅은 물 위에
떠 있는 것처럼 보였다. 여기가 바로 중국 본토였다. 이것이 내 두 번째
고향이 될 땅이었다. 내 꿈에 자주 나왔던 바로 그 땅이었다.
    -미야자키 토텐(신해혁명과 중국 혁명 활동에 참여한 일본 낭인)

가와시마 나니와는 오래도록 비난의 대상이었다. 그의 이름만
들어도 격분하는 사람이 아직까지도 적지 않다. 하지만 소수이긴
해도 여전히 그를 지지하는 사람도 있다. 나니와의 고향인 나가노
현 주민들이 주축이 되는 추종자의 무리는 나니와의 유산을 숭배
하며 그가 수행한 활동을 귀감으로 삼는다. 물론 나가노현 주민 중
에도 이에 반대하는 이들도 있다. 하지만 그들은 언쟁을 슬그머니
피할 뿐이다. 나니와가 사망한 뒤에도 수십 년 동안 그의 지지자들
은 계속 그를 칭송했다. 그들에게 나니와는 영웅이자 자신의 이상
에 충실했던 나가노의 아들이었다.

나니와의 대표적인 추종자 중에서 은퇴한 기자, 와다 치슈만큼
자신의 견해를 가장 확실히 표명한 사람은 없을 것이다. 그 역시
나가노에서 태어났고 자신의 영웅 나니와처럼 한때 도쿄에 살았지

만 도쿄의 경이로움에 결코 마음을 빼앗기지 않았으며 완만한 산에서 자라는 소나무와 대나무, 봄 산이 주는 선물인 체리 나무 등 아스라한 풍경이 있는 고향으로 돌아왔다. 와다는 나가노 사람에게 중요한 것을 도쿄에서는 찾을 수 없다고 생각했다. 도쿄가 우주의 중심일지는 몰라도 거기에는 괜찮은 온천이 없다. 나가노는 온천으로 유명했었다. 와다의 말에 따르면 도쿄 근처의 온천은 전부 미지근하다고 한다.

"나가노 온천에 비교할 만한 데가 전혀 없어. 돈만 낭비했지."

현재 70대인 와다 치슈가 나가노의 산등성이를 오르는 모습은 상당히 인상적이다. 그는 고령의 나이에 산비탈에서 넘어지기라도 할 경우 무슨 일이 일어날 수 있는지는 알 바가 아닌 것 같다.

"나는 매일 산을 오른다오. 내 인생의 일부지. 뼈가 부러지는 게 걱정 안 되냐고? 전혀. 그보다는 뱀이 걱정이지. 산에는 뱀들이 많거든. 오늘 장화를 신고 왔어야 했는데 깜빡했네. …내 건강의 비결? 술이지. 난 매일 밤, 술을 마시거든. 맥주 두 잔으로 시작한 다음에 소츄[1]를 3잔 연거푸 마시지. 매일 밤."

그가 건넨 명함 앞면에는 '가와시마 나니와 연구자'라고 그의 직업이 표기되어 있으며 뒷면에는 나니와에 대한 찬양 글이 적혀 있다.

---

1. 일본의 전통소주

지조 있는 애국자 가와시마 나니와(1865-1949)는 신슈 마쓰모토[옛 지명]에서 태어났다. 그는 평생 다양한 업적을 달성했다. 중국 통역관으로 일했으며 중국어로 수많은 시를 쓰기도 했다. …중국 전문가로서 대중국 정책을 수립하는 데 공식적, 비공식적으로 관여했다.

나니와에 대한 이보다 더 긍정적인 평가는 없을 것이다. 와다는 만주국 수립 계획에 관한 나니와의 관점을 다음과 같이 요약했다.

당시에 가와시마의 이상은 리더십이 사라진 만주와 몽골에 빛나는 문화를 지닌 독립국을 세우고 이상적인 정부를 수립하는 것이었다. …그렇게 되면 세계대전으로 인한 혼란을 종식할 수 있을 것이다. 이 국가가 이상적인 방향으로 발전할 경우 중국과 일본 둘 다 이득을 볼 것이다.

와다의 주장은 나니와의 업적에 대한 각기 다른 분석의 한 축을 대변한다. 그를 비난하는 사람들은 같은 근거를 가지고 정반대의 결론을 내린다. 그들은 나니와를 극단적 국가주의자이자 중국의 반역자로 본다. 해석은 각기 다르지만 모두가 동의하는 사실들도 있다. 예를 들어, 나니와가 일본 정부의 대리인으로 활동하며 만주와 몽골에 독립국을 세우려던 이들에게 최소한 한 번 이상 무기와 전문 인력을 보내준 것은 틀림없는 사실이다. 또한 숙친왕이 요시코를 나니와에게 보낸 것, 그가 요시코를 집으로 데리고 온 것, 요시코의 인생에 가장 큰 영향을 미친 인물이 된 것도 사실이다. 요시코의 사상과 슬픔 곳곳에는 확실히 나니와의 흔적이 녹아있다. 그는 요시코의 만주 혈통을 강조하고 국제 정세에 관해 자신만의 독특한 관점을 그녀에게 심어주었다. 나니와는 "만주는 동아시아의 삶과 죽음이 교차하는 중추신경이나 다름없다."고 기록했다. 가와시마 나니와의 업적에 대한 평가는 다양하지만 와다를 비롯한 논평가들은 그가 평범한 아버지가 아니었다는 사실만큼은 모두 동의한다.

와다는 나니와의 그 작은 체구에서(그는 키가 153센티미터가 채 되지 않았으며 몸무게는 40킬로그램이 안 됐다) 어떻게 평생 중국과 일본을 오갈 만한 에너지가 나올 수 있었는지 의아해한다. 1875년, 나니와가 열 살 때 그의 가족은 나가노에서 도쿄로 이사했다. 나니와는 스스로도 인정했듯이 어린 시절 약골이었다. "나는 선천적으로 조바심이 많은 아이였다. 유리처럼 깨지기 쉬웠으며 작은 일에도 영향을 받고 쉽게 좌절하곤 했다." 학급 친구들에게 괴롭힘을 당하고 겁쟁이라고 놀림을 받은 그는 학교에 가지 않는 쉬운 길을 택했다. 달리 할 일이 없었던 그는 숲에 누워있거나 새들과 놀았다. 어느 일요일, 선교사의 아들이 니콜라이 대성당에서 열린 러시아 정교회 예배에 그를 초대했다. 신의 전지전능함을 가르쳐준 설교에 그는 덜컥 겁이 났다. "신은 인간의 선한 면과 악한 면을 들여다볼 수 있다. 우리가 다른 인간들이 볼 수 없는 깊은 구멍 속에서 나쁜 짓을 저지르더라도 신은 그것을 볼 수 있다"는 내용이었다.

자신의 개구쟁이 짓이 탄로 날까 봐 두려웠던 나니와는 눈물범벅이 된 채 집에 왔다. 어머니는 훌쩍거리는 아들의 모습에 진저리를 쳤다. 그녀는 자신감 넘치는 아들의 모습을 바랐기 때문이었다. "너는 달과 태양으로 만들어진 특별한 아이란다." 어머니는 이렇게 말했다. "오래전 위대한 전사 도요토미 히데요시의 어머니는 그를 임신했을 때 자신의 가슴으로 태양이 들어오는 꿈을 꾸었다고 하지. 내가 너를 임신했을 때에는 태양과 달이 한꺼번에 들어왔단다. 어느 날 밤, 태양과 달이 히가시야마 산봉우리 뒤에서 나란히 나타나는 꿈을 꾸었어. …그러니 너는 히데요시보다도 더 유명한 사람이 될 거다." 어머니는 나니와에게 그렇게 허황한 사명감을 심어준 것을 평생 후회했다. 특히 자신이 거의 굶어 죽을 지경이 되었는데도 나니와가 자신을 버리고 운명을 택한다며 상하이로 떠났을 때 자신의 행동이 그렇게 후회스러울 수가 없었다. 요시코 역시 나니와의 그러한 결단력에 충격을 받았었다.

어머니의 지나친 기대감 속에 자란 소심한 아이였지만 그러한 인생 스토리가 늘 그렇듯 나니와 역시 점차 투지 있게 한 가지 일에만 전념하는 인물이 되기에 이른다. 겁쟁이는 내면에 달과 태양을 동시에 품고 있는 젊은이에게는 어울리지 않는 모습이었기에 나니와는 강해지기로 마음먹었다. 사무라이의 후손이었던 나니와 는 극기나 신체적 용기를 경험하기 위한 기회를 멀리서 찾을 필요 도 없었다. 그는 학교에서 자신을 괴롭히는 아이들에게 맞서 싸우 기 시작했다. 하지만 머지않아 그러한 저항만으로는 만족하지 못 했다. 그는 한밤중에 얼음장처럼 차가운 호숫가에 뛰어들고 폭포 아래 몸을 내던지는 등 자신의 인내력을 시험했다. 그는 "홀딱 벗 은 채 폭포 아래 가부좌 자세로 앉아 추위와 싸웠다."고 했다. 그 외에도 산속에서 여우를 제압하는 등 자신의 용기를 시험하기 위 해 다양한 방법을 시도했으며 산꼭대기 외딴 사원에서 혼자 명상 에 잠기기도 했다.

국가의 부름을 받았을 때 나니와는 준비가 된 상태였다. 그는 결 국 타이리쿠 낭인, 즉 '대륙의 모험가'라 불리는 무리에 합류했다. 각기 다양한 이유로 중국을 삶의 최대 목표로 삼은 이들이었다. 1919년, 《뉴욕타임스》의 한 기고가는 이 일본인들이 '부와 직업, 전문성은 없으면서 정치적 욕망만 넘쳐나는 자들'이라며 격분한 어조로 말했다. 모험가들 중에는 중국에서 용병으로 활동하는 낭 인도 있었는데, 그들은 중국에 주둔한 일본 군부에 일조하여 일본 의 이익을 추구하는 데 앞장선 무리였다. 동기가 무엇이었든 잡다 한 무리로 이루어진 이 일본 낭인들은 살기등등한 세력으로 커나 갔고 중국에 거주하는 일본인에게 대항하는 중국인을 살해하거나 마야 밀매단을 조직하는 등 온갖 종류의 험악한 짓을 자행했다.

그들이 어떠한 꿈을 품었든 간에 일본 같은 작은 땅덩어리 안에서는 마음대로 활개를 치지 못했을 것이다. 반면, 당시 중국이라는 거대한 국가는 문제가 많기는 했지만 그들에겐 일본보다 훨씬 고무적인 분위기였다. 그리하여 낭인처럼 종잡을 수 없는 부류의 남자들은 중국에서 자신의 열정을 불사르고 싶어 했다. 유명한 낭인으로는 미야자키 토텐이 있었는데, 그는 청 왕조를 전복하고 1912년 중화민국을 수립하는 과정에서 혁명가 쑨원에게 큰 도움을 제공한 것으로 유명했다. 미야자키의 자서전에는 지조와 진취적 기상, 방탕한 삶이 유쾌하게 녹아있다.

나는 흰색 옷을 입고 흰색 말에 탄 장군이 수많은 중국인의 환영을 받으며 중국 본토에 발을 디디는 모습을 상상했다. 이 장면을 생각하면 눈물이 날 지경이어서 사케를 마시며 눈물을 참곤 했다. 중국의 혁명을 상상할 때면 흰색 가운을 걸친 장군이 암살범의 단도에 희생당하는 모습이 떠올랐다. 그리고 내가 도박꾼의 노래를 부르며 기생집에 드나드는 비극도 상상해봤다. 결국 흰색 옷을 입고 흰색 말에 올라탄 장군은 진짜 내가 아니라 내 높은 야망이 만들어낸 환영이었다. 환상이었다. 나는 그러한 환영에서 벗어날 수가 없었다. 나는 오로지 목표에만 매진하는 단호하고 성숙한 인간과는 거리가 멀었다. 당시의 나는 그저 가상의 인물이자 환영일 뿐이었다. 이상은 높지만 그에 걸맞은 도덕성이 부족했다. 그 결과 모든 것은 물거품이 될 것이다. 나는 술과 섹스가 내 인생의 절반을 차지한다는 것을 미처 깨닫지 못했다.

미야자키는 쑨원을 위해 고생하는 동안 일본에 있는 아내와 자식들에게는 소홀했다. 일본의 낭인은 결국 중국의 관습을 자연스럽게 받아들였지만 가족 부양의 책임을 강조하는 관습에는 동화하지 않았다고 논평가들은 말한다.

*

나니와가 젊었을 때 일본인들이 본 중국의 상황은 암울했다. 서양 강대국이 중국의 자원과 주권을 앗아가고 있었다. 일본인들은 탐욕스러운 서방이 노리는 다음 희생양이 자신들이 될까 봐 두려워했다. 나니와는 당시 상황에 대해 이렇게 기록했다. "백인의 가증스러운 욕심 때문에 여러 아시아 국가가 점차 더 많은 고통 속에 시달리고 있다. 이미 많은 국가가 주권을 잃다시피 했다. 아시아인들은 그들의 노예라고 해도 무방할 정도로 전락했고 중국과 조선, 일본만이 독립 상태를 유지하고 있었다. 일본은 무엇보다도 중국의 몰락을 막아야 한다는 생각을 가장 먼저 전파하고 나선 국가였다." 나니와의 진술에는 자신이 품은 야망의 한 측면만을 강조하고자 하는 의도가 엿보인다. 즉 '몰락해가는 중국 일으켜 세우기'

라는 명분을 내세워 자신의 야심을 미화하고 있다. 반면 비판적인 분석가들은 나니와의 숨은 의도를 강조한다. 사실 나니와의 본심은 다른 국가가 중국을 전부 집어삼키기 전에 일본이 먼저 중국을 차지해야 한다는 거였다.

그는 폭포 아래 가부좌를 틀고 앉아있던 의지력으로 중국을 공부하기 시작했다. 나니와의 고향은 마쓰모토라는 마을이었다. 옛 봉건시대에 한때 융성했던 이 마을에는 일본 특유의 봉건제도의 흔적을 엿볼 수 있는 근사한 고성들이 여전히 남아있다. 예전에는 다양한 교육 시설에서 중국 고전을 필수로 가르쳤으며 나니와가 어렸을 때만 해도 마쓰모토에는 중국어 어학원이 꽤 많았다. 게다가 마쓰모토에는 중국 소식통으로 잘 알려진 사람들이 있었다. 그중 훗날 나니와의 후원자가 된 후쿠시마 야스마사 장군이 유명했다. 후쿠시마는 1892년 2월부터 16개월에 걸쳐 베를린에서 블라디보스토크까지 말을 타고 이동하면서 정보를 수집해 국가적 영웅이자 일본 남성성의 아이콘이 되었다.

하지만 나니와가 학생이었던 1880년대에는 중국어 공부는 젊은이들 사이에서 별로 인기가 없었다. 야망을 실현할 기회를 노리려면 서양 언어를 배우는 게 유리했기 때문이다. 나니와는 이렇게 적고 있다. "모든 일본인이 최신 유행에 민감해져 있을 때였다. 가로로 쓰인 서양 글을 읽지 못하면 야만인 취급을 받았다." 그가 프랑스어나 영어가 아니라 중국어를 고집하는 것을 두고 친척 한 명이 뭐라고 하자 나니와는 늘 그렇듯 불같이 화를 냈다. "제비나 참새는 위대한 불사조의 꿈을 이해하지 못한다. 나는 성공할 때까지 이 집에 다시는 발을 들여놓지 않겠다."

나니와는 중국 역사와 문화에 흠뻑 빠졌다. 하지만 소란스러운 행동으로 자주 갈등을 일으켰으며 어학원에서 쫓겨나기도 했다. 일반적인 일본인이라기보다는 방랑적인 낭인에 더 가까운 불같은 성미를 또 한 번 보여준 사건이었다. 나니와는 어학원 관계자가 자신을 오판했다고 주장한다. "나는 어학원에서 가장 소란스러운 아이였을 수는 있겠지만 나쁜 행동을 한 적은 없었다." 그는 평생 서양 문물을 받아들이지 않겠다며 끝까지 영어는 배우지 않았다. 그는 "알파벳 A도 모르는 상태로 얼마나 많은 업적을 달성할 수 있는지 보여주겠다."고 선언했다.

나니와는 주위의 조언에도 불구하고 졸업을 하지 않은 채 어학원을 떠났고 중국으로 떠날 계획을 세웠다. 출발하기 전, 그는 빈곤에 시달리는 부모를 설득해야 했다. 자식이 열 명이나 있었던 부모는 그에게 도쿄 집에 남아달라고 애걸했다. 그는 장남이었고 효사상이라는 전통에 따르면 가족을 위해 자신의 욕망을 포기해야 마땅했다. 하지만 그는 구시대적인 사상에는 관심이 없었다.

나니와는 여행 경비를 마련하기 위해 여기저기 도움을 청하고 다녔고 마침내 1886년 9월, 지금 떠나지 않으면 자신의 미래는 암담할 거라고 말하며 상하이로 가는 배에 올랐다. 그는 무일푼의 부모에게 조금만 더 버텨달라는 말만 남기고 훌쩍 떠나버렸지만, 가족들을 팽개치고 떠나 양심의 가책을 느꼈다는 내용의 편지를 훗날 남기기는 했다. 그는 당시의 심경을 기리기 위해 한시(漢詩)를 휘갈겨 쓰며 시의 내용처럼 "가슴에서 피를 흘리며" 어쨌든 떠났다.

*

중국에 도착한 나니와는 일본에서 그동안 최대한 자제했던 개성을 마음껏 표출했다. 그는 성을 잘 내는 기질을 타고났는데, 이러한 성격은 돈을 버는 데 전혀 도움이 되지 않았다. 그는 낯선 사람에게 적대적이기도 했다. 게다가 가만히 있지 못하는 조급한 성격은 이국땅에서 더욱 심해졌다. 머지않아 그는 중국 의상을 입고 중국인처럼 머리를 땋아 길게 늘어뜨리고 다녔다. 또한 도쿄 시절에는 이론에 불과했던 거친 야망을 실현하기 위해 무모한 행동에 가담하기 시작했다. 그 누구도 자신을 감시할 사람이 없는 중국 같은 거대한 낯선 나라에서만 가능한 일이었다.

중국에 도착한 나니와의 초기 행적을 살펴보면 훗날 요시코가 그의 슬하에서 어떤 삶을 살았을지 확실히 알 수 있다. 그녀에게 평범한 삶은 절대로 불가능했으리라. 당시 가족 간의 관계나 세계 정세에 비추어볼 때 요시코가 중일전쟁에 가담할 수밖에 없었던 이유는 자명해진다. 하지만 보다 평범한 운명을 상상해보는 이들도 있다. "이모는 재능이 뛰어났죠. 고등학교를 중퇴했지만 서예,

하이쿠[1], 그림을 독학했을 정도니까요. 이모가 이 모든 것에 얼마나 뛰어났는지 모두 놀라곤 했죠. 손재주도 훌륭했어요. 바느질, 뜨개질, 다도, 꽃꽂이 솜씨가 탁월했죠. 요리도 정말 잘했고요. 평범한 가정의 주부가 되었더라면 행복한 삶을 살면서 지금쯤 손자 손녀들에게 둘러싸여 있었을 거예요." 그녀의 조카가 말했다.

그러나 요시코는 그러한 장밋빛 미래를 꿈꾼 적이 없었으며 자신이 그렇게 뛰어난 신붓감이라고 생각한 적도 없었다. "결국 청 왕조의 부활이 헛된 환상으로 밝혀지면 나는 절름발이나 맹인 일본 남자와 결혼하게 될 것이다."

요시코는 이러한 극단적인 생각의 이면에 나니와의 영향이 얼마나 지대했는가를 의식하지 못한 게 분명하다. 물론 그녀의 가족과 역사가 요시코의 인생 역정에 큰 영향을 끼쳤지만 그녀의 양부 나니와 역시 그에 못지않은 영향을 미쳤다. 계속되는 실패에도 불구하고 나니와는 요시코의 활동을 독려했다.

나니와의 두 번째 행선지는 톈진이었다. 하지만 그곳에 도착해 보니 자신이 맡기로 한 일이 다른 사람에게 이미 배정된 상태였다. 돈은 다 떨어진 채 아는 이 한 명 없이 머나먼 이국땅에 서게 되었지만 나니와는 미래의 고용주를 구슬려 다시 한번 생각해 달라고 설득할 만한 위인이 못되었다. 설득은커녕 홧김에 "당신 도움 따위는 필요 없어!"라고 소리치며 소득의 원천이 될 수 있는 유일한

---

1. 일본 전통 단시

곳에서 문을 박차고 나왔다. 그러고는 일정을 바꿔 밤 마차를 타고 부두로 이동했다. 상하이로 돌아가는 배를 탈 예정이었다. 하지만 선착장에 도착해 보니 상하이로 떠나는 배가 없었다. 게다가 알고 보니 그는 말라리아에 걸린 상태였다. 결국 나니와는 고열에 시달리며 가까스로 상하이에 도착했고 그곳에서 중국의 연안 방어체계를 염탐하는 비밀 임무를 수행 중인 일본 해군 장교를 알게 되었다. 말라리아 때문에 열이 나는 상황에서도 대담한 행동을 서슴지 않는 것을 자랑스럽게 여긴 나니와는 일본 장교의 다음번 임무 수행에 동참하기 위해 또다시 배에 오르기로 한다.

하지만 나니와의 성깔은 비밀 임무를 수행하는 데 또다시 걸림돌이 되고 만다. 그는 현지 중국인을 고용해 연안까지 안내를 부탁했는데 점심을 먹는 도중 가이드에게 그가 먹던 콩 주먹밥을 맛봐도 되겠냐고 물었다. 그는 자신의 주먹밥도 맛보라고 건넸지만 가이드는 이를 거절했다. 나니와는 몹시 화를 내며 중국 가이드를 바닥에 때려눕혔고 중국 가이드는 자리에서 벌떡 일어나 이 폭력적인 외국인으로부터 헐레벌떡 도망쳤다.

나니와는 결국 가이드 없이 어렵사리 배까지 갔다. 그가 선원들과 함께 저녁 식사를 준비하고 있는데 그 중국 가이드가 한 무리의 사람들을 동원한 채 나타났다. 복수심에 불타는 패거리가 몽둥이를 휘둘러댔고 선원 모두가 공격을 받았다. 패거리는 몽둥이뿐만 아니라 오는 길에 주운 돌멩이나 빈 병 따위로도 공격했다. 성급한 나니와는 엽총을 꺼내 그들을 쏘려고 했다. 집단 학살이 일어날까 두려워진 사람들이 그를 말렸고 나니와는 결국 그곳에서 빨리 도망가는 게 낫겠다고 생각했다.

이러한 이야기는 재밌는 여담 정도로 여겨질 수 있지만 이를 통해, 침착하고 냉정하게 행동해야 할 때조차 쉽사리 자제심을 잃는 그의 모습을 엿볼 수 있다. 이 사건들은 훗날 한층 더 복잡한 계획이 결국 실패로 돌아가게 된 이유를 보여주는 단서가 된다.

*

상하이에서 나니와는 비슷한 생각을 품고 있는 다른 일본인들을 알게 된다. 그들은 정기적으로 만나 중국의 암울한 상황에 대해 의견을 나눴다. 그는 만주에 부동항(不凍港)을 확보하려는 러시아가 장차 일본에 큰 위협이 된다는 관점에 동의했다. 러시아가 만주를 차지하면 결국 중국 본토까지 진출할 테고 조선도 점령하게 될 게 분명했다. 러시아가 일본에 군침을 흘리는 건 시간문제였다. 나니와는 러시아에 맞서기 위해 일본이 하루빨리 만주에 군사적 거점을 확보해야 한다고 생각했다. 일본 정부가 눈앞에 닥친 이 같은 위험에 대처할 능력이 되지 않는다면 자신이 대신해서 그 일을 도맡을 생각이었다.

*

나니와는 당시의 무모한 행동들을 진술하면서 고상한 목적을 품은 젊은이라는 긍정적인 이미지를 강조하려 한다. 그는 나이를 먹어 한층 성숙한 뒤에도 자신의 소싯적 목적을 잊지 않았고, 훗날 에는 예산이 부족하고 패기만 넘쳤던 젊은 시절과는 달리 일본 정부의 지원을 등에 업고 만주와 몽골을 상대로 잔인한 공격을 감행하게 된다.

활동 영역을 넓히고 싶어 하던 나니와는 1900년, 드디어 결정적인 기회를 얻는다. 그의 주장에 따르면, 자금성이 무너지는 걸 혼자 힘으로 막았던 것이다. 자세한 상황은 다음과 같다. 반외세·반식민 운동을 전개하던 '의화단'이라는 비밀 결사가 기독교를 믿는 중국인들을 처단한 뒤 베이징으로 몰려가 외국인들을 공격하기 시작했고, 이들을 저지하기 위해 해외에서 군대가 파견되었다. 독일 파견대가 자금성을 공격하겠다고 위협할 당시, 나니와는 베이징에 주둔하고 있던 일본 군대에서 중국어 통역관으로 활동하고 있었다.

그는 "자금성은 나에게 맡겨라!"라고 외치며 독일 군대의 상륙을 차단하여 자금성이 파괴되는 걸 막았을 뿐 아니라 그 안에 갇혀 있던 청나라 왕족과 측근들의 목숨도 구했다고 주장한다.

나니와는 이 업적으로 왕족의 환심을 샀는데, 특히 숙친왕은 나니와의 능력에 크게 감탄했다고 한다. 그리하여 이 일본인과 숙친왕 사이에 개인적이고 정치적인 제휴가 시작되었고 이는 훗날 어마어마한 결과를 낳게 된다. 숙친왕의 증손녀는 그들의 우정이 중국의 역사와 그녀의 가족에게 미친 영향을 돌아보며 "할아버지는 나니와에게 지나치게 의존했다."고 최근 진술하기도 했다. 나니와는 숙친왕의 후원으로 청 왕조 부활 계획에서 큰 역할을 맡게 되었다. 하지만 나니와의 본분은 일본 정부의 비밀 요원이었다. 일본 정부는 대외적으로는 중국 정세에 아무런 개입을 하지 않는 척했다.

중국 태생인 요시코의 양육을 책임지게 된 이 일본인의 성격이 궁금한 이들은 중국과 중국인에 대한 그의 관점이 갑자기 바뀐 배경에도 관심을 가질 만하다. 젊은 시절 중국과 일본의 관계에 대한 나니와의 관점은 비현실적이었다. 그는 "중국과 일본이 제대로 상호 교류하기 위해서는 자본주의적인 착취나 군국주의적 침략이 아니라 호혜적 형제애에 기반을 둔 인본주의가 관계의 바탕이 되어야 한다."고 말했었다.

하지만 중국에 대한 나니와의 '애착'은 시간이 지나면서 변질하고 만다. 만주 정권의 고위직 인사들과 유대관계를 맺고 그들에게 유용한 인물이 되고자 한다던 나니와였으나 습관적으로 "중국은 망가진 차와 같다"라든지 "[중국인]들은 모래와 같아서 제 힘으로는 단단하게 뭉칠 수 있는 능력이 전혀 없다." 따위의 망발을 일삼곤 했다.

결국 그는 중국을 업신여기기에 이르렀다. 1928년에는 이성을 잃고 이러한 글을 쓰기도 했다. "숙친왕의 가족은 중국의 축소판과도 같다. 중국을 알고 싶다면 그들을 살펴보면 된다. 숙친왕은

가와시마 나니와와 숙친왕   호카리 카시오 제공

위대한 사람이었다. 중국에서 보기 드문 인물이다. 하지만 스무 명이 넘는 그의 자식들은 그를 전혀 닮지 않았다. 아이러니하지만 우둔하고 상스러운 그들은 중국인의 사고방식을 보여주는 전형적인 예다."

5
일본에서의 새로운 삶

열세 살 때 나는 아토미 여학교에 다니기 시작했다. 나는 조용하고 심지어 연약해 보이는 공주였다.
-가와시마 요시코

가와시마 요시코는 유명해진 후부터 남들 앞에서 자신의 새로운 삶에 대해 소상히 말하기를 꺼렸다. 그 대신 빗대어 말함으로써 자신의 의견을 전달하는 소극적인 태도를 보였다. 이십 대가 된 요시코는 일본 여성잡지 《후진코론》에서 자신의 어린 시절을 회상했는데, 갑자기 중국을 떠나 가와시마 나니와가 살고 있는 일본에 보내지면서 겪게 된 혼란한 마음 상태를 특히 강조했다. "그들은 제 중국 옷을 가져가 버리고 저에게 일본 기모노와 긴 조끼를 입혔습니다. 일본 스타일로 머리를 잘라줬고요. …당시에 일본인들은 중국인을 '칭크'라고 불렀죠. …저는 함께 어울릴 사람이 없었어요. 하지만 당시의 저를 돌아보면, 제 입으로 이런 말을 하니 조금 어색하지만, 제가 밉상이었다고 생각하지는 않습니다."

나니와는 늘 요시코가 일본 생활에 잘 적응했다고 말했다. 그는 자신이 어떻게 중국의 공주를 일본에 데려오게 되었는지 자랑하고 다녔으며 몰락한 청 왕조 왕자인 요시코의 친부, 숙친왕이 자기의 가까운 친구이자 피를 나눈 형제와도 같아 국적과 관습, 언어의 차이도 극복할 정도로 서로 아끼는 사이라고 으스대기도 했다. 하긴 좋은 시절이든 고통스러운 망명 시절이든 왕의 곁을 지키며 여러모로 도움을 준 것만은 사실이었다.

나니와는 당연히 중국과 일본 사이에 다리를 놓는 후원자처럼 보이기를 원했다. 요시코를 입양한 것은 이러한 목적에 상당히 부합하는 행동이었다. 그는 숙친왕이 부양해야 하는 자녀를 한 명 덜어준 건 자신의 관대함에서 우러나온 행동이라고 주장했다. 그렇게 하는 게 요시코에게도 좋은 일이라고. 요시코에게 더럽고 누추한 중국이 아니라 깨끗하고 개화된 일본에서 자랄 기회를 제공해준 거라고 믿었는데 이러한 믿음은 나이가 들면서 더욱 강해졌다. 나니와는 점차 숙친왕의 다른 자녀들도 임시로 맡아 키우게 되었는데 기회가 있을 때마다 그들의 미래를 염려하는 척 허풍을 떨었다. 다분히 식민주의적이고 우월적인 발상을 드러내 보이는 허풍이었다. 자신이 어찌하여 그들을 일본 학교에 보냈고 남자아이들에게는 직업을 선택할 때 어떠한 조언을 해주었는지 자랑하고 다녔다.

훗날 나니와 뿐만 아니라 그의 상속인들과도 재정적인 논쟁에 휘말리게 된 숙친왕의 자손들은 나니와가 숙친왕의 자식들을 기꺼이 받아들인 것에 대해 다르게 진술한다. 그들은 직업도 이렇다

할 수입도 없는 나니와가 일본에서 갑부처럼 살았다는 점, 숙친왕으로부터 받은 양육비를 비롯해 왕족과의 연줄 덕분에 수중에 들어오는 온갖 자금에 의존했다는 점을 지적한다. "나니와는 돈과 여자 문제에서는 깔끔하지 못했다"고 한 논평가는 말한다.

나니와의 보살핌 속에서 요시코가 겪은 고통은 점차 수면 위로 떠오르기 시작했다. 물론 오늘날의 관점에서 보면 그녀가 겪은 정신적 고통은 쉬이 짐작이 간다. 하지만 당시는 오늘날과 달랐다. 왕족의 자녀, 특히 여성의 경우는 개인적으로 어떠한 재앙이 닥쳐도 감내해야 했다. 정신적 고통에도 불구하고 감정 표출 따위는 용납되지 않았다. 하지만 요시코의 존재가 대중들에게 알려지자 신문사들은 대중의 호기심을 채우기 위해 앞다투어 그녀에 대한 기사를 쓰기 시작했다. 해당 인물이 일본에 살고 있는 과거 청 왕조의 공주라면 대중의 관심을 사로잡기 충분했으리라.

요시코는 일본에 도착한 뒤 나니와의 아내 후쿠의 감시를 받게 되었다. 후쿠는 남편의 불륜과 급한 성미, 잦은 외박으로 정신적으로 많이 쇠약해진 상태였다. 그녀는 나니와가 원대한 꿈을 이루기 위해 중국에 다녀온 뒤 그와 결혼했는데, 후쿠의 부모는 나니와의 버릇없는 행동이 마음에 들지 않아 처음에는 그를 사위로 받아들이려 하지 않았다. 하지만 딸보다 열여섯 살이나 많고 무례한 그에게서 검소하고 진지한 면을 발견하게 된 후 결혼을 허락해주었다.

결혼 후 나니와와 후쿠는 베이징에 살며 숙친왕과의 친분을 이용해 온갖 특권을 누렸다. 청 왕조가 몰락하자 나니와는 한동안 청 왕조의 부활을 위한 계획에 몰두했지만 후쿠는 도쿄로 돌아가라는 명령을 받았을 때 좋은 시절은 끝났다고 생각했다. 그녀는 점차 나니와와의 결혼생활을 견디기 힘들어했다. 이웃들은 그녀의 정신 상태를 아직도 기억한다. 중국에 머문 동안 찍은 사진에서 자신의 얼굴을 도려낸 것을 보면 그녀가 얼마나 불행했는지 알수 있다.

나니와의 열렬한 신봉자인 한 전기 작가는 후쿠의 감정적인 붕괴 상태를 다음과 같이 전하고 있다.

후쿠는 일본으로 돌아온 뒤 그동안의 긴장 상태에서 빠르게 벗어났다. 그녀는 극도로 피곤해하며 앓아누웠다. 피로 때문에 게을러졌고 그 속에서 빠져나오지 못했다. …그녀는 남편이 무슨 일을 하는지 전혀 이해하지 못했으며 때로는 그에게 차갑게 굴었다. 가와시마 나니와는 무척 바빴고 밤늦게 귀가하는 날이 많았다. 며칠 동안 집에 들어오지 않기도 했다. 외박하는 날이 잦아지면서 아내의 반발은 더욱 거세졌고 불만을 터트리기 시작했다. …일 때문에 지친 상태에서 아내의 잔소리를 듣자 가와시마는 결국 아내에게 고함을 지르기 시작했다. 평화는 없었다. 그들의 삶에는 점차 거센 폭풍만이 몰아칠 뿐이었다.

일본 의상을 입은 요시코   호카리 카시오 제공

요시코는 일본에 도착한 후의 일상에 대해 어디에서도 언급을 꺼렸지만 그녀보다 여섯 살이 어린 조카 렌코의 진술을 살펴보면 요시코가 나니와의 집에서 처음에 어떠한 대접을 받았는지 알 수 있다. 렌코는 요시코가 일본으로 떠난 지 몇 년 후 요시코의 뒤를 이어 나니와의 집에 보내졌고 그녀 역시 후쿠의 눈엣가시가 되었다. 렌코의 눈에 후쿠는 개인적인 고통 때문에 결벽증에 걸린 의붓

어머니의 모습이었다. 렌코가 나니와의 집에 들어서자마자 후쿠는 바닥을 어지럽혔다며 그녀를 몹시 꾸짖었다. "뭐 하는 거니? 네 발자국 때문에 다다미가 지저분해졌잖니. 양말을 벗고 발자국을 청소해." 후쿠는 마음을 가라앉힌 뒤 꽤 괜찮은 저녁상을 차린 다음 이렇게 말했다. "오랜 여행으로 배고프겠구나. 많이 먹으렴." 하지만 얼마 안 가 다시 짜증을 내며 오랜 여행으로 지친 렌코에게 설거지를 도우라고 소리쳤다. "식사 후 뒷정리는 여자가 하는 거야." 그 후에는 물건을 제자리에 놓으라는 잔소리가 이어졌다. "물건을 쌓아 놓은 꼬락서니하곤! 전부 잘못됐잖니. 찻잔과 접시는 따로 쌓아야 해. 안 그러면 무너지잖아. 그것도 모르니?"

후쿠가 집 안에서 아이들에게 시련을 안겨주었다면 나니와는 시간이 지나면서 그들에게 또 다른 골칫거리가 되었다. 1886년, 처음 중국으로 떠날 때만 해도 그는 중국을 크게 변화시키고 북동 아시아에 새로운 정권을 수립해 자국에 이바지하겠다는 야망을 품고 있었다. 그는 일본 정부와 왕국의 부활을 꿈꾸는 만주 황실 사이에서 신뢰할 만한 비밀 연락책으로 활동하고 있었다. 하지만 시간이 지나면서 이런 꿈들은 완전히 실패로 돌아갔다. 아마추어 같은 업무 능력을 더 이상 신뢰할 수 없게 된 일본 고위 공무원들에게 점차 외면을 받게 된 것이다. 일본의 지원을 받아 만주와 몽골에 정권을 수립하려는 계획이 실패로 돌아간 뒤 나니와가 '평정심을 잃었다'는 추측도 있다.

나니와는 결국 청력도 잃었고 그로 인해 성격이 더욱 괴팍해졌으며 타인에게 의존하게 되었다. 당시 젊은 나이였던 조카 하라다 도모히코는 은퇴 후 나니와의 모습에 대해 이렇게 말한다.

"당시에 삼촌의 집에는 성미 급한 극우파들이 둥지를 틀고 있었다. …[극단적 국가주의 단체] 현양사와 연루된 괴짜들과 기이한 중국 낭인들이 득실거렸다. 기숙 학생을 비롯한 나머지 무리들은 대망을 이루기 위해 훈련 중인 영웅이라 스스로 생각했다. 성급한 이들로 가득한 그들만의 세상이 나에겐 얼토당토않아 보였지만 그들의 눈에 나는 그저 이단자일 뿐이었다."

게다가 이 친척은 나니와와 개인적으로 보낸 시간에 대해 좋은 기억이 별로 없었다.

나는 삼촌으로부터 자신을 도우러 와달라는 긴급 전보를 받곤 했다. 당시에는 사업을 하거나 부유한 사람만이 전화기를 갖고 있었다. 사람들은 40분이나 45분 정도밖에 떨어지지 않은 곳에 살고 있더라도 교신수단으로 전보를 치던 시대였다.
"또 뭔 일이람." 나는 혼잣말을 하면서 그의 집으로 가곤 했다.

대부분 긴요한 일이 아니었다. 먹물을 준비해달라거나 화선지를 펴달라고 했다. 기분이 좋을 때는 상대하기 꽤 괜찮은 노인네가 되기도 했다. 그럴 때면 눈을 가늘게 뜨고 기분 좋은 웃음을 내뱉은 뒤 이야기를 들려주기도 했다. 물론 재미있는 이야기를 많이 알지는 못했기에 대부분 잡다한 강의를 늘어놓는 식이었지만. 전에도 말했다시피 삼촌은 귀가 먹은 상태여서 나는 대답이나 하고 싶은 말을 종이에 적어야 했다. 쉽지 않은 일이었다.

내가 답을 적는 동안 삼촌은 나에게 온갖 경고를 했다. "지금 도쿄제국대학은 사회주의자의 소굴이야. 세균들이 득실대는 곳이지. 그놈들이랑 어울리는 건 생각도 하지 마."

"네, 알겠어요." 나는 그를 쳐다보며 공손히 답하곤 했다.

"그리고 술은 마시지 마. 네 아비는 재미있는 사람이었지만 술 때문에 망가졌지. 똑같은 함정에 빠져선 안 돼."

나니와는 술을 즐기지 않았다. 술을 몇 잔 마신 뒤에는 얼굴이 타오를 것처럼 붉어지곤 했다.

6

만주 왕자, 일본 아내

관동군은 푸제가 두 국가 간의 우호를 위해 일본 여성과 결혼하기를 바
랐다. ···푸제를 자신들의 통제하에 두려는 의도가 다분했다.
—푸이(청 왕조 마지막 황제)

요시코의 어린 시절을 언급할 때면 사가 히로가 비교 대상으로
자주 등장한다. 그 이유는 쉽게 알 수 있다. 귀족 가문 출신인 히로
는 1914년, 도쿄에서 태어났으며 요시코보다 일곱 살 정도 어렸
다. 요시코와 달리 그녀는 남자처럼 입는 것으로 유명하지도 간첩
으로서 명성을 쌓지도 태양이 떠오를 때 처형되지도 않았다. 하지
만 둘 다 혼란스럽고 위험한 상황에 놓인 적이 있다. 또한 그들의
행복에는 전혀 관심이 없는 무자비한 남성들의 손에 미래가 결정
되었다는 점에서도 둘은 비슷하다.

만주에서 태어난 요시코는 어린 시절 일본으로 보내진 반면 일
본에서 태어난 히로는 만주 왕자와의 정략결혼을 위해 만주에서
살게 되었다. 완전히 정반대의 상황이었다. 하지만 둘 다 언어 차
이 때문에 애를 먹었으며 외국 관습을 받아들여야 했을 뿐만 아니
라 새로운 음식과 날씨에 적응해야 했다. 정치적인 문제 역시 평생

두 여성을 따라다녔다. 요시코는 나니와의 부추김 속에 어려서부터 만주의 부활을 위해 충성을 다했다. 반면에 히로는 결국 중국에서 생을 마감하기는 했지만 중국과 일본 중 어디에 충성해야 할지 많은 시간을 고민했다.

하지만 이 두 여성 간의 유사성은 여기에서 그친다. 만주 공주 요시코는 어린 시절부터 힘든 시기를 보냈다. 아버지의 베이징 저택에서 뤼순으로 망명길에 오른 후 다시 일본으로 보내지는 바람에 완전히 낯선 환경을 전전하게 된 것이다. 반면 일본인 히로는 일왕의 친족인 가족들과 도쿄 집에서 어린 시절을 보낸 덕분에 그러한 갑작스러운 변화는 겪지 않아도 되었다. 이 두 여성은 태도에서도 정반대의 성향을 보인다. 요시코는 자신의 속마음을 지나치게 자주 털어놓았다. 작은 문제든 큰 문제든 과장해서 말하기를 좋아했다. 하지만 히로는 자제력이 있었다. 그녀는 만주 왕자와 결혼하라는 명령을 받는 순간, 이에 복종하며 "아버지에게 맡길게요."라고 공손하게 말했다. 한 명은 행실이 바르지 못하고 변덕을 잘 부리는 여성이었고 다른 한 명은 예의 바르고 인내심 많은 여성이었지만 둘 다 고향에서 멀리 떠나와 중대한 사건에 연루되고 만다.

이 두 여성이 쓴 글을 보면 그들이 대중에게 보여주고자 했던 모습의 차이가 확연히 드러난다. 요시코는 자신이 겪었던 개인적인 곤경과 정치적인 핍박을 억울해한다. 자신이 남용되고 유기되었을 뿐 아니라 모두의 방조 속에 희생되었다고 생각한다. 그리고 모

사가 히로와 아이신기오로 푸제의 결혼, 1937년   후쿠나가 코세이 제공

두가 이를 똑똑히 기억하기를 원한다. 반면 사가 히로는 자서전 《공주의 파란만장한 생애》에서 품위 있고 고상한 분위기를 택했다. 그녀는 일본과 만주의 황실을 상세히 묘사함으로써 독자들에게 상류층에 대한 환상을 심어준다. 히로는 풍부한 사례와 자료도 곁들였다. 임신한 상태로 굽이 높은 신발을 신고 묵묵히 행했던 고두의 예(세 번 절을 한 뒤 바닥에 아홉 번 이마를 댐)에 대한 분석

도 그중 하나다. 히로는 이러한 설명을 통해 자신의 경험을 머나먼 나라의 사랑하는 왕자와의 흥미로운 로맨스로 그려내고 있다.

이처럼 두 공주는 서로 다른 점이 많았지만 이제 다시 둘 간의 유사점을 살펴보고자 한다. 사실 가와시마 요시코와 사가 히로는 둘 다 양국 간에 가교 역할을 수행하도록 바쳐진 제물이었다. 이 두 여인의 인생사에는 드라마 같은 요소가 넘쳐난다. 그 결과 이들을 바라보는 대중은 애초부터 이들을 미지의 세계로 내몬 지옥 같은 전쟁보다는 두 여인의 감정 기복에 초점을 맞춘다.

히로는 요시코보다 대중에게 솔직하게 다가간다. 그녀는 본분에 충실한 여성이었기 때문이다. 부모는 히로에게 귀족답게 품행이 단정한 아내가 되라고 가르쳤다. 물론 젊었을 때 히로는 결혼을 미루고 서양화 공부를 계속하겠다는 당찬 모습을 보이기도 했다. 그녀는 유명한 화가의 가르침을 받으며 그의 화실에서 풍기는 보헤미안적인 분위기를 즐겼다. 하지만 히로는 반항아가 아니었기에 자신의 신분에 맞는 관습을 곧 받아들였다. 자신의 혈통에 어울리는 일본 가문에 시집을 가야지 무작정 예술적인 야망만 추구할 수는 없다고 생각했다.

히로는 부모님의 결혼 계획을 잠시 지연시켰을 수도 있었을 것이다. 하지만 일본 군부가 개입하면서 그 가망성은 사라졌다. 1936년 어느 날, 히로는 엄마와 할머니를 모시고 가부키 공연을 보러 가려던 참이었다. 그런데 바로 그때 일본 장교가 도쿄 집을 쳐들어오듯 방문했다. 결혼 상대가 결정된 게 틀림없었다. 상대는 푸이 황제의 남동생인 푸제 왕자였다. 만주에 영토를 확장하려던 일본은 만주 왕족과 일본인 히로를 결혼시킴으로써 만주와 일본 간의 유대를 강화하려고 했다. 히로의 할머니는 울면서 군대의 계획을 막아보려고 애걸했지만 결국 가족은 그들의 요구를 받아들일 수밖에 없었다.

히로는 훗날 이렇게 기록했다. "우리는 그들의 제안을 거절했죠. 하지만 그런다고 될 일이 아니었습니다. 그 제안의 막후에는 당시에 막강한 힘을 휘두르던 관동군이 있었기 때문이었죠."

듣기 좋으라고 한 얘긴지는 모르지만, 만주에 주둔하던 일본 육군 부대인 관동군의 장교들은 수많은 명문가 여성의 사진 중 특별히 사가 히로를 골라 푸제에게 결혼 상대로 제안했다고 한다. 여기서 다시 로맨스가 시작된다. 당시에 일본의 군사 아카데미에서 공부하고 있었기에 일본어를 할 줄 알았던 푸제는 일본의 다카라즈카 즉, 여성으로만 이루어진 극단의 팬이었다. 그는 사가 히로의 모습이 자신이 좋아하는 배우와 닮았다고 생각했다. 그리하여 히로는 도쿄 집에서 미래의 남편 푸제와 첫 만남을 갖게 된다.

그들의 러브 스토리는 대중의 흥미를 돋우기에 안성맞춤이다. 특히 도덕적으로 문제가 될 만한 사안은 이 러브 스토리에서 슬그머니 삭제되었기 때문이다. 푸제가 일본 군부와 적극적으로 친분을 쌓으려 했고 일본이 만주에 꼭두각시 정권을 세울 때 그가 큰 역할을 했던 사실은 이 러브 스토리에 포함되지 않았다. 이 커플의 로맨스는 사람들의 눈물을 자아내도록 애틋하게 각색되었다. 몇 년 후, 푸제는 전쟁과 기나긴 수감 생활을 비롯해 온갖 고난을 겪게 되지만 미래의 부인을 처음 만난 이 순간만은 여전히 떨리는 마음으로 회상하곤 했다.

둘 다 첫눈에 서로에게 빠졌다. 예상치 못한 일이었다. 나는 그녀를 아내로 맞이하겠노라 선뜻 동의했다. 관동군이 주선한 결혼이었지만 남편과 아내는 서로를 깊이 사랑했을 뿐 아니라 수많은 역경과 슬픔, 기쁨을 공유하는 결혼생활로 발전해갔다. 그리고 이제는 서로 절대로 떨어질 수 없는 부부가 되었다. 우리 둘은 수년간 우리 인연을 엮어준 게 누구였는지에 대해 종종 얘기를 나누곤 했다. 무엇이 우리를 엮어주었든 이 결혼을 통해 나는 더없이 행복한 나날을 보내게 되었다는 것만큼은 부인할 수 없다. 수많은 우여곡절이 담긴 내 인생의 전반부 때문에 그녀가 큰 고통을 겪었다는 사실도 절대 잊지 못할 것이다.

7
학교생활

이 세상에는 자유를 허락받지 못한 여성이 수없이 많으며 자유가 무엇인
지 모르는 여성도 숱하다. 그러한 여성은 타인들이 정한 운명을 따른 결
과 불행해지더라도 스스로 책임져야 한다.
-무라마쓰 쇼후(《남장미인》 저자)

가와시마 요시코는 일본에서 새로운 삶에 적응하는 데 애를 먹
었다. 처음 시작은 거대한 도쿄 저택에서였다. 숙친왕의 저택과는
달랐지만 누가 봐도 호화로운 저택이었다. 특히 주인이 정규 수입
이 없는 집치고는 으리으리했다. 이 때문에 훗날 숙친왕의 가족들
은 "말해 보시죠, 그 많은 돈이 다 어디서 난 거죠?"라며 그를 몰아
붙였다. 돌기둥 주위로 200그루의 체리 나무가 만발했고 정문까
지 가려면 '한참을 걸어야' 할 정도로 땅이 넓었다.

집은 넓었지만 요시코는 그 집 어디에도 안주할 곳이 없었다. 방
문객은 그녀의 기묘한 행색에 낯설어했다. 그녀는 새틴 상의에 보
라색 다마스크직[1]으로 만든 리본 달린 일본식 주름 바지를 입었
다. 그녀는 이 복장으로 등교했다. 남색 모직물로 된 옷을 입은 다

---

1. 보통 실크나 리넨으로 양면에 무늬가 드러나게 짠 두꺼운 직물

른 학생들 사이에서 단연 눈에 띄었다. 요시코는 "너는 어느 나라에서 왔니?"라는 질문을 자주 받았다. 그녀는 "저는 엄마 뱃속에서 왔어요."라고 말하며 평생 자신을 따라다닌 소속에 대한 답을 교묘하게 피해가곤 했다.

일본 전통과 언어를 요시코에게 가르치는 일이 시급했기 때문에 나니와는 곧바로 아카바네 마츠에를 가정교사로 채용했다. 요시코가 어린 시절 그리고 그 후로도 줄곧 모정을 느낀 상대는 이 여인뿐이었다. 요시코는 처형을 당하기 직전 이렇게 말했다. "내가 죽었다는 소식을 들었을 때 슬피 울 사람은 그녀뿐이다. 나의 죽음을 진정으로 슬퍼할 사람은 아카바네 어머니뿐이다." 아카바네는 대범한 여성이었다. 혼자 뉴욕에 가 콜롬비아 대학에서 공부했고 일본에 돌아와서는 외국 학생들을 가르치는 데 전념했다.

요시코는 그녀에게 새로운 도전 과제였다. 아카바네는 나니와의 집에 살면서 요시코와 한방을 썼다. 아카바네는 요시코가 특출하고 영민하며 또래보다 훨씬 현명한 아이라고 생각했다.

하루는 요시코가 한 행동 때문에 이 아이를 꾸짖어야겠다고 생각했다. 그래서 요시코가 학교에서 돌아오기를 기다렸다. 요시코는 내 표정을 보고 내가 저를 혼내려는 걸 눈치챘던 모양이다. 잠자리에 들 때까지 날 피하기만 할 뿐이었다. 나는 일단 아무 말도 하지 않았다. 내일 아침에 얘기해야겠다고 생각하며 자리에 누웠다.

다음 날 아침, 일어나 보니 요시코가 잠옷을 입은 채 꼿꼿한 자세로 바닥에 앉아 내가 일어나기를 기다리고 있었다.

요시코는 나를 보더니 용서를 빌었다. "선생님, 제발 용서해주세요."

그 모습이 정말 놀라웠다.

이 예민한 학생을 아카바네는 오래도록 잊을 수 없었다. 요시코를 가르치는 일을 그만둔 지 한참이 지난 뒤 그녀는 자신이 요시코

나니와와 요시코를 비롯한 가족들   호카리 카시오 제공

의 진정한 모습을 알고 있다고 주장하고 나섰다. 요시코의 반사회적인 성향이 모두에게 알려진 후였지만 자신이 늘 '공주'라 불렀던 요시코의 매력을 계속해서 강조했다. 요시코가 처형되기 전 몇 달 동안, 아카바네는 그녀가 처형을 면할 수 있을지도 모른다는 희망에 요시코의 사면을 얻어내려고 부단히 애썼다. 요시코가 죽었다는 얘기를 들었을 때 아카바네는 그 자리에서 쓰러지고 말았고 훗날까지도 그녀의 죽음을 애도하며 결국에는 사형수들을 돌보는 교도소 사제가 되었다.

*

1921년, 요시코는 열세 살 때 또 한 번 이사했다. 이번에는 만주에 독립국을 건설하겠다는 나니와의 계획에 차질이 생겼기 때문이었다. 또 다른 계획을 품은 나니와는 유전 개발로 돈을 벌려고 했으며 그 후에는 자신의 고향에서 나는 질 좋은 물로 '프린세스 Z 탄산음료'를 만들기로 마음먹었다. 오늘날까지 요시코의 중국 가족들은 실패로 돌아간 이 사업에 숙친왕의 막대한 자금이 허비되었다는 사실에 분개한다.

나니와는 고향인 마쓰모토로 돌아갔다. 이곳에서 그는 악화일로의 재정 형편 속에서 실패로 돌아간 반란을 곱씹으며 시간을 보냈다. 어쩌면 심사숙고하기에 아주 적합한 곳으로 돌아왔다고 할 수 있겠다. 높은 산으로 둘러싸인 마쓰모토는 복잡한 도쿄에서 멀리 떨어진 곳에 자리 잡고 있어 시골의 풍취가 물씬 느껴진다. 일본에서 얼마 남지 않은 중세 성의 원래 모습을 마을 곳곳에서 볼 수 있는데, 언덕 위나 평원 아래, 멀리 떨어진 신사 등 곳곳에 남아 있는 이 성들은 하루 중 언제라도 장엄한 스카이라인을 선사한다.

일본의 봉건주의 잔재가 남아있는 마쓰모토는 아직도 시골스러운 마을이다. 오늘날에도 중국 공주가 그곳으로 이주한다는 소식이 전해질 경우 동네 사람들은 화들짝 놀랄 것이다. 하물며 거의 100년 전에는 어떠했으랴. 요시코가 그곳으로 이사를 왔을 때 큰 파문이 인 건 두말할 필요도 없다.

요시코는 혼자 힘으로 새로운 도시에 적응해야 했다. 나니와의 아내 후쿠가 집을 나간 상태였기 때문이다. 남편의 부재와 바람기에 넌더리가 난 후쿠는 수양딸을 키우는 기쁨에서도 위안을 받지 못했다. 후쿠는 가끔씩 집에 왔지만 요시코가 일본에 온 뒤 3년 동안 친정집에 머물렀고 그 바람에 요시코의 유일한 보호자는 나니와뿐이었다.

나니와의 집에는 많은 사람이 살았고 나니와의 젊은 제자들과 방문객들이 줄곧 드나들었지만 요시코는 대부분 시간을 외로이 보냈다. 밖에 나갈 때면 부모의 지도를 받지 못한 아이 티가 났고 나니와 주변에 꾀어든 거친 젊은이들과 지나치게 많은 시간을 보냈다. 당시에 그녀를 본 사람들은 처음에는 그녀의 아름다움에 반했지만 얼마 안 가 그녀의 고집 세고 사내아이 같은 행동에 충격을 받았다고 말한다. 그들이 이러한 진술을 한 건 그로부터 수십 년 후 그녀가 남자 옷을 입고 비밀 요원으로 활동한 것으로 유명해진 뒤였기 때문에 그녀의 새로운 모습에 맞춰 이러한 기억들이 편집된 것일 수도 있다. 하지만 그녀와 어린 시절을 함께 보낸 지인들은 당시에도 요시코가 남자아이 같았다고 똑똑히 기억한다.

슬픔 때문이었을지 아니면 타고난 난폭한 성향 때문이었을지 모르지만 어쨌든 요시코는 만주 점령 계획이 일상적인 대화 주제였던 별난 집안에 적응해가면서 독특한 성격이 형성되었다고도 할 수 있을 것이다. 그녀의 학급 친구는 요시코의 말투에 충격을 받기도 했다. 요시코는 보통 남정네들이나 사용하는 거친 언어를 사용했기 때문이었다. 요시코의 학급 친구는 이렇게 말한다. "교생 두 분이 우리 초등학교에서 근무했는데, 운동장에서 우리와 어울리곤 했어요. 우리는 '선생님'이라고 존칭으로 불렀지만 요시코는 '이봐, 당신'이라고 부르는 거예요." 물론 나니와의 뒤를 잇기 위해 안달이 난 버릇없는 젊은 남자들이 득실대는 나니와의 집에서 요시코의 귀에 들리는 거라곤 그런 말투뿐이었을 수 있다. 새로운 언어를 익히던 요시코가 그들의 건방진 말투를 그대로 따라 한 것일 수도 있다. 하지만 본보기로 삼을 수 있는 일본 여성들도 꽤 많았으며 그녀가 남자 말투를 무심코 따라 했다면 그 여성들이 이를 정정해주었을 것이기 때문에 그녀가 처음부터 남성성을 선호한 것이라는 주장이 더욱 설득력을 얻는다.

다른 지인은 이렇게 말한다. "요시코는 한눈에 봐도 상당히 아름다웠죠. 석류꽃 같은 입술에 진주처럼 반짝이는 이를 가졌으니까요. 하지만 바로 다음 순간, 꺽꺽거리는 두꺼비 같은 말도 안 되는 소리가 그녀의 입에서 흘러나왔죠. 지나가던 사람들 모두가 무슨 일인지 보려고 고개를 돌렸어요. 어린 나이였지만 저는 요시코의 남자아이 같은 습성이 이상하다고 생각했죠. 그녀의 사랑스러운 겉모습과 어울리지 않았고 전혀 공주답지 않았으니까요."

하지만 어린 시절의 그녀를 알던 다른 지인은 요시코가 인형처럼 아름다웠으며 귀족적인 태도를 지녔고 비단 같은 흰색 피부에 주근깨가 있었으며 검은색 머리를 양 갈래로 땋고 다녔다고 기억한다. 요시코는 왕족 신분에 걸맞게 비가 오거나 눈이 올 때면 하인의 등에 업혀 학교에 갔다. "꽤 요란한 등교 방법이었죠." 요시코는 차량 두 대에 운전기사까지 있었다.

＊

마쓰모토에서 요시코는 나니와의 '양녀'로 알려졌다. 하지만 호적에 오르지 않았기 때문에 법적으로는 가족의 일원이 아니었다. 이러한 결정은 훗날 그녀의 생사를 좌우하게 된다. 그때 이후로 요시코의 이름이 호적에 오르지 않은 이유에 대해 수많은 추측이 난무했는데, 가장 그럴듯한 이유는 요시코가 공식적인 일본인이 되는 것을 나니와가 원하지 않았다는 것이다. 그는 요시코가 만주인으로, 청 왕조 부활의 상징으로 그대로 남아있기를 바랐다. 하지만 그의 속내는 여전히 아무도 알 수 없다.

요시코는 법적으로 일본인이 아니었기에 공립학교에 정식으로 등록할 수가 없었다. 결국 학교 당국은 요시코를 청강생으로 등록시켜 학교에 다닐 수 있게 해주었다. 자신이 평범한 학생이 아니라 손님에 불과하다고 생각한 요시코의 수업 태도는 진지하지 못했다. 다른 학생들은 그녀의 반항적인 행동을 기억한다. "윤기가 좔좔 흐르는 학이 쓰레기더미에 내려앉은 것 같았죠." 순종과는 거리가 멀었을 뿐만 아니라 남들의 이목 따위는 아랑곳하지 않았던 전학생 요시코는 마쓰모토 고등여학교에 말을 타고 등교해(그녀의 주장에 따르면 그 말은 나폴레옹이 아끼던 말의 후손이었다.) 마쓰모토 거리에 만주 기마전사의 전통을 부활시켰다. 그녀의 한 학급 친구는 요시코를 처음 본 순간을 절대로 잊지 못한다.

　　요시코는 정말로 눈에 띄었죠. 생각해보세요. 말을 타고 학교에 나타난 거예요! 요시코를 처음 봤을 때 말에서 내리고 있었어요. 당시에는 말을 타는 사람이 별로 없었죠. [마쓰모토에 주둔하고 있던] 제50연대는 보병으로 이루어져 있었고 대대장이나 중대장 같은 고위 장교들만이 말을 탔거든요. 말을 탄 여자는 요시코밖에 없었어요. 요시코는 승마복을 입은 채 적갈색 말을 타고 학교에 왔죠. 요시코가 말을 타고 올 때면 타타타타, 소리가 들리곤 했어요. 정말로 멋진 광경이었죠.

고등학생 요시코, 말과 함께   호카리 카시오 제공

　요시코는 단정치 못한 품행으로 비판을 받기도 했지만 일부 학급 친구들은 그녀를 혼자 다니며 중국 노래를 흥얼거리던 외로운 아이로 기억한다. 요시코는 이러한 내용을 편지에 쓰기도 했다. "내 광대 짓은 다른 학생들의 수업에 방해가 된다. 하지만 (내 적들은 이 말을 비웃겠지만) 나도 사실은 이러한 행동이 전혀 즐겁지 않다." 얼마 안 가, 그녀는 아시아 역사 수업을 듣지 않겠다고 했다. 일본 선생님이 중국을 폄하하는 발언을 했기 때문이었다. 다른 교사는 그녀가 수업을 들어야 하는 시간에 수위와 차를 마시는 것을 목격하기도 했다. 요시코는 이렇게 변명했다. "그 교사는 너무 모욕적이었어요. 그래서 정말 짜증이 났죠."

1922년, 뤼순에서 숙친왕이 사망하고 그 뒤를 이어 어머니마저 사망하자 요시코는 더욱 우울해졌다. 남편의 죽음에 슬퍼한 어머니가 스스로 목숨을 끊었다는 얘기가 있지만 숙친왕이 병상에 누웠을 때 그녀는 그의 열한 번째 아이를 임신한 상태였고 남편을 돌보느라 바쁜 나머지 낙태를 유도하기 위해 약을 먹었는데 그 약이 그녀의 목숨을 앗아간 거라는 얘기도 있다.

나니와와 요시코는 숙친왕의 장례식에 참석하기 위해 서둘러 뤼순으로 향했다. 숙친왕의 사망은 청 왕조 부활 운동에 전반적으로 큰 타격을 줄 수 있는, 중대하고도 침통한 사건이었다. 숙친왕의 자금과 정신적인 기반 없이 만주족이 정권을 회복하기란 쉽지 않았다. 수백 명의 조문객이 흰색 상복을 입고 숙친왕의 집에 모였다. 장례식 행렬은 엄숙하고 위엄 있는 분위기 속에서 상당히 느릿느릿 지나갔고 결국 마지막 차량이 역에 도착했을 때는 하루가 저문 뒤였다. 숙친왕의 관은 베이징으로 후송되어 그곳에 묻힐 예정이었다. 많은 사람이 조문을 왔다. 그의 딸 진 모유는 이렇게 말했다. "청 왕조는 사라지고 없었지만 청 왕조의 왕에 걸맞게 장례식이 치러졌습니다."

그 후 나니와는 숙친왕의 유언에 따라 자신이 유가족의 수장이 되어야 한다고 주장하며 가족의 재산을 마음대로 처리하는 바람에 그들로부터 반발을 사게 되었다. 숙친왕의 한 아들은 나니와가 사실 왕으로부터 아무런 승인도 받지 않은 상태에서 권력을 앗아가다시피 했다고 비난하며 그의 관심은 오로지 돈이었고 돈줄이었던 숙친왕의 가족과 계속해서 관계를 유지하고 싶어 했을 뿐이라고 주장한다.

이 논쟁의 중심엔 다롄 시장이 있었다. 나니와와 일본 군부는 숙친왕을 대신해 이 시장을 상인들에게 대여했는데, 그곳에서 나오는 임대료는 대가족의 주 수입원이 되었다. 상인들은 좌판을 임차해 물건을 판매했는데, 목수의 연장, 때 묻은 표범 가죽, 헤진 중국 옷 등 대부분 중고 물품이었다. 이 시장은 '도둑 시장'이라는 별명이 있었다. 훔친 물건들이 곧바로 그 시장의 좌판에 올라오기 때문이었다. 이 시장의 임대료는 수익이 꽤 괜찮아서 숙친왕의 대가족은 이 수입에 의존했으며 그것을 나누어주는 역할은 나니와가 맡았다. 결국 숙친왕의 가족들은 어설픈 자산 관리, 횡령, 문서 위조 등의 혐의로 그를 고소했다. 나니와는 자신이 그들의 자산을 빈틈없이 관리하지 않았더라면 그들은 분명 굶어 죽었을 거라고 훗날 말했지만 숙친왕의 후손들은 나니와와 그를 따르는 무리를 부정 취득자로 보았다.

부모를 둘 다 여읜 것은 요시코에게 상당히 큰 충격이었다. 그녀는 자주 인용되는 시를 통해 자신의 감정을 표현했다. "나는 집이 있지만 돌아갈 수 없다네. 나는 눈물을 흘리지만 소리 내어 울 수 없다네." 요시코는 아버지의 장례식에 참석한 후 한동안 중국에 머물다가 마쓰모토로 돌아갔다. 그런데 학교에서 요시코의 재입학을 거부했다. 요시코의 부적절한 수업 태도와 거칠고 남자 같은 언행에 불만을 표출한 이들이 있었던 것이다. 요시코는 '질서를 파괴하며' 다른 학생들에게 나쁜 영향을 미치는 아이로 여겨졌다. 그녀가 타고 다니던 말 또한 비난의 대상이 되었다. 하루는 묶어놨던 체리 나무에서 도망쳐 한바탕 소동을 일으키기도 했다.

공식적으로 요시코의 재입학을 거부한 건 요시코가 중국에 가 있는 동안 새로 부임한 교장이었다. 그는 요시코가 학교에 다시 입학하려면 필요한 공식서류를 제출해야 한다고 주장했다. 전 교장이 눈감아주었던 서류였다. 요시코는 자서전에서 자신이 나니와의 호적에 오르지 않았기 때문에 입학을 거부당했다고 썼다.

숙친왕의 사망 소식에 마음이 약해져 있던 나니와는 학교 측에서 제대로 된 절차를 밟을 것을 요구한다는 얘기를 듣자마자 아직 화를 낼 힘쯤은 남아있다는 듯 분노를 터뜨렸다. "중국인을 학교에 등록시키지 않겠다는 의사를 우회적으로 표현한 작태일 뿐이다. 그렇게 고집이 센 교장이 있는 학교라면 내가 보내지 않겠다." 그의 불같은 성미 때문에 합리적인 선택을 할 수 있는 기회는 전부 사라지고 말았다. 나니와의 인생에서 자주 발생하는 일이었다. 나니와에게 남은 건 그저 모두에게 호통을 쳤다는 사실에서 오는 만족감뿐이었다.

한편 새로운 교장에게 그 전부터 적의를 품고 있던 기자들은 그를 향해 호된 공격을 퍼부었다. 도쿄의 한 신문은 '나가노현 소재 마쓰모토 고등여학교의 야만적 교장, 외국인 입학을 거부하다'라는 기사를 대서특필하기도 했다. 이로써 요시코는 처음으로 언론의 주목을 받게 되었지만 교장은 아랑곳하지 않았다. 사실 그는 요시코를 거절함으로써 '손을 더럽히지 않고도 학교에서 골칫거리를 제거했다'고 훗날 말했다.

결국 나니와는 요시코를 집에서 교육했다. 덕분에 요시코는 완강한 교장의 손에서는 벗어났지만 그 대신 온종일 집에 갇혀 지내게 되었다. 청력을 잃자 나니와는 요시코를 비서로 활용해 자신이 듣지 못하는 대화를 전부 받아쓰도록 시키기도 했다. 그 과정에서 요시코에게 만주 독립을 달성하는 데 중요한 덕목인 '단련과 극기'를 심어주었다. 문제투성이 십 대 소녀의 성장 과정에 반드시 필요한 자질은 아니었으리라.

*

여기서 잠깐 멈춰서 마쓰모토 온천 근처에 위치한 의붓아버지의 집에서 혼자 공부하는 요시코의 모습을 상상해보자. 이때는 요시코가 얼마 되지 않는 공식 교육을 받았던 시기이기도 하지만 그녀의 성격이 형성된 때이기도 했다. 그때까지 요시코는 당시 중국과 일본 사이에서 발생한 대재앙 속에서 불운한 조연 역을 맡은 어린 여성일 뿐이었다. 그녀의 운명은 안쓰러웠지만 전례 없는 일은 아니었다. 역사적으로 공주를 비롯한 여성들은 남성 가족 구성원의 편의에 따라 팔아 넘겨지곤 했다. 정치적으로 더 큰 목적을 달성하기 위해 그들을 희생시키는 경우가 비일비재했다.

하지만 나니와의 지도를 받은 요시코는 볼모로 잡힌 다른 여성들과는 달리 나름 목적의식을 갖게 되었다. 자신의 만주 혈통을, 특히 왕족의 혈통을 자랑스럽게 여기게 되었고 청 왕조가 몰락한 이후 박해와 빈곤에 시달리던 동족을 돕는 데 헌신하기로 마음먹었다. 그렇게 요시코는 생부 숙친왕의 뒤를 이어 그가 미처 완성하지 못한 대의를 실현하는 일에 착수하게 된다.

요시코는 자신의 특별한 운명을 열정적으로 받아들였다. 물론 충분한 교육을 받지 못하는 바람에 다른 이들의 생각에 쉽게 휘둘리는 경향이 있었다. 요시코는 역사를 잘 알지 못했으며 자신이 곧 참여하게 될 전쟁에 대해서도 제대로 이해하지 못했다. 그녀의 자서전에 따르면, 요시코는 어린 나이에 자신이 '만주의 잔 다르크'라고 생각했다고 한다. "그날, 하굣길에 나는 《잔 다르크 이야기》를 사서 밤새 전부 읽어버렸다. 책을 읽으면서 계속해서 '나도 잔 다르크처럼 되고 싶다'고 생각했다. …다음 날, 졸린 눈을 비비며 학교에 가 잔 다르크처럼 행동하기 시작했다. 마주치는 사람마다

'내게 3천 명의 군대가 있다면 중국을 차지할 텐데.'라고 허튼소리를 하고 다녔다."

어린 시절에는 누구나 이러한 비현실적인 꿈을 꾸기 마련이지만 요시코는 이러한 꿈에 사로잡혀 빠져나오지 못했다. 이국땅에 고립된 상태였으므로 그러한 믿음을 강화할 만큼 시간적 여유가 충분했을 것이다. 하지만 요시코가 이러한 꿈을 꾸게 된 데에는 나니와의 영향력도 컸다. 그는 제 나름의 이유에서 이 만주 공주가 자신을 만주족 해방을 위한 선구자로 생각하도록 부추겼다.

게다가 요시코는 자신의 인생이 새로운 국면을 맞이할 때마다 다른 이들에게 이를 알리고 싶어 하는 욕망이 남달랐다. 그녀는 언론의 관심을 끄는 데 타고난 재주가 있었고 이 재주는 훗날 유용하게 활용된다.

요시코가 자신의 감정을 표현하기 시작한 것은 나니와의 집에서 살 때부터였다. 시작은 소박했다. 우선 자신의 솔직한 감정을 젊은 가정교사에게 말하기 시작한 것이다. 그녀는 그에게 침울한 내용의 편지를 썼는데 때로는 영어로 자신을 '작은 비둘기'나 '당신의 종'으로, 교사를 '흰 장미'로, 나니와의 집을 '차가운 집'이라고 불렀다. 홀로 집에 갇힌 그녀는 시골의 자연에서 위안을 받았다. 그녀는 편지에 이렇게 썼다. "오늘 밤은 어두워요. 부모를 잃은 아이는 그들을 보고 싶어 하지만 그림자조차 볼 수 없군요. 어두운 밤이에요. 이 밤은 저를 보호해주지 않을 거예요. 제 슬픔, 외로운 심장을 위로해주지 않을 거예요." 그날 밤 어둠 속에서 그녀는 다른 사실도 똑똑히 보았다.

희생양! 전에도 말했다시피 저는 희생양이에요! 이해하세요? 저는 숙친왕 가족 전체를 위해 희생당했어요. 그들을 대신해 이곳에 온 거라고요. 어린 동생들을 대신해서요. 의붓아버지는 숙친왕에게 "당신 자식들 뒤치다꺼리만 시키지 말고 내가 데리고 있을 수 있는 딸을 보내시오."라고 말했어요. 그 한마디 말에 우리 가족은 무너졌지요.

요시코는 교사에게 보내는 편지에 여러 불만도 상세히 적었다. 그중에는 놀라운 얘기도 있었다. 나니와가 자신을 폭행한다는 내용이었다. 하지만 요시코의 얘기에 교사는 놀라지 않았다. 그는 의붓아버지의 폭력적인 기질을 익히 알고 있었기 때문이었다. 사실 그는 나니와가 삽을 들고 요시코를 쫓아갈 때 나니와를 말린 적도 있었다.

오늘도 맞았어요. 저는 아버지가 분노를 배출하기 위한 수단에 불과해요. 아버지는 다른 사람들에게 화가 나면 저를 때리곤 했죠. 나중에 언젠가 아버지가 저를 때린 곳을 꼭 보여드릴게요. 저를 가르치려고 때리는 건 아닌 게 분명해요.

그런 거였다면, 제가 뭔가를 잘못한 거였다면, 그저 말로 해
도 다 알아들을 테니까요.

나니와의 지지자들은 그의 행동을 합리화하려고 애쓰지만 상황
을 악화시킬 뿐이다. "이 '애국자'는 이미 노년기에 접어들었으며
평생의 꿈은 실패로 돌아갔다. 그는 무기력한 감정에 휩싸인 상태
다. 위대한 친구로부터 받은 기념품인 이 어린 소녀를 때리는 건
나약해진 인간이 흔히 하는 행동이다."
이 상황에 대한 요시코의 생각은 다음과 같다.

그들은 1초라도 나를 놓아주지 않으려 한다. 항상 나를 가
까이에 두고도 내가 달아날까 봐 두려워한다. 그들은 나를
이곳[일본]에 억지로 데리고 와 놓고 나를 절대로 돌려보낼
수 없다고 말한다. 이제는 훌쩍 커버린 이 아이가 자기네들
이 한 짓을 똑똑히 기억한다는 사실을 두려워한다. 내게 무
슨 일이 있었는지 이 세상에 알릴까 봐…. 내가 이 집을 떠
나면 그들에 대해 나쁜 얘기를 할까 봐 두려워하는 것이다.
그래서 누구와도 말을 하지 못하게 한다. …이 세상에서 내
편은 없다….
자살이 양부모님에게 수치를 안겨줄 행동이라면 대신에 중
국으로 돌아가겠다. 나에게 큰 위안이 될 거다. 나는 양부모

에게 나를 다시 돌려보내 주지 않으면 자살하겠다고 말할 것이다. 그들은 내 말을 믿지도 않을 거고 나를 다시 돌려보내 주지도 않을 것이지만….

중국으로 돌아간다 해도 나는 중국말을 못 한다. 부모도, 형제자매도 없다.

8
남장미인

나는 선의에서, 그녀를 돕기 위해서 이 소설을 썼다.

-무라마쓰 쇼후(《남장미인》 저자)

　무라마쓰 쇼후는 그 후로 오랫동안, 자신이 겪은 충격적인 만남에 대해 자주 얘기를 꺼냈다. 일본이 패전한 지 9년이 지난 1954년, 그는 친구들과 함께 도쿄의 한 무도회장을 찾았다. 그런 곳에 출입하지 않은 지 꽤 됐지만 발을 들여놓자마자 늘 그렇듯 활기 넘치는 분위기에 기분이 좋아졌다. 당시 쇼후의 나이 예순다섯. 일본과 중국을 오가는 아슬아슬하고 짜릿한 이야기가 담긴 흥미진진한 소설과 여행기, 화려한 사생활로 유명해진 상태였다. 그는 가와시마 요시코의 삶을 바탕으로 한 《남장미인》이라는 베스트셀러 소설로 논란을 일으키기도 했다. 쇼후는 오랫동안 무도회장의 단골이었으며 그날 밤도 늘 그렇듯 파트너를 물색하고 있었다.

　낯선 사람이 그의 이름을 불렀다. 마흔 살 정도 돼 보이는 그 남자는 눈을 반짝이며 그에게 다가왔고 술에 취한 거친 목소리로 말을 꺼냈다.

"중국에서 가와시마 요시코와 함께 있었던 사람이오. 그녀에 대해 당신과 얘기를 좀 나누고 싶소만."

문제를 일으키고 싶지 않았던 쇼후는 최대한 정중하게 말했다. "아, 가와시마 요시코를 아신다고요? 그렇다면 저도 하고 싶은 말이 있네요." 그는 마치 체포된 범죄자처럼 낯선 사람을 따라 한적한 곳으로 갔다.

쇼후는 이 낯선 남자가 지금은 중년이지만 요시코를 알았던 9년 전에는 그녀의 기준에 부합할 만큼 매력적이었겠다고 짐작했다. 남자는 일본이 패전했을 때 중국에서 요시코와 살았고 체포 후 재판이 이어질 때도 그녀 곁을 떠나지 않았다고 말했다.

"가와시마 요시코에 대해 어떻게 생각하시오?" 남자가 공격적인 태도로 물었다. 쇼후가 막 답을 하려던 차 남자가 고함을 질렀다. "당신이 가와시마 요시코를 죽였어!"

쇼후는 깜짝 놀랐지만 요시코의 죽음을 두고 비난을 받은 게 처음은 아니었다. 그녀가 처형되었다는 얘기를 들었을 때 그는 처음에 충격을 받았다. 하지만 곰곰이 생각해보니 요시코란 여자는 애초부터 자기 침대에서 평화롭게 죽을 운명이 아니었다는 느낌이 들었다. 전쟁이 끝난 뒤 전시 활동들로 온갖 규탄을 받으니 차라리 처형당하는 것을 요시코 자신도 원했을지 모른다고 생각했다.

하지만 요시코가 죽은 지 거의 1년이 지난 뒤 중국에서 돌아온 일본인들은 쇼후에게 충격적인 소식을 전했다. 그녀의 사건을 담당한 중국 판사가 자신의 소설에 등장하는 몇몇 장면을 사실로 받아들여 반역죄 선고의 증거 자료로 인용했다는 것이다. 그 결과 중국인들은 쇼후의 소설이 그녀를 죽음으로 몰고 갔다고 믿게 되었다. 쇼후는 한동안 속이 상했지만 그저 소문에 불과한 것이라 자위하며 이 문제를 잊으려고 했다.

그런데 이제 이곳 도쿄 무도회장에서 또다시 같은 혐의를 받게된 것이다. 남자는 집요하게 쇼후를 몰아붙였다. 놀라움과 죄책감이 엄습했으나 쇼후는 이 낯선 남자에게 소설을 쓰게 된 계기를 설명해야겠다고 생각했다. "저는 오랫동안 가와시마 요시코에게 흥미를 느꼈었습니다. 그러다가 1932년, 상하이사변이 발생한 뒤에 그녀를 만날 기회를 얻었죠. 그 만남을 계기로 그녀의 삶을 바탕으로 한 소설을 쓰게 되었습니다." 하지만 1930년대에는 일본 군부가 간행물을 엄격히 검열했기 때문에 요시코의 활동을 자신이 원하는 대로 쓸 수 없었다고 변명했다. 사실을 나름대로 각색할 수밖에 없었고 때로는 요시코가 수행했을 것으로 추정되는 비밀 업무를 지어냄으로써 이야기를 부풀리기도 했다고 말했다.

"결국 《남장미인》은 가와시마 요시코와 저의 합작품이라고 할 수 있습니다."

쇼후는 독자들이 그의 상상력에 동화되어 소설 속의 허구적인 여주인공을 진짜 인물로 착각해서는 안 된다고 주장했다. 안타깝게도 무분별한 독자 중에는 그녀의 재판을 담당한 중국인 판사도 있었다.

*

무라마쓰 쇼후는 원기 왕성한 체력만큼은 일본 문학계 거장들에 뒤지지 않는 작가였다. 체력이 고갈될 법도 한 문란한 사생활에도 불구하고 줄기차게 작품을 내놓았다. 그렇고 그런 야한 드라마, 재정 파탄, 국제적 음모 따위를 다룬 작품들이었다. 젊은 시절에는 욕정에 초점을 맞춘 일본풍 소설로 명성을 얻기도 했다.

한 편집자는 일본에서 가장 존경받는 작가와 견주어 그에 대해 말했다. "역사 소설로는 모리 오가이가 유명하죠. 하지만 오가이의 소설에는 섹시한 게 없어요. 당신의 작품은 세밀한 묘사에 긴장감도 넘치고 섹스 얘기도 많이 있군요. 당신이 오가이보다 난 것 같네요."

쇼후가 가와시마 요시코와 처음으로 알게 된 건 그가 일본이라는 따분한 영역에서 벗어나 중국이라는 미지의 대상을 연구하리라 마음먹었던 때로 거슬러 올라간다. 그에게 영감을 준 이는 또 다른 유명 소설가 아쿠타가와 류노스케였다. 아쿠타가와는 1921년에 취재차 중국에 간 적이 있었다. 당시 중국은 문화적으로나 정치적으로나 격변이 일던 시기였다. 아쿠타가와는 중국을 여행하던 중 신체적으로 힘든 나날을 보냈지만(그는 두 번이나 입원했다) 중국의 역동적인 상황에 끌렸다. "중국의 특산품은 새로운 사상과 장티푸스다."라는 말에서 알 수 있듯이 아쿠타가와는 중국에 상반

되는 두 가지 감정을 느꼈다.

하지만 쇼후에게 상하이를 방문하라고 장려했을 때에는 중국을 긍정적으로 보았던 게 분명하다. "상하이에는 없는 게 없다네. 삼각형 방이 어떻게 생겼는지 상상이나 되나? 안 된다고? 그렇지? 상하이에서는 삼각형 방이 아무것도 아니라네. 상하이는 그런 곳이야." 쇼후에게 삼각형 방은 단조로운 네 모서리를 지닌 일본의 방 안에서는 꿈꿀 수 없는 새로운 가능성으로 다가왔다. 그의 직감은 맞았다. 삼각형 방이든 다른 무엇이 됐든, 쇼후는 중국에서 일본에서와는 비교도 할 수 없을 만큼 행복했기 때문이었다. 여성 편력, 전문가다운 밤 생활, 경험에서 우러나오는 선정적인 글… 쇼후에게 상하이는 찰떡궁합이었다. 상하이를 향한 그의 애착 또한 아쿠타가와를 비롯한 그 어떤 평범한 방문객의 애착과는 비교도 할 수 없을 만큼 컸다.

쇼후는 일본이 상하이를 공격하기 시작한 1932년 초반, 상하이로 부랴부랴 달려갔고 그곳에서 요시코를 처음 만났다고 말한다. 상하이사변으로 알려진 이 전투로 일본과 중국 양측 모두 수많은 사상자가 발생했다. 1937년 두 국가 사이에 발생한 전면전의 시초였다.

"나는 도대체 왜 그 머나먼 도쿄에서 한창 전쟁 중인 상하이로 갔을까?"

물론 군대가 날 보낸 것은 아니었다. 내가 원해서 갔다. 오늘날에는 모두가 이러한 행동을 이상하게 생각하겠지만 당시에 나를 알던 사람들은 전혀 그렇게 생각하지 않았을 것이다. 나는 중국에 관심을 갖기 시작한 1923년 그리고 그 후로 10년 동안 중국을 자주 찾았다. 어떤 해에는 두세 번씩 가기도 했다. 그렇게 총 열예닐곱 번을 갔다. …하지만 나의 중국 여행은 상하이 인근 지역으로 한정되어 있었다. 상하이에만 한정되어 있었다고 해도 과언이 아니다.

…나에게 상하이는 제2의 고향이다.

내가 사랑하는 상하이에서 중국과 일본 사이에 전쟁이 발생했다. 가만히 앉아있을 수만은 없었다. 그래서 일본 군대가 공격을 시작했다는 소식을 들은 다음 날, 나는 상하이로 향했다.

상하이에 도착한 쇼후는 로맨틱하고 방탕한 평소 활동과는 전혀 걸맞지 않은 일에 연루된다. 갑자기 국제적인 충돌의 한가운데에 서게 된 것이다. 그는 전쟁 종식을 위해 중재 역할을 맡아달라는 요청을 받는다. 하지만 그가 이러한 임무에 전혀 적합하지 않다는 것은 자타가 잘 아는 사실이었다.

이러한 과정에서 쇼후는 요시코와 처음으로 만나게 된다. 첫 만남에 대한 쇼후의 진술이 얼마만큼 정확한 사실인지는 알 수가 없다. 작가라는 직업적 속성상 쇼후는 상황에 따라 언제고 진실을 각색하는 버릇이 있었기 때문이다. 쇼후의 주장에 따르면, 중국인 지인이 그에게 중국 군부를 대신해 일본군과 중재에 나서 달라고 요청했다고 한다. 중국 군부는 휴전을 원하고 있었지만 일본 장교들은 이 요청에 귀 기울이지 않았던 것이다. 추가 폭격으로부터 상하이를 구하고 싶었던 쇼후는 그 즉시 일본 군사령부에 전화했다.

"전화로 얘기하기에는 너무 중요한 문제 같군요. 즉시 이곳으로 와주시오."

일본군 사령부의 다나카 류키치 소령은 운전사 딸린 차를 보내주는 호의까지 베풀었다고 한다. 다나카 소령과의 약속 장소로 가는 도중 쇼후는 요시코를 처음 만났다. 요시코는 이미 남성 복장으로 유명해진 상태였다.

운전사는 세련된 복장을 한 잘생긴 젊은이로 줄무늬 깃을 세우고 학생들이 쓰는 것과 비슷한 파란색 모직 모자를 쓴 채 금색 수술이 달린 화려한 배지를 달고 있었다. 깊고 검은 눈에 반듯한 코, 매력적인 입술을 지녔으며 얼굴은 모란 잎 같이 하얬다. 중국에서 이처럼 잘생기고 귀족적인 느낌을 풍기는 젊은 사내들을 종종 보곤 했지만 이 청년은 그들과는 비교도 할 수 없을 만큼 아름다웠다.

…차에 올라타자 이 잘생긴 남자는 운전석에 앉은 채 나를

돌아보며 말했다. "무라마쓰 상, 저는 가와시마입니다."

"아. 그렇습니까?" 나는 이 유명한 인물을 이렇게 만나게
될 거라고 전혀 생각지 못했기 때문에 깜짝 놀랄 수밖에 없
었다.

사내 같은 모습의 가와시마 요시코는 쇼후를 당시 연인관계였
던 다나카 소령에게 데려다주었다. 쇼후는 그때만 해도 다나카 소
령과 요시코가 상하이 거리를 엄습한 전쟁에 책임이 있다는 사실
을 알지 못했다.

쇼후는 다나카에게 교전을 중단할 것을 제안했지만 다나카는
그의 계획을 비웃으며 단박에 거절했다.

"당신은 작가잖소. 그러니 당연히 평화를 추구하겠지." 다나카
소령이 말했다. "나는 단지 당신의 문학 작품에 관심이 있기 때문
에 당신을 받아준 거요. 하지만 당신은 중국과 일본의 관계를 이해
하지 못하고 있소. 중국 땅을 점령하기 위해 우리가 가진 거라곤
군사력이 전부요. 일본은 중국을 통합하지 않을 경우 그 존재감이
상당히 위태해질 수 있소. 당신 같은 작자들은 중국과 일본이 같은
문화를 공유하고 같은 동양인이라는 이유에서 친분을 강조하며
양국이 형제라고 떠들고 다니지만 그건 다 허풍이오. 이곳에서는
무력만이 무언가를 성취해낼 수 있소. …우리끼리 얘기지만, 지금
여기서 무슨 일이 일어나고 있는지 똑바로 보시오. 전쟁을 시작하

기 위해 내가 그동안 얼마나 노력을 했는지 당신은 모를 거요. 나는 상하이에서 2년을 살았소. 그동안 한 일이라고는 전쟁을 계획한 것뿐이오."

쇼후의 외교적 협상 제안을 거절한 다나카 소령은 대신에 그의 재능을 더 잘 활용할 수 있는 방안을 제시했다. 소령은 요시코에게로 화제를 돌리며 이렇게 말했다. "그 말도 안 되는 계획은 그만 때려치우시고 요시코의 삶을 바탕으로 한 소설을 써보는 건 어떻겠소? 자료는 충분히 지원해드리리다."

쇼후는 곧바로 도쿄로 돌아갔다. 하지만 다음 해 전쟁이 끝나자 상하이로 돌아가 소령의 제안을 받아들였다. 얼마 후 그는 요시코의 상하이 집에 살면서 그녀를 가까이에서 관찰할 기회를 얻는다.

이렇게 시작된 이 소설이 그녀를 죽음으로 몰고 갔다.

*

무라마쓰 쇼후의 소설 《남장미인》은 요시코의 삶과 죽음, 사후 명성에 지대한 영향을 미쳤다. 쇼후는 소설이 허구임을 끊임없이 주장했지만 소설의 여주인공과 실제 인물은 너무 긴밀히 얽혀 있어 둘을 분리해내기는 불가능해 보인다. 결국 이 소설은 오늘날까지도 사실을 다룬 작품으로 받아들여지고 있다.

쇼후는 요시코가 자신에 대해 솔직하게 써달라고 요구했다고 말한다. 피상적인 데서 그치지 말고 심도 있게 써달라고 했다는 것이다. 그녀는 "저를 미화시키지 않았으면 해요. 세상 사람들이 말하는 것처럼 저를 나쁜 여자로 묘사해도 전혀 상관없어요. 중요한 건 이 나쁜 여자의 생각을 전하는 거니까요."라고 말했다. 하지만 그녀는 정작 쓸 만한 정보에 대해선 입을 다물었고 쇼후는 어떻게 글을 써야 할지 도무지 모르겠다고 불만을 표했다. 요시코가 '알다시피 자신은 정신분열증 환자'라 그를 어떻게 도와야 할지 모르겠다고 고백했을 때 쇼후는 더욱 갈팡질팡하게 되었다.

그로부터 한참이 지난 뒤 쇼후는 이 소설이 허구라며 실존 인물이나 사건과 동일시해서는 안 된다고 계속해서 주장했다. "작가는 여주인공의 모델로 삼은 여성과 두 달 동안 살았다. 덕분에 그녀에 대해 자세히 알게 되었다. 따라서 이 소설은 완전히 허구라고 말할 수는 없겠지만 주인공의 변덕스러운 행동은 다소 과장되었다. … 당시는 군국주의의 힘이 막강할 때였기 때문에 작가는 다소 신비스러운 소설을 출간할 수밖에 없었다."

하지만 이 소설을 처음으로 연재한 여성잡지 《후진코론》 편집장의 생각은 다르다. 잡지에 연재물이 실릴 때 요시코의 실제 사진도 함께 실렸기 때문이다. 사진 아래에는 '여주인공의 모델'이라는 설명이 붙었다. 요시코는 소설이 출간된 후 직접 홍보 투어에 나섬으로써 이 허구적 인물이 자신과 연관이 있다는 사실을 확실히 보여주었다. 쇼후 또한 한몫했다. 그의 소설 속 여주인공 마리코는 성인이 된 요시코처럼 재치 있으면서도 신랄한 말투를 구사하고 있어 대중들은 그가 요시코를 본보기로 삼았다고 믿을 수밖에 없었다. 소설 속 여주인공은 작가 자신도 통제할 수 없을 만큼 얼토당토않은 말을 내뱉는다. 작가는 허겁지겁 작품 속 논쟁에 뛰어들어 여주인공을 반박하기도 한다. 소설가 자신도 등장인물을 온전히 자기 마음대로 조종하지는 못하는 것처럼.

쇼후는 이 소설이 요시코에게 좋지 않은 영향을 미쳤을까 봐 미안해했다. 특히 자신의 소설 때문에 요시코가 중국에서 처형당한 것을 안타깝게 생각했다. 하지만 전쟁 기간 동안 검열을 피하고자 모든 일본 작가가 활용한 기교에 대해 굳이 변명할 필요까지는 없다고 자위했다. 다른 작가들과는 달리 쇼후는 일본의 침략을 미화하는 선전적인 요소를 소설 속에 담지는 않았다. 대신 기백이 넘치고 겁 없는 여주인공을 등장시켜 독자를 즐겁게 해주었다. 소설의 일부를 들여다보자. 이건 순전히 그가 지어낸 허구의 이야기다.

마리코는 남편 칸을 따라 몽골 집으로 온 뒤 두 번째 총상을 입었다. …그곳에서 6개월을 살다가 만주로 돌아가는 길에 그들은 장쮀린의 마적 패거리에게 공격을 당했다. 마리코는 그들을 향해 대응 사격을 했지만 왼쪽 겨드랑이에 적군의 총을 맞고 말았고 아군 대여섯 명 역시 치명적인 부상을 입었다. 그러나 그들은 차근차근 적을 무찔러 가며 결국 목적지에 도착했다. 마리코는 구사일생으로 살아남았다.

이렇게 쇼후는 점차 전면전으로 치닫던 처참한 전쟁을 역사 판타지로 탈바꿈시켰다. 이는 쇼후가 이미 오래전에 통달한 장르였으므로 그의 소설은 독자뿐만 아니라 검열관으로부터도 많은 사랑을 받았다.

*

《남장미인》이 《후진코론》에 처음으로 연재된 건 중국의 휴전 선언으로 일본이 승리를 거머쥔 지 6개월이 지난 1932년 9월이었으며 책으로 출간된 건 1933년 4월이었다. 이 소설이 요시코의 생애에 관한 대중의 인식에 큰 영향을 미치긴 했지만 사람들의 뇌리에 가장 오랫동안 남은 이미지는 쇼후가 소환해낸 요시코의 어린 시절이라 할 수 있을 것이다.

쇼후의 소설 속 여주인공 마리코는 자신의 어린 시절을 억울해하지만 실제 인물 요시코가 그랬던 것처럼 분노를 표출하지는 않는다. 쇼후는 마리코가 가족들과 살던 중국을 떠나 갑자기 일본 가정에 입양되는 장면을 극적으로 그리는 등 여주인공의 어린 시절을 멜로드라마로 몰고 간다.

그리하여 마리코는 자신도 모르는 사이, 운명에 큰 변화를 겪게 된다. 화분에 심어진 뒤 다른 곳으로 옮겨지는 모란 싹처럼 마리코의 환경은 완전히 바뀌고 말았다. 꽃과 나무 그리고 인간 역시 수많은 우여곡절을 겪는다. 다른 곳으로 옮겨진 모란은 건강하게 자라 모체 나무보다도 훨씬 아름다운 꽃을 피우기도 한다. 반면 어떤 꽃은 초라하게 피었다가 금세 시들고 만다. 마리코가 어떠한 꽃이 될지는 아무도 몰랐다.

위와 같은 구절에서 쇼후는 선정성을 최대한 자제한 것으로 보이지만 다른 에피소드에서는 사실인지 아닌지 확실히 알 수 없는 이야기를 자못 선정적으로 다뤘다. 이 소설에서는 사실과 허구를

열일곱 살의 요시코, 마쓰모토에서   호카리 카시오 제공

구별하기 쉽지 않았음에도 불구하고 이 에피소드가 신문에 실리자 사람들은 이를 사실로 받아들이기 시작했고 그러한 믿음은 계속 커져만 갔다.

쇼후는 소설의 이 장면에서 구체적인 상황을 묘사하지는 않았지만 사건의 요지는 확실히 전달하고 있다. 바로 주인공 마리코의 양부가 그녀에게 시시때때로 섹스를 강요하는 대목이다. 쇼후는 《후진코론》에 실린 버전에서 이 장면을 가장 노골적으로 묘사하고 있다.

하루는 마리코가 의붓아버지와 함께 도후쿠에 위치한 나루코 온천에 갔다. …"돌아가는 길에 센다이에 들를 거다. 마쓰시마를 구경시켜주마." 아버지가 마리코에게 말했다.

그들은 저녁이 다 되어서야 나루코 온천에 도착했다. 아버지의 수많은 제자들을 비롯해 아버지와 정치적 신념이 같은 지역 사람들이 부녀를 맞이했다. 그들은 마리코와 아버지를 여관에 데려다주었다. 그날 밤, 여관의 큰 방에서 아버지를 위한 환영 파티가 열렸고 아버지는 술을 많이 마신 뒤 평소답지 않게 기분이 좋아졌다.

마리코는 아버지 바로 옆에서 요를 깔고 잤다. 어렸을 때는 아버지와 같은 요에 누워 자곤 했는데, 최근에는 당연히 그런 적이 없었다.

그날 밤, 마리코는 생전 처음으로 끔찍한 일을 겪었다.

다음 날 아침, 아버지는 아무 일도 없었던 것처럼 행동했다. 그는 평소처럼 마리코를 대했다. 달라진 건 전혀 없었다. 마리코는 아버지의 이러한 행동에 다소 안도했다. 아버지가 술에 취해 장난을 친 것이며 깊은 뜻은 없었다고 생각하기로 했다.

마리코는 다음 날 아버지가 연설하는 것을 보면서 자신이 겪은 일을 곰곰이 생각해본다.

학교 강당에서 연설회가 열렸다. 수많은 사람이 참석해 좌석이 모자랄 지경이었다. …아버지는 연단으로 올라갔다. 연설 제목은 '동아시아의 미래와 고결한 통치자 정부'였다. 아버지는 대본이 전혀 필요 없었으며 주제를 철저히 아우르며 청산유수처럼 연설을 이어나갔다.

마리코는 연단 옆쪽에 앉아 아버지의 연설을 듣다 보니 지난밤 일이 생각났다. 그녀는 처음으로 자신의 양부인 이 사람에 대해 의문을 품기 시작했다. 그렇지만 다시는 이러한 일이 발생하지 않을 거라고, 아버지는 지난밤 행동을 후회할 거라고 생각했다.

하지만 그녀가 생각한 것처럼 일이 돌아가지는 않았다. 그날 밤 그들은 또다시 나루코 온천에 머물렀는데 아버지는 전보다 더 대담해지고 집요해졌다. 이러한 상황은 그들이 마쓰모토로 돌아가기 전까지 계속되었다.

그녀의 아버지는 10년 동안 쓰고 있던 가면을 집어 던진 것이다. 마리코를 향한 그의 태도는 완전히 바뀌었다. 그녀가 굴복하지 않을 때면 화를 내고 욕을 퍼부었으며 그녀를 때리고 발로 찼다.

"이 배은망덕한 년 같으니라고!" 아버지는 그녀를 '창녀'라고도 부르는 등 모욕적인 말을 서슴지 않았다.

이 부분은 잡지에 연재되자마자 당연히 물의를 일으켰고 결국 책으로 출간될 때에는 상황에 대한 노골적인 암시가 삭제되었다. 하지만 엄밀히 말해 근친상간은 아닐지라도 사람들의 입방아에 오를 만한 욕정과 폭행에 관한 서술은 포함되었다. 요시코는 이것이 실제로 일어난 일이라고 확언하지는 않았지만 이 사건에 신빙성을 더할 만한 말을 넌지시 던진 적은 있었다. 그 결과 양부가 주인공 마리코를 강간한 사건은 가와시마 요시코의 자서전에도 등장하며 영화, 연극, 소설 등에 계속해서 빠짐없이 등장하게 된다. 요시코가 아버지에게 강간을 당하는 모습은 중국 다큐멘터리에서도 볼 수 있다. 중국 다큐멘터리는 요시코가 훗날 얄궂게도 중국을 배신한 것이 젊은 시절의 이 같은 비정상적인 경험에서 비롯되었다고 본다. 일본인들 역시 이 사건을 각색해서 다루기는 하지만 여전히 요시코가 당했던 고통에 애도를 표할 뿐이다.

이 사건에 대한 반응은 다양할 뿐만 아니라 각각의 입장은 확고부동하다. 하지만 이러한 혐의가 늘 그렇듯, 어느 쪽도 이 사건을 매듭지을 결정적인 증거를 제공하지 못하고 있다. 요시코의 오빠 셴리가 1956년 일본 잡지에 기사를 쓰면서 이 혐의는 새로운 국면을 맞았다. 셴리는 숙친왕이 사망한 직후 나니와와 나눴던 대화를 떠올린다. 당시에 나니와는 간접적이긴 했지만 분명히 그와 요시코 사이에 아이를 갖고 싶다는 의사를 내비쳤다고 한다. 그리하면 숙친왕의 '선'과 자신의 '용기'를 갖춘 완벽한 아이가 태어날 거라는 거였다.

셴리는 이렇게 썼다. "다시 말해, 가와시마 나니와는 요시코를 통제하고 싶어 했습니다. 그는 자신보다 마흔 살이나 어린 요시코를 사랑했죠. 요시코는 저에게 가와시마가 진짜로 구애를 하고 있다고 말했습니다. 동생은 울면서 불만을 털어놓았죠."

나니와의 열렬한 지지자들은 셴리는 신뢰할 수 없는 사람이라며 이 증언에 반박한다. 그는 수많은 불미스러운 행동으로 악명 높았는데, '숙친왕의 보물'이라고 속여 가짜 다이아몬드를 팔아먹은 사기 행각으로 기소당한 적이 있었으며 자신도 여러 차례 간통을 저지른 적이 있었다.

셴리의 주장에 반박하기 위해 나니와의 조카 하라다 도모히코는 반대 의견을 제시한다. 그는 "영웅은 여자를 좋아한다고 하지만 나니와 삼촌은 영웅이 아닙니다."라고 말하며 나니와가 그러한 저속한 이야기에 연루된 것을 안타까워했다.

쉰아홉 살의 나니와가 마흔 살이나 어린 요시코를 열정적으로 쫓아다녔다는 건 말이 안 됩니다. 요시코는 그가 애정을 갖고 돌본 '소중한 보석'이었으니 다른 사람이 그녀를 데리고 가는 것을 원하지는 않았겠죠. 무의식적으로 그는 요시코를 자신의 것으로 만들고 싶었을 겁니다. 하지만 그렇다고 요시코를 잠자리 상대로 만드는 건 근친상간 아닙니까. 그들이 피로 연결된 사이는 아닐지라도 그것은 말도 안 되는 얘깁니다.

하라다는 자신의 주장이 빈약했다고 느꼈는지 요시코의 중국 가족이 나니와의 명예를 더럽히려고 이러한 이야기를 지어냈다고 말하기도 했다. 그럼으로써 나니와가 가족의 유산을 착복하려 했다는 오래된 혐의를 매조지려 했다는 것이다.

요시코의 오빠 셴리가 이러한 일들이 벌어지는 것 같다는 낌새를 알아챘다고 말할 때 사실은 다른 의도를 품고 있던 것이 아니었을까요? 나니와는 숙친왕의 사유지와 다롄 시

장에서 나오는 수입을 관리하고 있었습니다. 숙친왕의 가족
(숙친왕은 정말 식구가 많았다)은 그가 자산을 다루는 방식
이 마음에 들지 않았지요. 나는 이상하고 기묘하게도 이러
한 혐의 속에 나니와에 대한 가족들의 경멸감이 도사리고
있다는 느낌을 받았습니다. 고상한 아이신기오로 황족이라
는 사실을 자랑스럽게 여기는 그들이 보기에 나니와는 신
뢰할 수 없는 일본 낭인이었겠죠.

자신 없어 보이는 하라다에 비해 가미사카 후유코는 보다 완강
하게 이 강간 혐의를 부인한다. 그녀는 이 혐의를 진지하게 받아들
여서는 안 된다며 이는 젊은 세대들이 역사와 인간의 마음을 제대
로 이해하지 못한 결과라고 본다. 그녀가 1984년에 쓴 요시코 전
기는 높은 평가를 받고 있는데, 이 전기를 쓰기 위해 그녀는 이곳
저곳을 다니며 인터뷰를 시도했다. 관련 정보를 찾아내기 위해서
라면 아무리 먼 곳이라도 주저하지 않았다. 그녀의 연구 자료는 상
당히 철저하고 정확하다고 평가받고 있다.

연구 범위가 방대했던 것은 사실이지만 가미사카 역시 강간의
진실성 여부를 입증할 결정적인 증거가 담긴 자료는 찾지 못했다.
이에 실망한 가미사카는 억지를 부리는 쪽을 택한다. 나니와가 그
렇게 젊은 여성을 폭행했을 리가 없으며 이걸로 논쟁은 끝이라고
선언한 것이다. "이는 진실이 아닙니다. 가장 중요한 사실은 양부

나니와와 요시코는 마흔두 살이나 차이가 난다는 점입니다." 그녀
는 억지스러운 말투로 이렇게 단정해버렸다.

9
극단적인 조치

모리야마는 구역질 나는 사람이다. 마쓰모토에 머물 때 내 방에 불쑥불쑥 들어오곤 했다. 나는 가사를 돕는 가정부도 있는데 이러면 안 된다고 강하게 거부했다. 그는 아랑곳하지 않고 내가 먹다 남긴 음식과 과일을 먹으며 음식을 버리는 건 낭비라고 뻔뻔스레 말했다. 때로는 나의 환심을 사려고 마음에도 없는 중국 황실 제도의 부활을 언급하기도 했다.
"내 인생을 당신에게 걸겠소."
"다른 사람의 인생은 필요 없어요." 나는 매몰차게 답했다.
-가와시마 요시코

나니와가 남자들의 접근을 막은 건 잘한 일이었을 것이다. 그의 집을 어슬렁거리는 젊은이들은 요시코와 어울리기에는 부적합한 상대들이었기 때문이다. 나니와는 막아보려 했지만 이 폭력적인 남정네들이 그의 집에서 소동을 일으키고 있다는 소문은 곧 집 밖으로 퍼져나갔다. 저잣거리에서는 요시코의 남자문제와 자살 시도, 머리 모양을 둘러싼 소문이 무성했고, 나니와가 아버지의 자질을 지니고 있다고 보는 사람은 아무도 없었다. 나니와에게는 자식을 제대로 훈육할 역량이 부족했다. 늘 그렇듯 감정 폭발을 일삼았기 때문이다. 또한 주위에서 발생하는 사건들에 대한 사리판단도 엉망이었다. 이러한 특성은 그가 추구한 다른 프로젝트들이 실패로 돌아간 원인이기도 했다.

처음에 요시코 앞에 나타난 젊은이는 모리야마 에이지였다. 야마토마루라는 별명으로 잘 알려진 모리야마는 광적인 초민족주의자들로 이루어진 폭력적 집단, '반공산주의 연맹'의 일원이었다. 공산주의가 일본에 중대한 위협이 된다고 보아 그 뿌리를 뽑겠다고 맹세한 그들은 일본 정부가 공산주의자들을 대량으로 검거한 것에 만족하지 못하고 자신들만의 방식으로 '외국에서 유입된 위험한 이데올로기'의 추종자들을 제거하고자 했다.

이미 경찰들 사이에서 악명 높았던 모리야마는 소련을 상대로 회유정책을 쓰자고 주장한 유명 정치인 고토 심페이를 공격하는 데 가담하기도 했다. 이 사건으로 모리야마는 한동안 감방 신세를 졌다. 출소 후 자신을 받아달라고 나니와에게 애걸했고, 나니와는 모리야마의 '순수한 면을 보았다'며 그의 애원을 받아들였다. 하지만 잘못된 판단이었음이 곧 드러난다. 정치뿐만 아니라 사랑에서도 위험을 추구한 모리야마는 결국 요시코를 쟁취하기로 마음먹었다. 나니와에게 괴롭힘을 당하던 그녀를 구출하겠다는 거였다. 그는 양부가 요시코를 거칠게 다루는 것을 보고 그에게 도전장을 내밀었다. "'사랑스러운 젊은 여인을, 그것도 외국에서 온 여인을 때리고 싶거든 대신 나를 때리시오'라고 말했죠."

격분한 나니와와 모리야마 사이에 싸움이 발생했고, 나니와는 결국 이 '단순무식한' 제자를 자신의 집 근처에 두다가는 어떤 위험한 일이 발생할지 모르겠다고 생각하게 되었다. 모리야마의 의도를 전해 들은 요시코는 고열에 시달리며 잠자리에 들었다. 그녀는 모리야마의 애정 공세에 화답하기는커녕 단박에 내쳐버렸다. 요시코는 기자에게 이렇게 말했다. "그는 사랑하는 여자가 나쁜 일을 저지르는 걸 보게 될 겁니다." 모리야마가 말뜻을 제대로 이해하지 못할 것을 염려해 그녀는 구체적으로 말했다. "나를 데려가기 위해 그가 어떠한 폭력적인 행동을 계획 중인지는 관심 없어요. 하지만 그와 떠나느니 차라리 죽음을 택하겠어요. 저는 아버지에게 진 빚이 있기 때문에 아무 데도 가지 않을 겁니다."

퇴짜를 맞았지만 열정이 남아있던 모리야마는 자신의 러브 스토리를 공개했고 신문은 한동안 이를 전면 보도했다. 모리야마는 요시코가 이 사건에 크게 낙담해 모르핀을 먹고 자살을 시도했다고 주장했다. 모리야마의 말에 따르면, 자신이 요시코의 입에서 약을 빨아 내 그녀의 목숨을 구했다고 한다.

요시코의 인생에 다음으로 등장한 남자는 나니와의 또 다른 조수, 이와타 아이노스케였다. 역시 폭력적이고 광적인 초민족주의자였던 이와타는 '애국' 단체의 수장으로 활동했고 고위 외무성 관계자를 암살하는 데 가담한 죄로 12년간 복역을 한 인물이다. 이 관계자는 일본의 통치하에 만주와 몽골에 별도의 국가를 수립하는 데 반대하고 나섰고, 그 결과 중국에서 공격적인 계획을 오랫동안 획책하던 일본인들의 반감을 사게 되었다. 그는 "애국청년의 손에 살해당했다. 젊은 남자는 그를 살해한 뒤 중국 지도 위에 앉아 능숙한 솜씨로 할복자살했다. 만주와 몽골 위로 그의 피가 쏟아졌다."

막 출소한 이와타는 요시코와 결혼하고 싶어 했다. 하지만 또 다른 복잡한 상황에 연루될 것 같아 불안해진 그녀는 이번에도 자살을 하겠다고 선언했다. 그녀가 차라리 죽고 말겠다고 하자 이와타는 그녀에게 권총을 주며 한번 해보라고 했다. 요시코는 자신의 가슴팍에 총을 쏘았지만 다행히 목숨만은 건졌다.

"정말로 총을 쏠 줄은 몰랐죠." 이와타가 말했다.

마지막으로 등장한 인물은 제50연대 야마가 토루 중위로 요시코의 구애자 중 처음으로 괜찮은 사람이었다. 요시코보다 아홉 살이 많은 그는 요시코에게 또 다른 수치를 안겨주었다. 당시에 중국에 매료되어 있던 중위는 나니와의 집을 정기적으로 드나들며 그곳에 한동안 살고 있던 요시코의 오빠를 상대로 중국어 연습을 했다. 야마가는 인근의 츠타 온천에 머물고 있었는데 요시코는 그곳에 목욕하러 갈 때면 그를 방문하곤 했다. 주민들 모두가 둘이 결혼할 거라고 생각했으며 요시코의 오빠 역시 그들이 친밀한 대화를 나누는 것을 눈치챘다.

이들의 관계를 둘러싼 소문이 퍼지며 이는 결국 나니와의 귀에까지 들어가게 되었다. 예상대로 나니와는 격분했다. 요시코의 삶은 그때나 그 이후에나 늘 대중의 관심을 받았고, 지역 신문은 1925년 11월 21일, 다시 한번 그녀의 사생활을 침범한다. 그녀의 약혼에 관한 기사를 실은 것이다.

요시코의 결혼에 촉매제가 된 중국어 학습.
마쓰모토의 제50연대 중위와 사랑이 싹트다.

이러한 보도가 요시코와 자신 모두에게 좋지 않은 영향을 미치리라 생각한 야마가는 곧바로 이를 부인하는 보도를 낸다. 다음 날인 11월 22일, 신문에는 이러한 표제가 등장했다.

야마가, 요시코의 결혼 소식을 다룬 기사 때문에 많은 문제가 발생했다며 사실을 전면 부인하다.
가와시마 역시 오해였다고 말하다.

야마가는 관련 기사에서 더욱 강하게 반박했다. "처음부터 근거 없는 얘기였습니다. 저는 요시코를 딱 한 번 만났을 뿐입니다."

나니와 역시 인터뷰를 했다. 자신은 사실 잘 모른다며 딸의 명성을 다른 쪽으로 돌리려는 듯 요시코가 뜨개질 수업에 여념이 없다고 말했다. "야마가 중위에게 관심이 있었다면 저에게 말했겠죠. 게다가 이 남자가 괜찮은 사람이라면 저도 결혼에 반대하지 않을 겁니다." 딸의 남자관계를 염려하며 한시도 방심하지 않는 아버지 같은 느낌을 풍기는 이 모호하면서도 침착한 대답이 전하는 메시지는 확실했다. 나니와는 이 관계가 지속하는 걸 허락하지 않겠다는 거였다. 나니와의 입에서 나온 다른 말에 주목할 필요가 있다. 바로 다음에 발생할 일 때문이다. "요시코는 중국과 아시아 문제에 관심이 있습니다. 서양의 잔 다르크처럼 남자 같은 사람이 되고 싶어 해요. 요시코의 성격은 평범한 여성의 삶에는 부적합하지요."

정신력이 아무리 강한 여성일지라도 야마가로부터 공개적으로 거절을 당할 경우 큰 상처를 받았을 것이며 아버지가 자신의 남자친구를 인정하지 않는 것에도 크게 낙담했을 것이다. 게다가 요시코는 자신을 둘러싼 끊임없는 소문으로 의기소침해진 상태였다. 잔 다르크가 되겠다는 꿈을 품은 사람에게는 화가 나는 상황이었다. 그뿐만이 아니었다. 그녀가 나니와에게 강간을 당한다는 소문도 나돌았다. 정말로 그 일이 발생했더라면 그 시기가 바로 이때쯤이었을 것이다.

"이 모든 일을 겪은 건 내가 여자이기 때문이다." 요시코의 이 선언은 바로 이맘때였다.

*

요시코는 곧 머리를 아주 짧게 깎아버렸다.

"가와시마 나니와의 집에서 무슨 일이 일어났는지는 지금도 그리고 이후에도 말하지 않을 것이다." 요시코는 성폭행을 넌지시 암시하며 이렇게 말했다. "따라서 열여섯 살 때 나에게 무슨 일이 일어났는지 솔직하게 적고 싶지도 않다. 하지만 오늘 이 순간에도 그날 밤을 절대로 잊을 수 없다. …그때, 나는 여자가 되는 걸 영원히 포기하기로 결심했다."

요시코가 아주 짧은 머리를 하고 오빠의 것으로 보이는 대학교 교복을 입은 채 처음으로 《아사히신문》에 등장한 것은 1925년 11월 27일이었다. 가히 놀라운 변화였다. 사진 속의 인물은 머리를 아주 짧게 깎은 남자의 모습이었다.

이 머리 모양이 일으킨 파문은 어마어마했다. 그 결과 나니와가 그렇게 떠벌리던, 요시코와 나니와의 관계로써 상징하고자 했던 중일 간의 결속은 순식간에 무너지고 말았다. 향후 요시코의 남자 머리 모양은 많은 사람에게 그저 기억하기 쉬운 그녀의 트레이드 마크처럼 인식되었지만 그녀의 진짜 정체성을 반영한 것일 수도 있다. 훗날 나니와의 측근은 요시코의 머리를 두고 사람들이 지나치게 법석을 떤다고 불만을 털어놓았다. 그는 요시코가 머리를 자르러 갔다가 미용사의 실수로 너무 짧게 자르게 된 거라고 주장했다. 미용사의 실수로 머리를 망쳐본 사람이라면 이 변명이 얼마나 터무니없는지 알 것이다. 요시코는 스스로 남자가 되고 싶었던 거였고 이 사진은 그녀가 그 뜻을 실행했다는 것을 잘 보여준다.

요시코는 1924년 10월 10일 저녁, 머리를 자르러 갔다고 훗날 기록했다. 그날 아침 요시코는 전형적인 일본 여성처럼 기모노를 차려입고 전통 헤어스타일로 치장했으며 "여자로서의 삶에 작별을 고하기 위해" 코스모스가 만개한 들판에서 사진을 찍었다고 한다. 그런 후 그날 밤 9시 45분, 이발소에 가서 머리를 잘랐다고 적고 있다. "의붓아버지와 어머니가 얼마나 놀라고 화나셨는지는 굳이 말하지 않겠다."

전기 작가들은 요시코가 말한 날짜와 사진을 확인하기 위해 기록을 샅샅이 뒤졌으며 그해 마쓰모토에서 코스모스가 핀 시기를 찾아보기까지 했다. 최근에 연구자들은 요시코가 1925년 11월 22일, 실제로 이발소에 갔다고 결론 내렸다. 야마가가 로맨스를 부인한 기사가 실린 날이었다.

그로부터 5일 후, 짧은 머리를 한 그녀의 충격적인 사진이 《아사히신문》에 등장했다.

가와시마 요시코, 아름다운 검은색 머리를 잘라버리다.
근거 없는 '소문' 때문에 남자가 되기로 굳게 다짐하다.
총으로 자살을 시도한 눈물겨운 비밀 이야기

요시코는 머리를 자르고 오빠의 옷을 빌려 입었을 뿐 아니라 거친 남자 말투를 구사하기도 했다. 《아사히신문》의 기사는 이렇게 시작된다.

11월 25일 밤, 머리를 바짝 깎은 잘생긴 남자가 와세다 대학 교복을 입고 높은 나막신을 신은 채 마쓰모토 중국 레스토랑에 서 있었다.

"이봐, 웨이트리스, 마실 것 좀 줘." 젊은이는 단호한 목소리로 주문했고 옆에 앉은 노인과 술을 몇 잔 나눠 마셨다.

"자네는 좀 더 먹어야 할 것 같네." 노인이 말했다. "근육도 좀 키우고. 안 그러면 자네가 신고 있는 튼튼한 나막신이 부끄러워질걸."

"중국 음식을 싫어해서요." 무례한 젊은이는 웃으며 대답했다.

나니와는 요시코의 머리 모양에 관해 공식적인 발언을 피했지만 기자들은 끈질기게 그의 답을 요구했다. 결국 나니와 대신 요시코가 나섰다. 그녀는 자신이 왜 갑자기 남자가 되었으며 료스케라는 남자 이름을 갖게 되었는지를 설명했다. 요시코의 혼란스러운 감정 상태가 확연히 드러나는 인터뷰였다. 자신이 처한 상황을 이해하려 애써보지만 아직도 갈팡질팡하는 모습이다. 솔직해지려고 애쓰지만 그렇다고 지나치게 많은 것을 보여주려 하지도 않는다. 요시코는 또한 신문을 읽는 수많은 독자들이 받아들일 만한 수준에서 자기 감정표현의 수위를 조절하기 위해 고군분투하고 있다. 그 결과 한 문장에서는 솔직하지 못하다가 다음 문장에서는 솔직해지고 또 다음 문장에서는 다시 속마음을 감춘다.

"걱정을 끼쳐드려서 정말 죄송합니다." 《아사히신문》에 이틀 후 등장한 그녀의 진술은 이렇게 시작한다. "이 모든 건 저의 남자다운 기질과 장난기 때문에 발생한 일이라는 걸 깨달았습니다. 이제부터는 신중하게 행동하기로 약속하오니 부디 저를 용서해주시기 바랍니다." 이러한 결론은 일본 대중들의 마음을 샀을 것이다. 일본사람들은 이처럼 자신의 후회를 예의 바르게 표현하는 것에 호감을 갖기 때문이다. 요시코는 이미 모두가 알고 있을 법한 이야기를 이어간다. 자신의 여성성 때문에 문제가 끊이지 않았다며 남자들이 자신에게 너무 쉽게 빠진다고 말한다. 자신의 장난기가 잘못 받아들여져 오해를 사 왔다고, 자신이 변하지 않을 경우 이러한 소동은 앞으로도 계속될 거라고. 또한 자신은 결혼하고 싶지 않기 때문에 남자가 되기로 결심했다고 말한다.

여기까지만 해도 신중한 태도를 엿볼 수 있다. 발언 취지가 남자를 멀리하는 것에 한정되어 있었다. 하지만 계속된 진술을 보면 더 깊은 동기가 내포된 것처럼 보인다. 그녀의 다음 진술은 명료하고도 대담하다. 자신의 솔직한 마음 상태를 강렬하게 표현하고자 덧붙인 것으로 보인다. "저는 의사들이 제3의 성이라고 부르는 성을 갖고 태어났습니다. 그래서 보통 여자들처럼 평범한 인생 목표를 추구할 수가 없습니다. 사람들은 저를 비난하고 제가 비정상이라고 얘기하죠. 그들의 말이 맞을지도 모릅니다. 저는 그저 보통의 여성처럼 행동할 수 없을 뿐입니다." 요시코는 머리를 자름으로써

머리를 자른 직후의 요시코, 오사카역에서 나니와와 함께,
1925년 12월 《아사히신문》/게티 이미지

남성 구애자로부터 자신을 보호하고 싶은 바람뿐 아니라 정말로
남자가 되고 싶은 마음을 표현한 것으로 보인다.

요즘 시대였다면 이 진술서는 여성으로 사는 삶에 느낀 불만을
솔직하게 표출했다 하여 상당히 진지하게 받아들여졌을 것이다.
하지만 당시는 1925년이었고 요시코는 오늘날이었으면 가능할

수도 있는 생물학적인 변화나 법적인 변화는 꿈도 꿀 수 없었다. 결국 요시코는 자신의 솔직한 감정을 표현하려다가 갑자기 한발 물러서고 만다. 그녀는 다시 일본 대중을 달래는 쪽으로 방향을 선회해 아주 현실적인 이유에서 남성의 역할을 맡고 싶다고 말한다. "어렸을 때부터 저는 남자아이들이 하는 일을 정말 하고 싶어 했습니다. 불가능해 보이는 꿈일지라도 중국을 위해, 아시아를 위해 남자처럼 열심히 일하는 것입니다. 제가 가장 바라는 건 국가를 위해 인생 전부를 거는 것입니다."

그 후로 수년 동안, 요시코의 삶은 계속해서 이러한 모순과 고충으로 얼룩졌다. 때로는 남자와의 연애를 자랑삼아 떠벌렸고 또 다른 때에는 완전히 남자 옷으로 차려입었으며 같이 지내던 한 여성을 자신의 아내라 소개하기도 했다. 하지만 무슨 일을 하든, 당시 일본 사회에서 사회적으로, 정치적으로 받아들여질 만한 범위 내로 자신의 행동을 한정했다. 그녀는 필요한 경우 다시 여성의 역할을 떠맡았으며 그러면서도 끊임없이 잔 다르크의 이미지를 환기했다.

그녀를 다룬 일본인 전기 작가들은 대부분 남자가 되겠다는 그녀의 선언에 큰 의미를 부여하지 않았다. 워낙 선동적인 행동을 서슴지 않는 대담한 성격이었기에 그들은 요시코가 남성복과 남성의 언어를 즐겨 쓰는 것 역시 그저 그러한 모습 중 하나로 여겼다. 그들은 일본인들이 남장 여성에 이미 익숙해져 있었고 단발에 양

장차림으로 다니면서 여성의 행동거지를 결정하는 고리타분한 범절 따위로부터 자유롭다는 것을 과시하려는 '모던 걸'을 시내 곳곳에서 볼 수 있었다는 사실을 지적한다. 게다가 당시에는 여성만으로 이루어진 다카라즈카 극단도 활동하고 있었다. 그곳에는 남자 역을 전문으로 하는 여배우가 있었고 수많은 팬을 거느리기까지 했다.

하지만 요시코가 남성성을 꾀한 건 그저 연기였거나 관심을 받고 싶어서만은 아니었던 게 분명하다. 그녀의 선언적인 발언은 솔직한 생각을 세상에 알리고 싶은 소망, 자신의 진짜 모습을 보여주고 싶은 욕구가 반영된 거라 볼 수 있다. 요시코는 중국의 가족들과 헤어져 고통스러운 어린 시절을 견뎌야 했고 대부분 시간을 혼자 외로이, 혹은 나니와를 비롯한 괴팍한 남성들과 보내야만 했다. 어린 시절부터 그녀의 선택은 확실했다. 강한 남성적 기질을 보였고 남자들의 언어를 사용하려 했다. 그때 이후로 요시코는 남성적인 모습을 시시각각 활용했고 남자 복장을 한 채 대중 앞에 모습을 드러내곤 했다. 획기적인 결정이었다.

10
반향

대중들이 던지는 비난은 받아들이고 견뎌야 한다고 생각했다. 하지만 자식들이 내 얼굴을 보고 싶지 않다고 말하며 나를 비난할 때면 참기 힘들었다.

―가와시마 렌코(요시코의 조카이자 나니와의 양딸)

"우리 가족은 모두 눈썹이 아주 가늘어요." 요시코의 손녀뻘 되는 가와시마 쇼코는 마쓰모토에서 최근 이렇게 말했다. "요시코 할머니는 젓가락 끝에 숯을 묻혀 저희 어머니의 눈썹을 짙게 칠해 주곤 하셨죠. 할머니가 얼마나 여성스러웠는지 아시겠죠? 요시코 할머니는 어머니에게 스웨터를 짜주기도 하셨어요."

쇼코는 중국 억양이 들어간 일본어로 나에게 말했다. "저는 요시코 할머니를 만난 적은 없어요. 어머니는 할머니가 일본 군대에 협조했을 수는 있지만 중국의 반역자라는 증거는 없다고 말씀하셨죠. 요시코 할머니에게 씌워진 혐의 중 그 어떤 것도 입증된 건 없어요. 어머니는 늘 세상 사람들에게 그 사실을 알리고 싶어 하셨죠."

나는 요시코의 죽음을 기리기 위해 매년 마쓰모토에서 열리는 행사에서 처음으로 쇼코를 만났다. 마을에는 관련 수집품이 전시된 가와시마 요시코 기념관도 있었다. 마쓰모토에서 살았던 이 유명인의 명예를 회복하려는 노력의 일환인 듯했다. 나는 쇼코가 가족을 대표해 연례 추모식에서 연설하는 것을 지켜보았다. 그녀는 요시코를 둘러싼 부정확한 전기들을 부인하며 침울한 목소리로 말했다. 나는 인근 쇼린지 사원 안에 위치한 요시코의 무덤까지 쇼코를 따라갔다. 일본이 만주에 독립 국가를 수립하는 데 기여한 요시코를 칭송하는 글이 사원 곳곳에 보였다. 선동적인 비판은 찾아볼 수 없었다.

쇼코는 마쓰모토에 살고 있지만 평소에는 요시코에 대한 생각을 별로 하지 않는다. 하지만 최근에 요시코의 전설적인 삶에 반전이 있다는 뉴스 기사(요시코는 사실 살아있었으며 아무도 모르는 곳에서 30년 동안 일본어를 가르쳤다는 내용의 기사가 나왔다.)가 전해지면서 쇼코는 일본에 살고 있는 요시코의 가족으로서 의견을 말해달라는 요청받았다.

"어머니는 요시코 할머니가 사람들이 주장하는 그런 일을 했다는 건 불가능하다고 생각하세요. 그들은 너무 많은 일을 할머니의 책임으로 떠넘기고 있어요." 쇼코는 요시코를 대변하며 이렇게 말했다.

쇼코는 1983년, 일본으로 이주했다. 서른아홉의 나이였다. 쇼코는 익히 알려진 대로 상당히 끔찍한 인생을 살았고 그 세대의 수많은 중국인 사이에서는 아직도 그녀에 대한 이야기가 입에 오르내린다.

"역사는 사실을 바탕으로 하지요. 그들은 요시코 할머니를 매춘부라고 불렀습니다. 마타 하리라고도 불렸지만 이러한 혐의를 입증할 수 있는 증거는 전혀 없었죠. 역사가 할머니를 어떻게 판단할지 걱정입니다. 제가 죽기 전에 할머니가 중국을 배신했다는 혐의에서 벗어나기를 바랍니다."

일본에서 현재 쇼코의 삶은 요시코뿐만 아니라 그녀의 어머니이자 요시코의 조카인 렌코(일본 이름)의 운명과도 연결되어 있다.

"저희 어머니와 요시코 할머니는 일본과 중국 사이에 발생한 오래된 역사의 희생양입니다. 두 분 다 자신의 선택으로 그 역사의 일부가 된 게 아닙니다. 그저 운명의 소용돌이 속으로 던져졌을 뿐이죠."

*

이야기는 요시코가 1925년 머리를 자르면서 시작되었다. 얼마 안 가, 나니와는 마쓰모토를 떠나 중국 다롄으로 갔다. 자신의 집에서 일어난 소동에 온갖 호기심을 보이는 이들에게서 벗어나는 한편, 자신과 숙친왕의 가족에게 큰 수익을 안겨다 주는 다롄 시장을 관리할 계획이었다.

하지만 중국에서도 기자들을 피할 수는 없었고 결국 이 가족의 삶은 또다시 신문지상에 오르내리게 된다. "문제투성이 가와시마 요시코, 새로운 인생을 시작하다."라는 제목의 신문 기사는 요시코가 나니와의 다롄 집을 떠난다는 소식을 전했다. 이 기사에 따르면, 요시코는 나니와와의 관계를 끊고 중국 가족과 함께 베이징에 살면서 '진정한 중국 여인'이 되고자 한다고 했다.

"베이징에 위치한 록펠러 병원에서 수술을 받을 겁니다. 최근 자살 시도로 아직 제 몸에 남아있는 총알 세 개를 제거해야 하거든요."요시코는 대중의 관심을 자신의 건강 문제로 돌리려 이렇게 말했다.

나니와는 그로부터 3주 후 갑자기 일본으로 돌아와서는 그 즉시 인터뷰를 통해 자신의 입장을 밝혔다. "제가 요시코를 중국 가족에게 돌려보냈으며 요시코와 연을 끊었다는 소문이 돌고 있습니다. 저는 일본 귀족 중에서 요시코의 남편감을 찾을 수 있으리라 기대하며 지난 13년 동안 그 아이를 키웠습니다." 그는 요시코가 남성성을 추구하면서 그 가능성이 사라졌다고 말했다. "요시코가 무성이라고 말하지는 않겠습니다. 그보다는 남성과 여성의 특징을 둘 다 지녔다고 말하는 편이 낫겠네요."

그는 요시코가 이미 자신의 성 정체성을 밝혔기 때문에 과거의 평범한 모습으로 돌아가지 못할 것으로 생각했다. 그래서 끝내 그녀를 중국 가족에게 돌려보내기로 했던 것이다. 중국 귀족 중에서 그녀의 남편감을 찾는 게 더 쉬울 것으로 보았다.

"요시코는 정상이 아닙니다." 나니와는 또 다른 기자에게 대놓고 말했다.

나니와가 그날(1927년) 선보인 깜짝 쇼는 이것만이 아니었다. 바로 여기서 쇼코의 어머니, 렌코가 등장한다. 렌코는 나니와가 기자들과 인터뷰할 때 그의 옆에 서 있었다. 나니와는 이따금 애정 어린 손길로 렌코의 머리를 쓰다듬었다. 요시코의 충격적인 행동에 질린 나니와는 요시코를 대신하기 위해 렌코를 중국에서 데려왔던 것이다. 당시 열네 살이었던 렌코는 나니와가 최근에 입양한 중국 딸로 이렇게 대중 앞에 처음으로 모습을 드러내게 된다.

한 기자가 나니와에게 요시코가 떠난 뒤 '외로움을 견딜 수 없어' 렌코를 데리고 온 거 아니냐고 묻자 나니와는 이렇게 답했다. "렌코는 요시코와 다릅니다. 여성스럽고 우아하지요. 게다가 저에게 애착이 강합니다." 그는 렌코를 순수하게 일본 양식대로 기를 것이며 아이의 건강을 위해 산에 데리고 다닐 거라고 말했다.

나니와의 평가는 옳았다. 렌코는 확실히 요시코보다 나긋나긋한 딸이었다. 일본에 급속도로 정을 붙인 렌코는 아버지의 뜻을 거스를 마음이 전혀 없는 유약한 여자아이였다.

쇼코는 자신의 어머니에 대해 이렇게 말했다. "어머니는 일본에 대해 금방 박식해졌어요. 하지만 아는 데서 그치지 않으셨죠. 일본인 기질이 어머니의 정신 속 깊이 파고들어 콕 박혀버렸고 세월이 흘러도 변하지 않았죠."

쇼코는 유감스럽다는 듯 이렇게 말한다. 렌코에게 뿌리내린 '일본스러움'으로 인해 중국에 있는 가족이 계속해서 수난을 당했기 때문이다.

요시코와 달리 렌코는 귀가 먹은 나니와에게 유용한 존재가 되었다. 렌코는 그의 비서이자 세상과의 연결고리가 되었다. "그림자처럼 그의 곁에 머물렀죠. …늙은 나니와의 곁에는 늘 어린 렌코가 있었습니다." 렌코의 도움을 고맙게 생각한 나니와는 호적에 그녀의 이름을 올림으로써 공식적으로 렌코를 딸로 인정한다. 이렇게 해서 렌코는 일본 시민권을 얻게 되었다. 요시코는 절대로 받지 못한 호의였다.

요시코 대신 선택된 렌코는 평온한 나날을 보냈다. 특히 나니와의 조용한 시골집에서 그녀의 일상은 평화로웠다. "그들은 노지리 호수에서 배를 타고 수영도 즐겼어요. 수영을 마친 뒤에는 나니와가 잡은 은어를 구워 먹었죠. 어머니는 그 맛을 절대로 잊지 못했어요." 렌코는 깨끗한 시골 공기와 신선한 생선, 유쾌한 분위기, 뚜렷한 사계절 등 일본의 매력에 흠뻑 빠졌다.

하지만 그 시절, 렌코는 곤경에 처하기도 했다. 렌코는 몇 달 동안 요시코와 방을 함께 써야 했는데, 쇼코는 1934년 당시 그 짧은 기간에 대한 어머니의 기억을 이렇게 전한다.

요시코의 이기적인 성격은 변하지 않았다. 어느 날 밤, 요시코는 외출하려던 차에 나막신 한 짝을 찾을 수 없었다. "이 바보야." 요시코는 버럭 화를 내면서 몸종을 질책했고 입구에 서서 나막신 한 짝을 방 안으로 던졌다.

렌코는 겁에 질려 얼굴이 창백해진 채 이 모습을 바라보았다. 하지만 다음 날 아침, 요시코는 몸종을 보고는 아무 일도 없었던 것처럼 인사를 건넸다.

함께 살던 이들은 요시코와 어떻게 지내야 할지 몰라 혼란스러워했다.

*

1927년 당시 나니와 곁을 지키던 렌코는 이후 집 안에서 벌어질 이 같은 사소한 실랑이에 자신이 연루될지는 미처 몰랐을 것이다. 중국에서 일어날 전면전에 자신이 가담하게 될 거라는 사실은 더더욱 몰랐을 것이다. 렌코는 일본에서 몇 년을 지낸 뒤 중국으로 돌아가게 되었고 1940년 중국인과 결혼 후 베이징에 정착해 여섯 명의 자녀를 낳았다. 전쟁이 끝난 후 렌코는 그 어느 곳에서도 취업할 수 없게 되었고 이웃들로부터도 외면을 받게 된다. 일본에 동조한 귀족 출신이라는 이유에서였다. 그녀는 쓰레기통을 뒤져 찾아낸 음식 찌꺼기로 겨우 끼니를 때우며 연명했다. 문화혁명 기간에는 딸 쇼코가 홍위병에 가담하려 하면서 대중들로부터 지탄을 받기도 했다. 맞아 죽지 않고 가까스로 목숨이라도 부지할 수 있었던 게 천만다행이었다. 과거 일본과의 관계 때문에 한때 자식들에게도 외면당한 렌코는 몇십 년 후에야 몇 명의 자식과 함께 일본으로 돌아갈 수 있었다.

　그녀의 굴곡진 인생은 상당 부분 요시코 탓이었다 할 수 있었건만 렌코는 복수극의 여주인공이 되기를 원치 않았다. 그녀는 평범한 조연을 맡은 여인으로 남고자 했다. 자신에게 그러한 불행을 가져다준 사람들을 비난하는 대신 자기가 저지른 많은 실수 때문에 그러한 비애를 겪게 된 거라고 생각하기로 했다. 렌코는 요시코를 오히려 가엾게 여겼다. "이모는 어떤 일에서든 주목받고 싶어 했어요. 저에게는 큰언니나 다름없었죠. 일본군을 돕기도 했지만 중국인들을 위해서도 애썼던 건 사실이에요. 많은 사람들을 보호하고 돕고자 했지요."

11
혼자 힘으로

한마디로 그녀는 외국에서 온 아리따운 공주였다. 솔직하고 친해지기 쉬
운 아이였다. …나는 그녀가 다소 별나다고 생각했다. …그녀는 참 아름
다웠다. 아름다움은 그녀가 불행해진 이유이기도 하다.

-하라다 도모히코(나니와의 조카)

요시코는 1927년 나니와의 곁을 떠나면서 중국에 홀로 남겨졌
다. 한참을 일본에서 지냈던 터라 중국은 낯설었다. 물론 대가족이
있었지만 친척들이 그녀를 따뜻하게 반겨주지만은 않았다. 요시
코는 예전에 중국을 방문했을 때 일본인 같은 몸짓과 어눌한 중국
어 말투 때문에 스스로 이방인 같은 느낌을 받았다. "'외국인'이라
는 단어가 외로움과 동의어로 여겨지는 이유를 알게 되었죠. 언어
가 통하지 않을 경우 이렇게 감정 균열이 생기는구나 생각했죠. 고
향 집에 돌아왔지만 먼 나라의 여관에 머무는 기분이었어요."

게다가 중국에 돌아왔을 때 요시코는 재정 상태가 그다지 좋지
않았다. 다롄 시장에서 정기적인 수입이 어느 정도 나오고 있었지
만 그녀가 선호하는 생활양식을 유지하는 데에는 턱없이 부족했
다. 요시코는 공주의 품위를 지키려면 일정한 정도의 생활 수준을

유지해야 한다고 생각했다. 양부인 나니와와 사이가 좋지 않은 데다 거의 남이나 다름없었던 중국 가족에게 의존해야 했던 그녀는 자신의 궁핍한 경제 상황을 무시할 수만은 없었다. 그녀가 선택한 해결책은 평범한 여자들과 크게 다를 바 없었다.

길고 세련된 머리 모양에 하이힐을 신은 요시코의 당시 모습을 보면 남자가 되겠다는 선언을 잠시 잊기로 한 것처럼 보인다. 요시코는 캉주르쟙과 결혼을 앞두고 있었다. 숙친왕이 지원한 만주-몽골 '독립운동' 중 사망한 몽골군 지휘자 파푸챠프의 아들이었다. 나니와 역시 이 반란의 배후에 있었으며 그의 가족을 잘 알고 있었다. 사실 캉주르쟙은 한동안 나니와의 도쿄 집에 거주하기도 했다. 결혼 당시 그는 일본 군사학교를 막 졸업한 상태로 결혼사진 속 그의 모습은 상당히 소심해 보여 아버지를 유명인물로 만든 전쟁을 이어갈 사람처럼 보이지 않는다. 스물네 살이라는 꽤 어린 나이의 캉주르쟙은 비단으로 만든 몽골 전통 결혼 예복을 입고 있었고 그 옆에 앉아있는 신부 요시코는 길게 늘어뜨린 비단옷을 걸치고 있다. 머리에서 바닥까지 이어지는 긴 베일에 짙은 화장을 한 요시코를 보면 신부의 유순함을 가장 중요하게 생각하는 전통적인 결혼식을 따를 준비가 된 것처럼 보인다. 자신의 여성적인 모습에 어색해하는 표정이 아니며 아내의 역할에는 어울리지 않는 그녀 특유의 반항적 기질과 자긍심 또한 찾아볼 수 없다.

몇 년 후 요시코는 자신이 억지로 결혼한 거라고 주장했다. "병에 걸렸다가 겨우 회복 중이었는데… 다음 날 제가 결혼하게 될 거라는 얘기를 들었어요. 놀랍고 화가 난 저는 결혼식 도중에 이따금 밖으로 뛰쳐나오기도 했죠. 신랑이 제 손가락에 반지를 끼려고 할 때 전 그의 손을 밀쳐버렸고 그 바람에 반지가 바닥으로 굴러떨어졌어요. 지금까지도 반지가 어디로 갔는지 모르겠어요."

요시코와 캉주르잡의 결혼, 1927년   호카리 카시오 제공

요시코가 이렇게 말한 것은 말을 탄 채 만주 벌판을 횡단하며 무사들을 이끄는 여걸로 변신한 뒤였다. 말 등에 올라탄 장군이라면 자신이 한때 몽골 전통 신부 의상을 입고 순종적인 아내가 되려고 했다는 사실을 잊고 싶었을 것이다. 요시코는 공식적인 결혼사진에서 분명 결혼반지를 끼고 있었기 때문에 그녀의 주장에 의혹이 제기되는 건 당연하다.

가족들은 요시코가 나니와의 도쿄 집에 살 때부터 캉주르쟙을 좋아했다고 주장한다. 요시코의 오빠 셴리는 요시코가 원해서 결혼을 했다고 확신한다. "요시코는 저에게 '캉주르쟙이 계속 편지를 보내고 있으며 자신도 그가 싫지 않아 결혼할까 생각 중'이라고 말했습니다. ···아버지가 돌아가신 뒤 제가 맏아들이었기 때문에 (그는 숙친왕의 네 번째 부인에게서 태어났다) 결혼 허락 같은 대소사는 제 책임이었죠. 캉주르쟙과 요시코가 가와시마의 도쿄 집에서 어린 시절 함께 살았기 때문에 객관적으로 보더라도 서로에게 괜찮은 짝이라고 생각했죠."

요시코의 동생 진 모유는 당시 아홉 살로 뤼순에서 열린 언니의 결혼식에 참석해 피로연 때 축가를 부르기도 했다. 그녀 역시 요시코가 억지로 결혼을 한다는 느낌은 전혀 받지 못했다. "언니는 정말로 다소곳한 신부 같아 보였고 하객들은 깊은 인상을 받았죠." 하지만 진 모유는 언니가 지닌 반항적인 기질을 시인한다. "캉주르쟙은 정말 잘생겼고 남자다웠어요. 언니를 사랑했지만 언니가 가정적인 사람은 아니었죠."

진은 소규모로 진행된 결혼식의 하객들이 대부분 일본인이었다고 말한다. 만주-몽골 결혼식치고는 예사롭지 않았다. 게다가 관동군의 참모총장이 결혼식에서 상당히 중요한 역할을 맡았으며 하객 중에는 코모토 다이사쿠 소령도 있었다. 6개월 후, 중국 군벌장쭤린의 암살을 주도하게 된 인물이다. 이 때문에 중국 TV에서는 여전히 요시코를 비난하는 목소리가 끊이지 않는다.

이 일본 장교들은 바쁜 사람들이었다. 몽골 독립운동 지도자의 아들과 만주 공주의 제휴가 중요하다고 생각하지 않았더라면 굳이 이 결혼식에 참석하지 않았을 것이다. 이 결혼은 만주와 몽골은 역사적으로, 민족적으로, 문화적으로 중국의 일부가 아니라는 일본 군부의 주장에 잘 맞아떨어지는 행사였다. "'만주와 몽골은 하나다'라는 생각을 대중의 마음속에 심어줄 수 있다면 대중들은 독립국을 수립하겠다는 군부의 주장을 쉽게 받아들일 것이며 …이를 지지할 것이다." 젊고 매력적인 이 커플의 결혼을 홍보하는 것보다 대중을 설득하기에 더 좋은 방법이 어디 있으랴. 정확히 말해서 이 커플은 만주-몽골 왕족이 아니었지만 관동군이 추구하는 목표의 상징물이 되는 것을 내심 즐기고 있었다.

결혼하게 된 동기가 무엇이었든 요시코는 결혼 후 캉주르잡의 가족과 함께 살아야 했다. 구시대적인 가정의 며느리가 된 요시코는 일상에서뿐만 아니라 특유의 성격 때문에 이런저런 문제를 겪게 된다. 요시코는 구어체 중국어 실력이 평균 이하였기에 시댁 식구들과 중국어로 의사소통하기가 쉽지 않았다. 그녀는 시댁 식구를 만족시키기 위해 열심히 부엌일을 했다고 주장한다. 시어머니와의 관계는 그런대로 괜찮았지만 다른 식구들은 얼마 안 가 그녀를 못마땅하게 여기기 시작했다.

"제 일상은 참을 수 없을 만큼 강압적이었습니다. 정원에라도 갈라치면 누군가 곧바로 저를 따라붙곤 했죠. 혼자 보낼 수 있는 시간이 거의 없었습니다."

전통에 따라 부부는 피가 묻은 등받이 쿠션을 보여줘야 했는데 소문에 따르면 요시코는 이 전통을 거부했다고 한다. 봉건주의적인 전통에 반대했거나 처녀가 아니었기 때문이라는 얘기가 있다. 그 어떤 주장도 이를 뒷받침할 만한 증거가 없으며 부부의 사생활에 대해서는 전혀 알려진 바가 없다. 그들이 첫날밤 성관계를 맺지 않았기 때문에 등받이를 보여주지 않은 거라고 짐작하는 사람도 있다. 이유가 무엇이었든 그러한 행동으로 시작부터 순조롭지 않았던 시댁과의 관계는 그녀의 독특한 성격 때문에 갈수록 악화하고 만다.

요시코는 어느 날 밤 혼자 '정오의 바다만큼이나 눈부시도록' 밝은 달이 뜬 사막으로 갔고 그곳에서 인근 마을 사람들을 마주치는 바람에 시댁 식구들을 더욱 화나게 했다. 흥분한 마을 사람들은 이 중국 공주가 어떻게 머나먼 몽골에 오게 되었는지 이야기를 지어냈다. "이 몽골인들은 이야기 지어내는 걸 좋아한다. 그들이 나에 대해 만든 이야기는 《아라비안나이트》를 초월했다. 그 이야기는 입에서 입으로 전해졌다." 하지만 시대 식구들은 그녀의 모험담에 마을 사람들처럼 열광하지 않았다. 그들은 요시코더러 천한 농부들과 말을 섞지 말라고 했다.

한편, 캉주르잡은 군사학교를 졸업한 뒤 몽골 독립군에 가담했다. 일본인들이 훈련하고 지원하는 군대였다. 그는 아버지의 뒤를 이어 몽골의 독립을 위해 싸운다고 생각했을지도 모르지만 아버지의 전성기 때와는 시대 상황이 달랐다. 캉주르잡은 자신을 자유의 전사로 보았겠지만 사실은 그저 일본의 감시하에 활동하는 군인일 뿐이었다. 그는 일본에서 교육을 받았기 때문에 일본에 자발적으로 협조했을 것이며 몽골에서 한족의 세력을 억제하려는 일본 군부에 기꺼이 충성했을 것이다. 이 점에서 캉주르잡은 자신의 아내와 공통점이 많다. 아내 요시코 역시 만주 땅에서 만주족을 '해방하겠다'는 비슷한 꿈을 품고 있었다. 캉주르잡이 자신의 행동을 어떻게 정당화했든 몽골에서 그가 맡은 임무는 '법과 질서를 유지하는 일'이었으며 전쟁이 치열해지자 무자비한 일본의 침공에 반대하는 몽골인을 제거하는 임무까지 맡게 된다.

일본이 패전한 뒤 전범자로 수감되고 나서 자신의 범죄를 '고백'한 글을 보면 그가 저지른 일들을 알 수 있다.

우리 군대는 뎅 화 장군과 리 지휘관이 이끄는 반일 저항군에 맞서 지둥과 열하에 6개월 동안 머물렀다. 작은 전투를 제외하고도 마흔 건의 전투를 치렀다. …상대측에서 총 3천 명의 사상자가 발생했다. 우리는 소총, 카빈총, 권총 등 1,600개의 무기를 몰수했다. 트럭 역시 전리품이었다. 열 명이 넘는 반일 저항군이 포로로 잡혔다(그들이 어떻게 되었는지는 기억나지 않는다). 우리 군대는 말, 당나귀, 노새 등 민간인들의 가축도 몰수했다. 몽골에서 철수하기 전, 일부는 주인에게 돌려줬지만 서른 마리가 넘는 가축은 돌려주지 않았다. 나는 훗날 제50연대로부터 아무런 죄책감 없이 노새 네 마리를 받았다.

1933년 여름, 꼭두각시 만주국 의회의 명령하에 우리는 싱안 남부지역에 흩어져 있던 무기를 몰수하기 시작했다. 나는 경찰국 장교들을 세 그룹으로 나누어(각 그룹의 우두머리는 일본인이었다) 각기 다른 지역으로 파견했다. 우리는 소총, 권총, 대포 등 눈에 닥치는 대로 무기를 몰수했다. 각 그룹은 무기를 수거하면서 다양한 문제에 부딪혔다. 사냥과 방목으로 생계를 유지하던 몽골인들은 무기 없이는 일상생활이 불가능했다. 그리하여 일본인들과 몽골인들 사이에서 싸움이 벌어졌고 한 일본 병사가 검으로 몽골 병사를 찔렀다. 한참 후 우리는 점령지역에서 총 17,000정의 무기를 수

거했다. 그곳 주민들의 삶은 우리 때문에 더욱 각박해졌다. 특히 사냥과 방목에 의존하던 사람들의 삶은 처참해졌다. 그들이 기르던 가축들은 우리 때문에 늑대에 물려 다치거나 죽었다. 싱안 지역의 통계에 따르면 우리가 총을 몰수한 뒤 매년 만 마리에서 2만 마리의 가축이 목숨을 잃었다고 한다.

요시코는 남편의 뒤를 따라 현장에 파견되었으나 얼마 안 가 다렌으로 돌아왔다. 몽골의 추운 날씨는 그녀에게 맞지 않았다. 새로운 환경에 적응하느라 힘들었을 요시코를 동정할 마음이 전혀 없었던 캉주르잡의 형은 이 새로운 식구에 대한 가족들의 평가를 다음과 같이 전한다.

요시코는 결혼하자마자 가정의 의무를 송두리째 저버렸다. 매일 밖에 나가 마을 곳곳을 돌아다녔으며 무도회장과 커피숍을 시도 때도 없이 들락거렸다. 일본인들은 요시코에 대해 흥미로워했고 그녀가 나타날 때마다 야단법석을 떨었다. 그들은 요시코에게 춤을 춰달라거나 사인을 요청하는가 하면 레스토랑에 데려다주기도 했다. 그녀는 집에서 보내는 시간이 없었다. 동생은 결국 그녀를 투쉬예투에 데리고 가 그곳에서 조용히 살아보려고 했다. 하지만 그녀에게 그렇게 황량하고 한적한 초원에서 살 만한 인내심이 있을 리가 만무했다. …요시코는 갑자기 사라졌다. 어디로 갔는지 알 수 없다. 동생은 그녀가 그 당시 이미 타락한 상태여서 그 어떤 것도 그녀를 구할 수 없다고 생각했다. 그래서 요시코를 찾으려 하지도 않았다.

다른 이들은 이 말에 동의하지 않는다. 그들은 캉주르잡이 요시코가 사라지자 우울해했으며 아내가 돌아오기를 기다리며 애달파했다고 말한다. 부부로서의 삶은 끝났지만 요시코는 그들이 최소한 다른 식으로 연결되어 있다고 생각했다. 캉주르잡은 결국 재혼을 했는데 요시코는 호들갑을 떨며 결혼식장에 나타나 축하 연설을 했다. 그들은 결혼이나 이혼을 합법화하는 절차를 밟지 않았기 때문에 요시코는 자신을 계속해서 '공식적인' 아내로, 새로운 아내를 두 번째 부인으로 여겼다. 이 역할을 즐긴 요시코는 캉주르잡의 아내가 아이를 낳을 때마다 선물을 갖고 나타났다. 하지만 캉주르잡은 더 이상 사람들 앞에서 요시코와 얘기를 나누지 않았다.

캉주르잡의 좌절은 시작에 불과했다. 그는 일본이 패전한 뒤 중국 공산당에 붙잡혀 일본에 협조한 다른 이들과 함께 '재활 훈련'을 받아야 했다. 1960년에 사면되어 몽골로 돌아왔으나 문화혁명으로 더욱 고달픈 삶을 살게 되었다. 그의 가족들도 비난을 면치 못했다. 남동생은 결국 1967년에 자살을 했고, 캉주르잡은 몽골의 눈 덮인 평원 곳곳에 흩어져 있던 동생의 소지품을 일일이 찾아 수거해야 했다.

*

결혼생활이 끝나자 요시코는 일본으로 돌아가 당시 그곳에 살고 있던 오빠 셴리를 찾아갔다. 그는 자신의 도쿄 집에 갑자기 나타난 동생의 모습에 깜짝 놀랐다. 그는 동생이 결혼한 뒤 더 이상 귀찮은 문제를 일으키지 못할 만큼 멀리 떨어진 몽골에 무사히 정착했다고 생각했었던 터다. 그런데 이렇게 불쑥 나타나서는 결혼생활에 불평을 토로하는 동생을 보게 될 줄이야. 동생은 돈이 궁한 처지에 빈둥거리고 있었다.

하지만 요시코는 일본으로 돌아왔다고 선언하자마자 또다시 자취를 감춘다. 셴리가 요시코로부터 다시 연락을 받은 건 그녀가 이미 상하이에 도착한 뒤였다. 요시코는 친구를 배웅하기 위해 배를 탔는데 정신없이 얘기를 나누다 보니 배가 출발했는지도 몰랐다고 했다. 정신을 차려보니 배는 이미 상하이에 정박한 상태였다는 것. 셴리에 따르면 요시코는 남편이 자신을 찾아 도쿄에 올까 봐 두려웠을 거라고 한다. 셴리는 동생이 이렇게 훌쩍 떠나주는 바람에 하마터면 대신 물어줄 뻔한 2천 엔을 아끼게 된 걸 훗날 깨닫게 된다. 당시로써는 거금이었다.

요시코가 당시에 도쿄에서 돈을 구하러 다녔다는 사실을 보여주는 기록들이 있다. 모리타 히사코는 1932년 한 잡지에 실린 기

혼자 힘으로　137

사를 통해 도쿄에서 한 소설가의 집을 방문했던 기억을 전한다. 모리타는 그곳에서 요시코의 여동생이라고 주장하는 한 여인을 만났다. 그녀는 이렇게 적고 있다. "스물두세 살쯤 된 아담한 체구의 여자로 노란색 중국 의상을 입고 있었다. 상당히 아름다웠으며 화장을 안 했는데도 완벽한 모습이었다. 짙은 눈썹에 파마기가 없는 짧고 수수한 머리로 정갈함이 느껴졌다."

요시코의 동생은 일본 소설가에게 한 가지 제안을 했다. 언니의 환상적인 인생 이야기를 바탕으로 한 소설의 저작권을 2천 엔에 팔겠다고 했다. 더도 덜도 아닌 딱 2천 엔이면 된다고 했다. 나중에 모리타와 둘만 남게 되자 요시코의 동생은 모리타를 계속 부추겼다. 모리타가 소설가에게 어떻게든 영향력을 발휘해줄 거라 생각했던 모양이다.

모리타는 이렇게 적고 있다. "그녀가 한 말은 신문이나 잡지에 실린 얘기들과 크게 다르지 않았다. 하지만 그녀는 윤색을 곁들여가며 이야기를 참 잘했고 그 바람에 나는 그녀의 말에 홀딱 빠지고 말았다."

요시코의 동생은 요시코와 육군 장교 야마가 사이의 불운했던 로맨스를 청산유수로 구술했다. 첫사랑과의 이별, 재결합, 다시 찾아온 이별, 그녀를 잃은 뒤 그가 알코올중독에 빠진 이야기를 해줬다.

요시코의 동생은 모리타에게 이렇게 말했다. "많은 이들이 사랑에 실패한 뒤 슬픔 때문에 술에 기대죠. 야마가 역시 그랬었던 것뿐이었어요." 그 과정에서 야마가는 막대한 빚을 지기도 했는데, 요시코는 그를 위해 돈을 마련하지 못하면 자살을 하겠다고 협박했다고 한다. 동생이 소설가에게 이야기를 팔아야 하는 이유였다.

요시코의 동생은 모리타에게 간청했다. "저 소설가에게 부탁 좀 해주세요. 저희를 위해 그렇게 해주신다면 언니의 목숨을 살리시는 거예요."

이 말을 끝으로 두 여인은 헤어졌는데, 모리타는 이를 두고 "방금 영화 한 편을 본 것 같았다."고 말했다.

모리타가 본 영화는 그녀가 진짜 가와시마 요시코의 사진을 보면서 대단원의 막을 내리게 된다. 놀랍게도 사진 속의 요시코는 자신이 소설가의 집에서 만난 '동생'과 똑같았던 것이다. 그제야 모리타는 그 동생이 사실은 소설가에게 이야기를 팔아 돈을 마련하려 했던 요시코 자신이었을 수도 있음을 깨닫게 되었다.

"그녀는 분명 '언니가 많이 괴로워하고 있다'고 말했었다." 모리타는 곰곰이 생각한 뒤 자신이 속았다고 확신했다. "나에게 그렇게나 은밀하게 언니 이야기를 전하던 사람이 사실은 고통에 시달리던 본인이었단 말인가? 오늘날까지도 난 그렇게 믿고 있다."

12
독이 든 악마의 맥주

나는 중국인들의 마음을 사로잡기 위해서는 무언가 다른 게 필요하다고
확신했다. 그들은 괜찮은 댄스 음악만으로는 만족하지 못할 게 분명하
니까. 나는 독창성을 발휘해 무언가 특이한 것을 개발해야 했다. 금과
대리석 기둥으로 치장된 아름다운 무도회장에서 내가 선보인 것 중 일
부는 음악가로선 이단 행위나 다름없었다. 마치 디즈니의 환상세계를
재연하듯 작은 기차가 무대 주위와 사람들 사이를 누비도록 했다. 마마
슈미트의 아들, 휘트니는 그렇게 기차가 돌아다니는 무대 위 밴드 앞에
서서 붉은 랜턴을 휘두르며 중국 기차역의 이름을 외쳤으며 연주자들은
뒤에서 칙칙폭폭 소리를 냈다.

-휘트니 스미스(재즈 드럼 연주자)

　당시에 중국에서 자금과 역량은 부족하나 야망만큼은 넘쳐나는
여인이 갈 만한 곳은 상하이뿐이었다. 1930년, 요시코가 상하이에
도착했을 때 이 도시는 광란의 20년대[1] 파리를 따라잡으려고 애
쓰고 있었으나 수준차를 메우기에는 역부족이었다. 언론에서는
상하이를 '동양의 파리'로 홍보했지만 두 도시의 시대정신은 사뭇
달랐다. 1920년대 파리는 긴 전쟁 후 찾아온 평화 덕분에 전 세계
에서 예술가들이 몰려들어 자유를 찬양했고 길거리마다 동료애와

---

1. 사람들이 활기와 자신감에 넘치던 1920~29년 사이의 시기

활기가 넘쳤다. 이 예술가들은 억압적인 정치 체제와 가족들로부터 벗어나 자유로이 꿈을 펼칠 수 있는 안정된 사회를 찾아 파리로 왔다.

반면 상하이는 제국주의 세력 간의 싸움에서 오랫동안 희생양이 되어왔다. 온갖 폭력이 난무하는 가운데 법과 질서는 찾아볼 수 없었다. 하지만 다른 종류의 즐거움이 있었다. 날로 치열함을 더해가는 전쟁의 아수라장 속에서도 음악과 춤, 그리고 아르데코[1] 같은 새로운 사조가 풍미했다. 역설적이지만 끊이지 않는 범죄와 내전은 자유분방한 분위기에 특별한 자극제가 되기도 했다. 중국은 외부 약탈자와 씨름하는 한편 자국 내 세력이 일으킨 혼란에도 대처해야 했다. 통합은 희망사항일 뿐 군벌, 민족주의자, 공산주의자가 각자 영역을 차지하기 위해 끊임없이 투쟁하는 양상이었다.

상황이 이렇다 보니 순간을 즐기려는 이들은 쉽사리 쾌락추구의 명분을 찾을 수 있었고 금욕적인 사람들조차도 이 분위기에 휩쓸려 파티장을 들락거렸다. 중국인들은 그들 나름대로 흥청거리며 시간을 보냈고 외국인들 역시 이에 뒤질세라 유쾌한 시간을 즐겼다.

재즈가 상하이에 전파되면서 축제 분위기는 한층 고조되었다. 미국을 비롯해 전 세계로부터 수많은 밴드가 상하이로 향했다. '썸바디 러브스 미(Somebody Loves Me)'가 상하이의 무도회장 곳곳

---

1. 1920~30년대에 유행한 장식 미술의 한 양식

에 울려 퍼지며 손님들의 흥을 돋우었다. 휘트니 스미스가 샌프란시스코의 재즈 클럽에서 드럼을 연주한다는 소식을 들은 상하이의 한 카바레 주인은 그와 햄에그 샌드위치를 먹으며 상하이 닝보가에 위치한 칼턴 카페에서 대규모 공연을 해보자고 제안했다. 그리하여 1922년 8월 24일, 스미스와 그의 아내는 3주 동안 여객선 '나일호'를 타고 상하이에 도착했다. "위대한 모험이 내 앞에 펼쳐지고 있었다." 그 후 그는 아주 가끔씩만 본국을 찾았으며 동양에서 경력을 쌓기 위해 곧바로 상하이로 돌아왔다. 제2차 세계대전 속에서도 그는 음악 활동을 멈추지 않았고 이는 몇 년 뒤 일본 수용소에서도 이어졌다.

스미스는 처음 상하이에 왔을 때 중국에서 활동하게 된 미국 재즈 연주가로서 기술적인 문제만 해결하면 되었다. 자신의 음악 밴드에서 연주할 미국인들은 쉽게 모집할 수 있었다. 하지만 고객은 외국인뿐이었다. 다른 사람들 앞에서 춤을 출 사람들은 이들뿐이었기 때문이다. 유교 사상은 남자와 여자 간의 친밀한 신체접촉을 금했기 때문에 무대 위에서 춤을 추는 중국인 커플은 거의 없었다. "외국인 연주자를 유치하기 위한 경쟁이 심했죠. 그 후 상하이 국제지구에 있던 나이트클럽의 수는 그와 비슷한 규모의 그 어떤 도시에 있는 나이트클럽보다 훨씬 많았죠."

스미스는 시장을 확장해야 한다는 압박을 받았다. 야심 찬 포부를 갖고 있던 클럽 소유주들이 외국인 고객만으로는 유지할 수 없는 사치스러운 건물을 지었기 때문이었다. 스미스의 고용주도 화려하고 웅장한 건물을 지었는데, 그 안에 금박과 대리석으로 치장한 무도회장이 있었다. 식당에는 두께가 5센티미터나 되는 두툼한 카펫이 깔려 있었고 벽과 천장에는 이탈리아 벽화나 프랑스 벽화가 그려져 있었다. "무도회장 한쪽에는 귀족만 들어갈 수 있는 황제의 방이 있었어요. 저녁 식사 전에 칵테일을 마실 수 있는 윈터 가든(Winter Garden)이라는 정원도 있었는데, '하늘'에 인공별을 띄워 움직이는 달을 호위하는 풍경을 연출했고 인공폭포까지 흐르는 곳이었죠."

스미스는 중국 고객을 끌어들이기 위해 미국 밴드가 중국 민요를 연주하도록 했고 차분한 버전의 찰스턴[1]을 선보였다. 그의 시도는 대성공이었다. 중국인들이 몰리기 시작했다. "그들은 '사랑은 비를 타고', '장난감 병정의 행진곡', '인형의 춤'을 좋아했죠." 펄 벅은 스미스의 업적을 칭송하며 "그가 중국에 제공한 것은 그 어떤 대사가 수행한 업적보다도 훌륭하다. 그는 중국인들에게 춤을 가르쳐주었다."고 말했다.

당시의 상하이의 흥취에 푹 빠진 또 한 명의 사나이는 《남장미인》의 저자 무라마쓰 쇼후다. 그는 무도회장 전문가로 확고히 자리매김한 인물이었다.

---

1. 1920년대에 유행한 빠른 춤

나는 춤 동작을 따라 할 재주가 없다. 그래서 2층에 자리를 잡고 앉아 술을 마시면서 다른 이들을 내려다보곤 한다. 나는 지극히 아시아 사람다운 취향이라 야만적인 서양인들이 즐기는 춤처럼 퇴폐적인 오락거리는 별로 좋아하지 않는다. 하지만 활기찬 폭스트롯[1]이나 조용한 왈츠에 맞춰 남녀가 서로 안은 채 근사하게 몸을 흔드는 것을 보면 나 같은 몸치도 춤을 추고 싶어질 정도로 푹 빠진다.

쇼후는 상하이가 위험하고 방탕한 도시라는 사실을 알았지만 어느 순간 이 도시의 매력에 흠뻑 빠졌다. "상하이가 어떤 도시인지 제대로 알기도 전에 끌리고 말았죠. 독이 든 악마의 맥주에서 나는 향취에 끌리듯, 은밀한 일탈의 강력한 마력에 이끌린 거죠."

요시코는 상하이에서 새로운 삶을 탐색하던 대담한 무리들과 쉽게 어울렸다. 어린 시절부터 새로운 환경에 억지로 적응해야 했던 경험도 한몫했을 것이다. 요시코는 쇼후 못지않게 유흥가 생활을 무척 즐겼다. 게다가 춤은 그녀의 장기이자 취미였다.

하지만 요시코는 상하이에 살던 다른 이들보다는 위태로운 여건에 놓여 있었다. 깔끔하게 정리되지 않은 지저분한 사생활을 간직한 채 혼자 사는 여성이었기 때문이다. 양부와의 관계가 안 좋게 끝난 데다 남편까지 버리고 왔으니 사회적으로 존중받기 어려웠

1. 1910년대 미국에서 유행한 춤 또는 그 춤곡을 말함

다. 그녀는 평상시 남자 복장을 하고 돌아다녔다. 이제는 이따금 희망하던 평화로운 가정이나 평범한 가정생활을 누릴 여지는 더 이상 없어 보였다.

요시코는 이렇게 말한 적이 있다. "마음속 깊은 곳에서는 평범하고 순종적인 주부의 삶을 부러워했죠. 아침에는 남편이 출근하는 것을 배웅하고 저녁에는 퇴근하고 돌아오는 남편을 기다리는 그런 주부 말이에요. 기회만 된다면 다시금 여자로 돌아가고 싶습니다."

요시코는 자신에게 호의적인 나이 많은 일본 장교에게 의기소침한 말투로 고충을 털어놓기도 했다. "…저는 조국에서 쫓겨났습니다. 부모님은 전부 돌아가셨고 의붓아버지, 의붓어머니와는 결별한 상태에요. 신은 왜 저에게 이런 고통을 주시는 걸까요? …평생 고난을 겪다 보니 저는 이상한 사람이 되었습니다. 이러한 저에게 당신은 큰 친절을 베풀어주셨어요."

요시코가 관습을 조롱할 때마다 덩달아 높아진 그녀의 명성 역시 도리어 그녀의 인생에 방해가 되었다. 물론 드높아진 명성 덕분에 특별한 대우를 받은 측면도 있지만 그 반대급부로 익명의 삶은 불가능해졌다. 하긴 대중 앞에 모습을 드러냈을 때 그녀가 익명을 추구한 것처럼 보이지는 않는다. 그와는 정반대로 그녀는 신문 보도를 즐겼고 길에서 그녀를 알아보는 사람들 덕분에 생명력을 얻는 듯했다. 선정적인 소재에 횡재했다고 생각한 기자들은 상상력을 유감없이 발휘하기도 했다. 1931년, 한 일본 기자는 이러한 기사를 썼다.

> 숙친왕의 문제 많은 딸, 가와시마 요시코가 지금 중국 숙박 시설인 중화 호텔에 머물고 있다. 그녀는 국민당 정부의 고위 인물과 만나며 무언가를 계획 중인 것으로 보이며 밤이 되면 무도회장에서 에로티시즘에 빠지는 것 같다. 요시코는 자신이 잔 다르크이며 청 왕조를 반드시 부활시킬 거라고 말하고 다니기도 한다. 반-장제스 운동의 핵심 인물인 후한민을 만나기 위해 애쓰고 있는데… 기이한 것을 좋아하는 중국 고위층은 그녀의 행동을 예의주시하고 있다. 요시코는 에로티시즘과 엽기행각의 화신으로 이제는 매춘부 같은 느낌마저 강하게 풍겨 정신 상태가 심히 의심스럽다. 게다가 재정적인 문제까지 겪고 있어 밀린 호텔 숙박비가 엄청나다고 한다.

기사는 그다지 호의적이지 않았다. 요시코를 쾌락에 빠진 인물로 몰아가고 있었다. 이때 나이 스물네 살. 어떻게든 수렁에서 빠져나와야 했다. 재기할 기회가 절실했던 요시코는 누구에게 도움을 청할지 신중하게 고민할 필요가 있었다. 대중들이 보기에 요시코는 만주족의 구원자에서 귀족 출신 창녀로 타락한 불미스럽기

그지없는 인물일 뿐이었다. 든든한 지원군만이 그녀를 다시 일으켜 세워줄 것이었다.

13
만주로 진출하다

1931년, 일본이 중국을 침략하면서 태평양전쟁이 발발했다.
-이에나가 사부로(일본의 역사학자)

마침 일본 군부는 요시코의 도움이 필요했다.

요시코는 어린 시절 일본 군부의 여러 장교들과 알고 지냈다. 그 중 일부는 나니와의 집을 드나들던 자들이었다. 요시코는 어른이 된 후 한 장교를 '삼촌'이라 부르며 마치 친척 집을 방문하는 양 약속도 하지 않은 채 군부대 본부를 들락거렸다. 그녀의 이런 행동에 그 장교의 부하들은 불안해했다. 그러나 그녀는 남편 없이도 여전히 돋보이는 귀족 출신 요시코였다. 청 왕조의 순혈 공주가 자신들 편에 있다는 것을 보여주고 싶어 했던 일본인들에게 더할 나위 없이 훌륭한 홍보 수단이기도 했다.

1931년, 도쿄 정부의 우유부단한 만주 정책에 인내심이 바닥난 관동군 장교들은 만주 동부 영토를 대대적으로 공격하기 위한 비밀 계획을 세웠다. 이들의 반항적인 기질은 익히 알려진 사실이기도 했으나 그들의 막후에는 일본에서 이들을 지원하던 고위급 장교들이 있었다. 관동군은 자신들이 당연히 만주를 점령해야 한다고 생각했다. 일본이 중국의 북동지역을 점령할 당연한 권리를 갖고 있다고 생각했던 것이다. 또 다수의 일본인들도 만주를 러일전쟁 중 희생된 '일본인의 피로 획득한' 땅이라고 여겼다.

일본은 전쟁을 종식하기 위해 맺은 조약을 통해 주요 항구인 다롄과 뤼순을 점령했고 만주 내 다른 지역의 영유권도 얻어냈다. 일본의 이러한 행각에 반대하는 중국인들의 봉기가 일어났고 이에 따라 일본의 대규모 이주 계획이 위험한 국면을 맞을 수도 있었기에 일본은 발 빠르게 행동할 수밖에 없었다. 게다가 일본을 향한 분노에서 비롯된 중국 내 민족주의가 점차 거세지고 단합된 양상을 보이기 시작했다. 그뿐만 아니라 소련의 반격에 대비해 방어벽을 칠 필요도 있었다.

이러한 국제정세 속에서 일본 군부는 일본의 경제 문제를 해결하기 위해서는 만주의 천연자원이 필요하다고 주장했다. 이시와라 간지 중령은 이렇게 선언했다. "만주와 몽골은 중국의 영토가 아니라 만주인과 몽골인에게 소속된 땅이다. 일본은 지금 교착 상태에 빠졌고 식량과 인구 문제를 비롯하여 여러 가지 중요한 문제를 해결할 뾰족한 방법이 없으므로 만주와 몽골을 개발하는 수밖에 없다."

관동군이 만주를 장악하기 위한 계획을 구상 중이라는 소문을 들은 도쿄 정부는 이를 저지하기 위해 타테카와 요시츠쿠 장군을 중국으로 보냈다. 하지만 사실 만주정복을 꿈꾸는 음모자의 편이었던 장군은 중국에 도착하자마자 심양에 위치한 기생집에 틀어박혀 하룻밤을 보냈다. 아침에 눈을 떴을 때는 이미 침공이 시작된 후였고 그의 임무는 그걸로 끝이었다.

타테카와의 부하 장교는 훗날 이렇게 보고했다. "총소리가 너무 끔찍해 기생들이 벌벌 떨었지만 타테카와 장군은 그들에게 자신과 함께 있는 한 걱정할 게 없다고 말했습니다. 장군은 아침까지 늘어지게 잠을 잤습니다. 아침에 눈을 떴을 때는 사태를 막기에 이미 너무 늦은 상태였죠."

만주사변은 1931년 9월 18일, 일본의 통제하에 있던 심양 외곽 철도가 폭발하면서 시작되었다. 사실 폭발의 진범은 관동군이었지만 그들은 이것이 중국 공작원의 소행이라고 주장했다. 관동군은 심양에 주둔한 중국 군대에 맞서 싸워야 한다는 구실로 그곳에 일본 군대를 파견했다. 이들은 중국 북동지역까지 진출해 결국 만주의 나머지 지역까지 점령하였으며 국제적인 반대에도 불구하고 철수하지 않았다.

일본은 만주 점령의 진짜 의도를 숨기려 애썼다. 그들은 군벌을 비롯해 중국을 분할하려는 서양 제국주의자들에게서 만주를 '해방'한 것이므로 이는 아시아를 위한 승리라며 대중들을 설득하려고 했다. 일본은 '자애로운 정부가 세운 낙원'이라는 슬로건을 내걸었다. 또한 다섯 아시아 민족(몽골인, 만주인, 중국인, 조선인,

일본인)을 위한 결속과 번영을 약속하며 이 다섯 민족이 새로운 낙원에서 함께 살고 일하게 될 거라고 주장했다.

하지만 실상은 일본 정착민에게 터전을 내어주기 위해 중국 농부들을 그들의 땅에서 쫓아내려는 냉혈 침략세력의 기만일 뿐이었다. 일본은 중국 영토의 상당 부분을 몰수했다. 1941년, 일본은 '가격 조작, 강제 매각, 강제 철거' 등의 방법으로 5천만 에이커(약 20만 제곱킬로미터)의 중국 영토를 앗아갔다. 전쟁이 끝난 뒤 민간인과 군대를 합쳐 2백만이 넘는 일본인이 만주로 이주했다. 중국인은 수세대에 걸쳐 소유해오던 땅의 소작농으로 전락하기도 했다. 일본인에게 농작물을 바치느라 굶어 죽는 중국인까지 생겼다. 일본은 곳곳에서 잔혹한 행위를 저질렀다. 반대자를 숙청하기 위해 시행된 '강화 프로그램'으로 마을 전체가 강제 수용소나 별다를 바 없는 상태가 되기도 했다. 일본 장교조차도 이 프로그램이 '마치 말을 모는 것처럼 무자비하고 비인간적으로 시행되었다'고 기록했다.

만주사변이 발생한 지 두 달 후, 《아사히신문》은 가와시마 요시코가 만주로 떠났다는 내용의 기사를 실었다. '가와시마 요시코, 격랑 속으로 뛰어들다. 남자처럼 양복과 모자를 쓴 채 조상의 땅 만주로 향하다.'는 제목 아래 다음과 같은 기사가 실렸다.

비가 부슬부슬 내리는 가운데 다롄 마루호를 타고 다롄으

로 떠나는 젊은이는 세련된 양복과 회색 우비를 입고 사냥
모자를 푹 눌러쓴 채 수많은 중국인들에게 둘러싸여 있었
다. …사실 이 젊은이는 남자 복장을 한 고(故) 숙친왕의 딸
이다. 그녀는 만주와 몽골에서 일고 있는 격변 속으로 서슴
없이 달려가고 있다. 유서 깊은 조상의 고향 땅에서 새로운
국가를 건설하고자 길을 재촉하고 있다.

…그녀는 매일 밤 '모던 걸' 양식의 새로운 머리 모양과 서
양 의상을 뽐내며 상하이에서 가장 잘나가는 무도회장에서
시간을 보냈다. 때로는 남자로 위장한 채 거리를 오갔고 언
제나 온갖 부류의 사람들이 그녀를 뒤따랐다.

…만주사변이 발발하면서 그녀의 조상 땅에 새로운 시대가
펼쳐질 것으로 보인다. 그래서 그녀는 상하이를 뒤로하고
서둘러 북쪽으로 향하고 있다. 그녀는 이제부터 남자로 활
동할 거라고 말한다. 다롄으로 갈 것인가 봉천으로 갈 것인
가? 당분간 이에 대한 답은 아무도 알 수 없을 것이다.

가와시마 요시코가 새로운 일자리를 찾은 것이다.

14
휘청거리는 황제

나는 관동군과의 대화가 아무런 문제 없이 잘 이루어졌기 때문에 머지
않아 나의 칩거 생활이 끝나고 위대한 청 왕조의 황제인 내가 심양 땅
조상의 궁궐에서 다시 왕위에 오르게 될 것이라 생각했다. 나는 그러한
생각에 흠뻑 젖어 청 시아오 수와 청 추이의 충정 어린 조언에는 귀 기울
이지 않았다. 나는 기쁜 마음에 이국적인 일본식 저녁 식사를 하고 창문
밖으로 아름다운 일몰을 바라본 뒤 편안한 마음으로 잠자리에 들었다.

　　　　　　　　　　　　　－푸이(청 나라 마지막 황제)

　일본 군부를 위해 요시코가 처음으로 수행할 임무는 자신의 친
척이자 폐위된 황제 푸이의 결혼 문제를 해결하는 것이었다. 푸이
는 평생 요시코를 싫어했는데 이 같은 태도는 그가 취한 몇 안 되
는 한결같은 입장 중 하나였다. 하지만 푸이는 요시코가 자신을 돕
겠다고 나타났을 때 이를 거부할 처지가 아니었다.

　1912년, 푸이는 자리에서 물러난 뒤에도 폐위된 황제치고는 꽤
유리한 조건으로 자금성에 머물고 있었다. 결국 한 군벌이 이러한
관대한 처사에 불만을 표했고 1924년, 푸이는 궁궐에서 쫓겨나고
만다. 일본은 즉각 그에게 도움의 손길을 내밀었다. 푸이를 베이징
에 있는 일본 공사관으로 데리고 간 뒤 톈진의 일본인 거주지역에

은신처를 마련해주었다.

푸이는 다시 왕위에 오르고 싶어 했고, 관동군은 그가 원하는 대로 새로운 왕좌를 마련해주었다. 그들이 제공한 만주 창춘의 왕좌는 베이징 자금성에 있던 왕좌에 비하면 초라하기 그지없었지만 푸이는 기꺼이 받아들였다.

자세한 내막은 이렇다. '난폭한' 관동군은 만주를 점령한 뒤 도쿄 중앙 정부의 반대에 부딪치자 목소리 톤을 살짝 낮춰야 했다. 그래서 해당 지역을 점령한다고 노골적으로 말하는 대신, 그곳에 독립국을 수립할 거라고 주장했다. 중국인들은 이 새로운 정권에서 중요한 역할을 수행할 테지만 실은 일본이 세운 괴뢰정권 아래에서 일하는 거였다. 이들은 정권의 진정성을 대외적으로 부각하기 위해 일본이 내세우는 허수아비에 불과했으며 막후에서 모든 것을 조정하는 건 일본이었다. 일본은 내각을 구성할 관료들도 찾아야 했지만 그보다는 겉모습을 그럴듯하게 꾸미고 단결을 촉구하기 위해 중국 왕족 출신 꼭두각시를 찾는 게 급선무였다. 요시코와 더불어 그보다 더 무게감 있는 인물인 푸이가 등장하게 된 건 바로 이때였다.

요시코와 푸이는 훗날 자신들은 속았다고 주장한다. 일본이 만주국을 수립하고 청 왕조를 부활함으로써 만주족을 도울 것이라 생각한 건 착각이었다고 말했다. 그들은 일본이 청 왕조의 꺼져버린 운명을 되살리는 데는 눈곱만큼의 관심조차 없었고 전혀 다른 목적이 있었다는 사실을 너무 뒤늦게 깨달았다. 훗날 푸이는 자신이 순진하게도 '호랑이의 입'에 머리를 들이밀었다고 말하기도 했다.

푸이는 자서전에서 자신을 비롯해 톈진 궁궐에 있던 사람들 모두가 만주사변 기간에 일본이 심양을 공격했고 이에 맞선 중국 군대가 완패했다는 소식에 큰 충격을 받았다고 기록했다. "소식을 듣자마자, 만주로 가고 싶었지만 일본의 동의 없이는 불가능했다." 폐위된 황제 푸이는 톈진의 안산 로드에 위치한 스페인 양식의 저택에 기거했다. 그의 기준에서는 부족하지만 여전히 화려한 환경 속에서 심란한 나날을 보내고 있었다.

무어 양식[1]의 부드러운 아치와 분수, 붉은색 기와지붕으로 치장된 고급스러운 저택이었다. 하지만 평온은 저택의 겉면에만 깃들어 있었다. 그 안에서 푸이는 하루도 편히 쉴 수 없었다. 가정 내에서도 푸이는 불화를 겪었다. 아내는 아편 중독자가 되었고 화가 난 첩은 그를 떠났으며 새로운 아내를 맞이하기에 그는 너무 늙어버렸다. 정치적인 불안은 날이 갈수록 놀라운 반전을 거듭하며 푸이의 신변을 위협했다. 그의 적들은 오만가지 이유로 그가 제거되기를 바랐고, 당시에 권력을 장악했던 장제스는 청의 옛 왕조에 친화적이지 않았다. 장제스의 군대는 공산주의자와 군벌 지도자를 제치면서 중국에서 가장 강력한 세력으로 급부상하고 있었는데, 망

1. 8세기경에 이베리아반도를 정복한 이슬람교도의 건축 양식으로 기하학적인 문양을 사용함

명한 군주 푸이는 나름의 지지자들을 거느리고 있던 터라 장제스에게 여전히 위협적인 존재였다. 왕을 보필하던 추종자 중 몇몇은 실제로 푸이를 암살하려는 계획과 독살 시도가 있었다고 증언한다.

베르나르도 베르톨루치 감독의 〈마지막 황제〉가 푸이의 이미지를 대중의 마음속에 각인해 주었다면 그의 자서전 《황제에서 시민으로》는 그보다 자세하고 풍부한 내용을 담고 있다. 이 자서전을 보면 푸이가 궁궐 밖에서의 고달픈 삶을 마주할 준비가 되어 있지 않은 채 미련하고 허영심 많은 망명 생활을 시작하게 되었으며 조금도 변할 마음이 없었다는 것을 확실히 알 수 있다. 자서전은 영화에서처럼 서양식 의상이나 새로운 시대를 맞이한 중국의 모습을 겉핥기식으로 묘사하는 데서 그치지 않고 그가 일본의 통제하에 있던 만주에서 어떻게 또다시 황제가 되었는지를 정확히 보여준다. 자국민에게 크나큰 고통을 안겨준 또 한 번의 과오였다.

《황제에서 시민으로》는 푸이가 전쟁이 끝난 뒤 중국 공산당 교도소장에게 고백하는 것으로 시작된다. 원고의 초안에서는 푸이가 자신이 저지른 잘못을 지나치게 자책하는 내용이어서 일반 대중을 대상으로 하기에는 부적합한 도서로 여겨졌던 게 분명하다. 결국 자기비판을 줄이는 쪽으로 책이 수정되었는데, 이 수정본에서 푸이는 새로운 중국 정권하에서 처형당하지 않기 위해 수단과 방법을 가리지 않는 모습만을 드러낼 뿐 자책이나 참회하는 모습은 그다지 나타나지 않는다. 1964년에 출간된 이 자서전에는 운이 다한 쾌락주의자 푸이가 감옥이라는 새로운 환경에 적응하기 위해 애쓰는 모습이 담겨있다. 푸이는 자신의 결점을 자책하지만 동시에 과거의 화려했던 삶, 고통에 신음하던 대중과는 너무나도 동떨어졌던 삶을 그리워하기도 한다.

1925년, 톈진의 일본인 거주지역에 일본이 마련해주었던 그의 거처, 징유안 정원에 대해 푸이는 좋은 기억을 갖고 있다. "수세식 변소와 중앙난방이 갖춰진 외국식 주택은 [자금성의] 양심전(養心殿)보다 훨씬 더 편했다. …나는 예전과 같은 대접을 받았다. …나에게는 모든 게 자연스럽고 편리했다." 그는 현금이 필요할 때 어떻게 마련했는지에 대해서도 적고 있다. "징유안 정원의 경제 규모는 자금성보다는 당연히 훨씬 작았다. 하지만 나에게는 여전히 상당한 재산이 있었다. 나는 자금성에서 꽤 많은 귀중품을 가져왔는데, 그중 일부를 돈으로 바꿔 외국은행에 넣은 뒤 이자를 받고 있었으며 나머지 돈으로는 부동산을 매입해 임대료를 받았다."

하지만 푸이는 결국 재정난에 처했다고 고백한다. "톈진으로 이사한 뒤에는 매달 돈을 보내야 하는 곳이 많았다. 게다가 이런 일을 처리할 목적으로 설립한 사무실도 여러 개였다. …청 왕조의 무덤을 관리하도록 채용한 직원들도 있었다. …가장 큰 지출은 군 지도부를 매수하기 위해 쓰는 돈이었다. …자동차나 다이아몬드 외에 기타 물품을 구입하는 데 매달 평균 지출의 2/3 정도를 사용했다. 나는 베이징에 있을 때보다 훨씬 더 많은 돈을 물품 구매에 썼으며 이 금액은 매달 증가했다. 피아노, 시계, 손목시계, 라디오, 서양 의복, 가죽 신발, 안경 등 나의 쇼핑 욕구는 지칠 줄 몰랐다." 그는 쇼핑을 하면서 외국 물건이 중국 물건보다 우수하다고 확신하게 되었다. "스피어민트 껌이나 바이엘 아스피린만 봐도 중국제품이 얼마나 엉터리인지… 한숨이 나왔다. 하지만 나는 내가 이 모든 물건보다 월등하다고 생각했기 때문에 나 자신은 제외였다. … 내 몸에서는 맥스 팩터 로션과 오 데 향수, 좀약 냄새가 뒤섞여 났으며 셰퍼드 개 두세 마리, 이상한 옷을 입은 아내와 첩이 늘 나와 동행했다." 푸이는 이러한 행동을 후회하는 것처럼 말했으나 물건의 상표까지 정확히 기억하는 걸 보면 이러한 추억을 그리워했던 것 같기도 하다.

스피어민트 껌과 맥스 팩터 로션을 즐기던 푸이는 신변에 위험을 느끼기 시작한다. 일부는 진짜였지만 일부는 그를 만주로 보내고 싶었던 일본이 조작한 거였다. 우유부단한 황제 때문에 인내심이 바닥난 일본 군부는 그를 빨리 만주로 보낼 묘책을 찾고 있었다. 그리하여 황제의 거처에 배달된 과일 바구니 안에 폭탄이 숨겨진 것이 발견되기도 했고, 톈진에 있는 중국인들이 폭동을 일으킨 것처럼 조작해 푸이의 신변을 위협하기도 했다. 한번은 그가 자주 가던 빅토리아 카페의 한 웨이터가 푸이에게 전화를 걸어 그곳에서 식사하는 건 위험하니 오지 말라고 귀띔해준 일도 있었다. 식당

주변에 무장한 의심스러운 사람들이 숨어있다는 것이었다. "그 웨이터가 누군지 나도 모릅니다. 정말로 존재하는 인물이었는지조차 알 수 없죠." 푸이는 훗날 씁쓸하게 말했다.

푸이는 마침내 만주로 떠나는 데 동의한다. 일본은 그에게 안전을 보장해주고 왕위를 되찾게 해주겠다고 약속했다. 그의 고문 중에는 이 계획에 반대한 이들도 있었다. 이들은 왕이 일본의 통제하에 들어가면 의지를 상실할 거라고 생각했다. 가족들도 일본과의 제휴에 반대했다. 그가 적에게 굴복할 것을 두려워한 가족들은 "우리를 산적의 자식으로 만들지 말아 달라"며 그를 설득하려 했다. 하지만 이미 용이 그려진 황제 의관을 꺼내 살펴보던 푸이는 일본의 허황한 약속에 넘어가고 말았다. 그는 주위의 경고에 귀를 기울이기에는 왕권 회복이라는 꿈에 지나치게 푹 빠져있었다.

그리하여 푸이는 1931년 11월, 일본인 고문관과 함께 만주로 향하는 배에 올랐다. '조상의 고향 땅으로 와달라는 동족의 부름'에 응하기 위해서였다. 그는 언젠가 그곳에서 다시 황제가 되어 중국을 하나로 통일할 거라고 믿었다. 하지만 그는 예상대로 숙친왕과 그의 가족이 뤼순으로 도망친 뒤 머물렀던 언덕 위 붉은 집에 격리되면서 즉시 권위가 추락했고 일본의 명령에 복종하는 신세가 되었다. 푸이는 일본의 거짓말에 아연실색했지만 그들의 요구를 속수무책 따를 수밖에 없었다고 말한다. 그는 1945년까지 이어진 무자비한 괴뢰정권을 합법화하기 위한 궁중 의식에 참여하는 등 계속해서 수치스러운 처신을 감내해야 했다.

푸이는 자신의 죄를 뉘우치며 이렇게 적고 있다. "나는 공포 속에서 정권의 부활을 꿈꿨다. 파렴치하게도 반역의 앞잡이가 되었고 우리 조국의 큰 부분을 식민지로 만들고 3천만 동포에게 큰 고통을 안겨다 준 잔인한 정권을 대변하게 되었다."

15
아편쟁이 황후

가을이 스무 번 지난 뒤,
또다시 정원,
양궁장은 조용하네,
무너진 파빌리온, 버려진 무도회장,
수많은 파편들,
잔해에서 시작될 새로운 탄생…
-이후안(푸이의 조부)

한편, 푸이의 아내 완룽은 만주로 떠나지 않았다. 그는 남편과 동행할 의사가 없었기에 끝까지 고집을 부렸다. 관동군은 그 모습이 못마땅했다. 새로운 정권의 시민들에게 화기애애한 왕실의 모습을 보여주고 싶었기 때문이다. 아내가 없는 푸이의 모습은 그들이 원하는 그림이 아니었다. 게다가 완룽은 아편 때문에 기분이 오락가락했는데 이 또한 걱정거리였다. 일본에 적대적인 중국 지도자에게 그녀가 충성을 선언할 수도 있었다. 그렇게 되면 반대자들에게 좋은 구실을 안겨주게 될 판이었다.

완룽을 설득하는 데 애를 먹자 군부는 만주 황실 출신의 또 다른 여성인 요시코에게 도움을 요청했다. 요시코는 일본 군부의 요청에 즉각 응답했다. 이타가키[세이시로] 참모장교는 그저 '요시코 상이 톈진에 가서 완롱을 만나봤으면 하는데'라고 말하는 것으로 충분했다. 요시코는 황후를 설득하기 위해 곧바로 톈진으로 향했다.

완롱이 1922년 푸이와 결혼했을 때, 그는 폐위된 상태였지만 여전히 자금성에 머물고 있었다. 그의 고문이 푸이더러 아내를 맞으라고 했을 때 그는 고작 열여섯 살이었다. 푸이는 별생각 없이 건네받은 사진 가운데 신부를 골랐다. "사진 속 여인들의 얼굴은 전부 아주 작아서 누가 아름다운지 판별할 수 없었죠. …이 순간의 선택이 제 인생에서 그렇게 중대한 사건이 될 줄을 그때는 미처 몰랐습니다."

일은 잘 풀리지 않았다. 유명한 만주 귀족 집안 출신이었던 완롱은 톈진의 프랑스 할양지역에서 서양식 교육을 받았다. 그녀는 영어와 테니스, 투스텝[1]에 능했으며 국제사교계에 진출할 준비를 하고 있었다. 하지만 푸이가 그녀를 선택하는 바람에 궁궐 밖에서 그녀가 꿈을 펼칠 가능성은 확 줄어들고 말았다. 완롱은 예상보다는 궁궐 밖을 많이 돌아다녔지만 대부분 즉흥적이고 극단적으로 이루어진 외출이었다. 마치 가출한 황후의 모습이었다. 푸이가 자금성에서 쫓겨나자 궁궐의 다른 식구들과 함께 가장 먼저 톈진으로 떠난 것도 그녀였다.

―――――――――

1. 사교댄스의 일종. 또는 그 춤곡

왕실 기록관들의 기록을 보면 그 무렵 완룽은 영어 공부를 포기하고 완전히 아편 중독자가 된 상태였다. 톈진에서의 망명 생활은 그녀를 지치게 했다. 지친 건 그녀의 남편 역시 마찬가지였다. 항간에는 푸이가 동성애자라는 소문까지 파다했다. 청 왕조의 부활은 불가능해 보였지만 그녀가 치러야 하는 궁중의례는 여전히 존재했다. 푸이의 첩과 계속해서 충돌하곤 했는데, 첩은 왕의 관심을 끌기 위해 그녀와 경쟁했으며 완룽이 근처에 있을 때는 경멸의 표시로 정원에 침을 뱉기도 했다.

완룽은 스트레스를 풀기 위해 아편에 의존했다. 한 내관은 이렇게 기억한다. "황실 가족 중 황후를 제외하고는 아편을 피우는 사람이 거의 없었다. …아편을 피울 때는 황후를 모시기가 쉽지 않았다. 바닥에 무릎을 꿇은 채로 황후가 한쪽에서 다른 쪽으로 이동할 때마다 아편 세트를 들고 재빨리 움직여야 했다. 황후는 보통 한쪽에서 아편 네 대를 피웠다."

톈진 시절 황후의 정신 상태에 관해 한 토막의 이야기를 셴리가 전하고 있다. "푸이의 동성애는 공공연한 비밀이었죠. 완룽은 남편의 방을 찾기는 했지만 그와 함께 있고 싶어 기쁜 마음으로 갔다고는 할 수 없었습니다." 셴리의 이 말은 푸이의 동성애 성향에 대한 소문이 뜬소문만은 아니었음을 짐작게 해준다. 관동군 장교의 요청에 따라 요시코가 서둘러 톈진으로 갔고 완룽을 일본 점령하에 있던 만주로 데리고 간 게 사실이었다고 말한 인물 역시 셴리였다. 이 사건을 비롯해 요시코의 삶에서 일어난 수많은 사건의 사실 여부를 입증해준 건 보통 셴리나 요시코 자신이었는데, 이 둘은 모두 진실을 자신만의 특유한 방식으로 다루는 경향이 있다. 확실한 증거가 없는 상황인데도 불구하고 허세 넘치고 자신만만하게 증언하는 그들의 태도에 사람들은 어리둥절할 수밖에 없다.

황후를 톈진에서 만주로 성공적으로 후송시킨 이야기는 요시코를 둘러싼 가장 오래된 무용담 중 하나로, 그녀의 대담한 행동은 이야기가 전해질 때마다 거듭 부풀려지곤 했다. 무라마쓰 쇼후는 소설이나 비소설 그리고 그 중간쯤에 자리매김할 법한 작품 속에서 요시코의 이 업적을 번번이 언급하는데 그중에서도 대중적으로 가장 많이 읽힌 책 속의 버전이 가장 널리 받아들여지고 있다. 요시코는 1940년에 출간된 자서전에서 쇼후의 진술을 인용하며 자신이 깔끔하게 임무를 수행한 것을 자랑스럽게 말한다. "나는 검은색 양복을 입고 사냥 모자를 깊이 눌러 쓴 채 운전대를 단단히 잡았다." 그녀는 자신의 창의력과 배짱을 자랑스러워하며 자신에게 부여된 임무를 기술한다.

쇼후의 기록에 따르면, 반-일본 세력이 톈진에서 폭동을 일으키면서 요시코는 이 위험천만한 임무에 착수하는 데 차질을 겪게 된다. 성난 군중들이 왕을 갈가리 찢어놓기 전에 빨리 만주로 가는 게 좋을 거라는 느낌을 주기 위해 일본 군부가 조작한 봉기였다. 앞서 언급했듯, 왕은 그들의 충고를 받아들였다. 당시에 실린《뉴욕타임스》 기사는 다음과 같다. "지난밤 11시, 중국 폭동세력 무리가 일본 관할구역 근처에 위치한 경찰서에 사격을 개시했다. 그리고 오늘 새벽 2시, 더 큰 규모의 무리가 경찰서를 공격했다."

톈진이 더 이상 안전하지 않다는 사실을 알게 되자, 황후는 결국 만주로 떠나는 데 동의한다. 요시코는 거리에 총알이 쌩쌩 날아다니는 상황에서 황후를 안전하게 모실 수 있는 용기가 있는 사람은 자신밖에 없다고 믿었다. 그녀는 헤드라이트를 끈 채로 쿠바산 자동차를 직접 운전해(요시코는 사실 상하이에서 운전을 배웠다) 황후를 태울 보트가 있는 선착장으로 향했다. 하지만 서둘러 궁궐을 떠난 완룽은 자동차 트렁크에 숨으려는 찰나 자신이 아끼는 개를 두고 온 것을 깨달았다.

"개를 데려와." 그녀는 요시코에게 명령했고 요시코는 결국 개를 데려와야 했다.

쇼후의 묘사 속에서 요시코는 헤드라이트를 끈 채, 개와 황후를 쿠바산 자동차 트렁크에 싣고 이동하는 침착한 첩보원으로 그려진다. 그녀는 가로등도 돌아다니는 사람도 하나 없는 어두운 거리를 건물 기둥 사이로 흘러나오는 빛에 의존한 채 차를 몬다. 그들은 마침내 부두에 도착하고 황후는 다롄으로 향하는 투박한 화물선에 오른다. 옷가지를 등에 멘 채 개 한 마리만을 데리고 톈진을 떠나는 황후는 요시코에게 어머니의 유품인 옥 장신구를 감사의 선물로 건넨다.

새로운 만주국의 수도 창춘으로 가는 푸이와 완룽,
1932년 3월　알리나리 아카이브/게티 이미지

　실제로 요시코는 자신을 그렇게 생각하고 싶어 했다. 어둠 속에
서 용감하고 민첩하며 완벽하게 일을 추진하는 모습이었다. 따라
서 쇼후가 그린 모험담을 받아들인 건 당연한 일이었다. 완룽의 수

행원 중 한 명이 이에 관해 의문을 제기하며 황후를 만주로 데려가는 데 요시코가 그렇게 중요한 역할을 맡았던 건 아니라고 말했지만 아무도 그 말에 귀 기울이지 않았다. 요시코는 쇼후의 진술처럼 훌륭한 임무를 말끔하게 완수한 것이다. 하지만 요시코는 전쟁이 끝난 뒤 체포되자 갑자기 방향을 선회해 모든 것을 부인한다.

이는 요시코가 관동군을 위해 수행했다고 여겨지는 최초의 중요 임무이자 중국인들이 훗날 그녀를 처형한 이유가 되기도 했다. 따라서 그녀가 일본에 협조한 이유를 살펴보기에 좋은 출발점이라 할 수 있겠다. 요시코는 재판에서 이(당시에 그녀는 혐의를 부인했다)를 비롯한 자신의 모든 행동은 중국, 특히 만주국을 위해 그랬던 거지 일본의 목표인 중국 점령을 돕기 위한 게 아니었다고 애절하게 호소했다.

요시코는 어린 시절부터 자신을 만주인으로 생각했다. 강하게 자리 잡은 만주인으로서의 정체성은 그녀를 앞으로 나아가게 만드는 원동력이었다. 청 왕조가 몰락한 뒤 수많은 만주인이 더 이상 정부로부터 녹봉을 받을 수 없게 되었을 뿐 아니라 수 세기 동안 지배했던 땅에서 모두가 위신을 잃게 되었다. 정부의 지원에 익숙해져 있던 이들이 갑자기 탄압을 받는 신세로 전락했지만 삶을 재건할 만한 능력이나 투지가 전혀 없었다. 게다가 대다수 한족은 그들을 중국이 몰락하는 데 기여한 무지한 이국의 야만인으로 취급했으며, 장제스의 군대는 청 왕족의 무덤을 마음대로 약탈했다. 동족이 빈곤과 배척에 시달리는 것을 본 요시코는 일본이 주창하는 새로운 만주 '조국'이라는 계획에 끌렸던 것이다.

황후를 구출하는 행동 등으로 중국을 배신했다는 혐의에 대해 군이 따져본다면 요시코의 이 행동을 반역죄로 다스릴 근거가 다소 불충분했다. 중국 중앙 정부는 당시에 상당히 불안정하고 엉성한 조직이었다. 누가 혹은 무엇이 중국을 대표하는지 의견도 분분했다. 이러한 혼란 속에서 요시코는 만주 정부 수립이 중국을 위한 최선의 선택이라고 생각했다. 그녀는 아버지의 꿈을 이어받아 중국에서 파벌들을 몰아내고 청 왕조 아래 다시 한번 중국을 통일하는 자신의 모습을 그려보았을 것이다. 그리고 만주에 청 왕조를 수립하는 것이 이 큰 목표의 출발점이 될 거라 생각했을 것이다.

"훗날 중국에 어떠한 정치 조직이 생길지는 알 수 없었습니다. 저로서는 그저 저 자신이 쓸모없는 존재가 되는 걸 견딜 수 없었죠. 저는 청 왕조를 부활시키고 황제를 자금성에 다시 데리고 가 그가 베이징을 통치하고 장제스가 남쪽을 다스리게 되기를 바랐습니다. 둘이 힘을 합쳐 중국의 산업을 발전시킨다면 아무도 감히 중국을 침략하려 들지 못할 테니까요. 어릴 때부터 제 꿈은 바로 그것이었습니다." 요시코는 전쟁이 끝난 뒤 중국인 교도소장에게 이렇게 주장했다.

중국을 구하려 한 것일 뿐 일본에 협조한 게 아니라는 주장의 신 빙성을 떨어뜨리는 것은 일본이라는 나라에 대한 그녀의 복잡한 감정 때문이다. 어린 시절부터 요시코는 일본에서 들었던 인종 차별적인 언사에 분노했다. '칭크'라고 불리며 줄곧 멸시받은 그녀는 중국 태생이라는 이유로 다른 여러 측면에서도 차별을 받았다. 성인이 된 후에도 종종 일본의 인종차별주의에 불만을 표했고 절대로 배알 없는 일본의 충견이 되지는 않겠다고 다짐했다.

하지만 어린 시절을 보낸 일본에 자연스레 애착이 생기는 건 어쩔 수 없었다. 그녀는 일본의 익숙한 환경에서 편안함을 느꼈다. 요시코는 일본에 반대할 이유가 많았지만 어려움에 부딪힐 때마다 일본으로 돌아왔고 어찌 됐건 결국은 받아들여졌다. 일본에서 그녀는 중요한 인물들에게 접근할 수 있었는데, 그들은 그녀에게 아첨을 떨며 신문 1면에 실리게 해주겠다고 유혹하며 그녀를 민감한 사안에 끌어들였다.

요시코는 분명 만주를 돕고자 했고 자신을 일본의 부역자로 보지 않았다. 하지만 동정과 사람들의 관심, 그리고 돈이 필요했던 것도 분명하다. 그래서 일본 군부의 제안을 받아들일 수밖에 없었던 것으로 보인다.

*

만주에 정착한 뒤 완룽 황후에게 무슨 일이 일어났는지 조금 더 살펴보기 위해 다시 사가 히로에게로 돌아가 보자. 앞서 우리는 1937년 푸이의 동생 푸제와 결혼하기 직전 그녀의 모습까지 살펴보았다. 그 후 히로는 남편이 군사학을 공부하는 동안 도쿄 외곽의

해안가에서 평화로운 나날을 보내고 있었다. 하지만 일본이 중국을 본격 침략한 지 몇 달 후인 1937년 10월, 히로는 일본을 떠나 만주로 향한다.

창춘에서 히로가 살게 된 집은 이 새로운 왕실 부부가 겪게 된 불안한 상황을 잘 반영하고 있다. 그녀가 도착하기 전, 한 일본 신문에서는 그녀가 살게 될 집이라고 소개하며 웅장한 집의 사진을 실었고 그것을 보면서 그녀의 기대감은 부풀어 올랐다. 하지만 부부를 기다리는 집은 전혀 딴판이었다. 황급히 지어진 탓에 제대로 된 벽이나 전화, 담장도 없었다. 게다가 한때 몽골 왕이 소유하던 야생 목초지에 지어지는 바람에 노루와 야생 토끼가 무성한 풀 사이를 돌아다녔다. 주변 환경 역시 안전과는 거리가 멀었다. 그 지역에는 마적단이 자주 출몰했기 때문에 분별력 있는 사람이라면 그 거리를 돌아다니지 않았다.

만주에서 푸이 황제를 모시는 것은 일본의 황제를 모시는 거나 다름없다는 얘기를 일본 황제의 어머니에게서 들은 히로는 왕족의 행실 기준을 지키기로 마음먹었다. 그녀의 결의는 푸이를 처음 만난 날 시험대에 올랐다. 푸이는 다이아몬드, 사파이어, 에메랄드가 박힌 시계를 선물해 좋은 첫인상을 남겼다. 훌륭한 출발이었다. 하지만 히로는 형님인 완룽 황후의 모습에 깜짝 놀라고 말았다. "서른이 조금 넘었는데, 키가 170센티미터 정도에 다부진 체격이었어요. 하이힐까지 신으니 정말로 커서 올려다봐야 할 정도였죠.

꽃과 보석으로 머리를 치장하고 있었어요. 큰 눈이 정말로 도드라져 보였고 정제된 아름다움을 느낄 수 있었죠. 저는 물론 그 앞에서 고두(叩頭)의 예를 올렸어요. 무릎을 세 번 꿇고 이마를 바닥에 아홉 번 댔죠."

완룽과 히로는 달라도 너무 달랐다. 완룽이 늘 우울해했었다면 히로는 절대로 인내심을 잃지 않았고, 완룽이 활기가 없는 모습이었다면 히로는 기이할 정도로 단련된 모습이었다. 히로는 그 후에 이어진 서양식 저녁 식사 자리에서 망가진 황후의 모습에 충격을 받았다. "황후는 제 오른쪽에 앉아있었는데, 제가 보고 있는데도 계속해서 칠면조를 입에 욱여넣었어요. 왕성한 식욕에 깜짝 놀랐죠. 제가 상황을 이해 못 했다는 걸 확인시켜주려는 듯 그녀의 남동생 런퀴는 심지어 옆에 앉은 사람에게서 무례하게 초콜릿을 낚아챘어요. 그는 계속해서 게걸스럽게 초콜릿을 먹었고 모두가 그를 쳐다봤죠. 그 후 저는 황후가 아편 중독자이며 이따금 정서 불안에 시달린다는 사실을 알게 되었어요. 자신이 얼마나 먹고 있는지조차 몰랐던 거예요."

16

강력한 연줄

요시코: 어떻게 할 건가요?
다나카: 당연히 살아남아야지.
-기시다 리세이, 연극 〈최후의 보금자리, 임시 숙소〉 중에서

다나카 류키치 소령은 제2차 세계대전이 종식된 뒤 열린 도쿄 전범재판소에서 자신이 한 일은 순수한 동기에서 비롯된 것이라고 한결같이 주장했다. 이 전범재판에 그가 출석하기로 결정한 이유에 대해 온갖 추측이 난무했다. 패전국 장교인 그가 동료들에 불리한 진술을 열성적으로 쏟아냈고 그럼으로써 미 군정에 적극적으로 협조했기 때문이다. 피고 측 변호인은 한때 동료였던 이들을 파국에 이르게 할 증언을 거침없이 쏟아내는 이유를 그에게 물었다. 전시에 자신이 원했던 직책을 빼앗겨 이에 복수하기 위해, 혹은 자신이 기소되지 않기 위해 동료들에게 불리한 증언을 하는 거 아니냐는 질문에 다나카는 사실이 아니라고 말했다.

다나카는 거만한 말투로 말했다. "이 재판소에서 내가 증언하는 건 일본이 현재와 같은 운명을 맞이하게 된 이유를 내 나름대로 설명하기 위해서요. …이 나라를 올바른 길로 이끌기 위해 사람들에

게 진실을 알리고 …우리 후손들에게 진실을 알리기 위해서입니다." 훗날 다나카는 일본 황제가 전쟁에 대한 책임을 지지 않도록, 그리하여 전범으로 기소되지 않도록 증언한 것뿐이라고 주장했다.

피고 측 변호인들은 다나카의 내부자 진술이 가져올 파장을 최소화하기 위해 증인의 정신 상태에 의문을 제기했다. 한 변호사는 다나카에게 관동군의 참모장교로 활동하던 시절, 감정 조절 불가능으로 입원한 적이 있지 않냐고 물었다. 다나카는 정신에 문제가 있었던 게 아니라 '가스 중독' 때문에 입원한 것뿐이라고 대답했다. 변호사는 그렇다면 퇴직한 뒤 병원에 두 달 동안 머문 이유가 뭐였냐고 물었다. 다나카는 두 달이 아니라 46일 동안 입원해 있었으며 불면증 치료를 받은 거라고 응수했다. 그는 병원 측에서 자신이 원하는 대로 빨리 퇴원을 시켜주지 않아 뇌물까지 먹였다고 실토했다.

"그래요, 돈을 좀 썼습니다. 되도록 빨리 그 병원에서 나오고 싶었소. 극장표를 나눠주고 과일도 좀 갖다 바쳤죠." 그는 이렇게 말하면서 보다 고상한 주제에 관해 언급하는 것도 잊지 않았다. "하지만 또 다른 병, 즉 이 나라의 정세를 심각하게 걱정하느라 생긴 불안증은 치유가 되지 않습디다."

다나카는 재판에 여러 번 모습을 드러냈다. 때로는 상대를 변호하기 위해, 때로는 상대에게 불리한 증언을 하기 위해서였다. 그는 한때의 경쟁 상대를 범죄에 연루시킨 반면 여전히 친구라고 생각하는 피고는 옹호했다. 다나카는 구체적인 이름과 장소를 언급하는 매끄러운 증언 때문에 '프로 증인'이라는 비난을 사기도 했는데, 한 변호사는 "다나카가 다양한 사안에 관해 도가 지나치게 많은 것을 증언했다."고 불만을 표했다.

다나카는 피고석에 앉아있는 친구들을 잘 안다고 말하더니 그들이 유죄판결을 받도록 갖은 애를 썼다. 다나카는 일면 '행복하고 유쾌한 전사'처럼 보였지만 다나카의 입에서 나온 모든 증언으로 미루어볼 때 그는 '대단히 불행한 군인'일 뿐이었다. 다카나는 지적인 남자였지만 시기심과 야망이 지나쳤고 그로 인해 인정받고 진급하고자 하는 욕구가 지나치게 강했다. 그는 병 때문에 군대를 떠나야만 했고 자신이 원하던 자리에 다른 이가 임명된 사실을 참을 수 없어 했다.

피고 측 변호인은 다나카 소장의 전시 행위에 대해 언급함으로써 증언의 신뢰성을 깎아내리려 했다. 그는 우선 다나카의 적수이자 전시 수상이었던 도조 히데키가 전쟁 포로들을 강제 노동 수용소에 보내기로 결정한 회의에 참석한 사실을 맹세할 수 있는지 물었다. 다나카는 한 치의 망설임도 없이 그의 상관이었던 도조가 그

회의를 이끄는 역할을 했다고 증언했다. 전쟁 포로들이 받은 끔찍한 대우를 도조의 책임으로 덮어씌운 것이다. 이는 도조가 훗날 처형당한 죄목 중 하나였다.

다나카가 도조에게 유죄 혐의를 씌운 뒤부터 그를 향한 피고 측 변호사의 공격이 시작되었다.

"다나카 소장, 일본인들이 당신을 '괴물'이라고 부르는 걸 아나요?"

다나카의 변호사가 질문의 연관성에 이의를 제기하자 피고 측 변호사는 이렇게 반격했다. "제 생각에는 상당히 큰 관련이 있다고 봅니다. …여기서 증언하고 있는 이 남자는 자신이 켐페이타이[1]의 수장이었다는 사실을 인정했음에도 기소조차 되지 않았습니다. 전범재판소는 증인석에 서 있는 이 남자가 어떤 사람인지 알아야 한다고 봅니다."

다나카는 극악무도한 짓을 숱하게 저지른 일본 군대와 거리를 두기 위해 애썼다. 그는 병무국의 수장으로서 자신의 역할을 인정했지만 켐페이타이가 저지른 행위와는 아무런 관련이 없다고 주장했다. "우리는 헌병대 즉, 켐페이타이와 관련한 사안을 처리했습니다. 하지만 이 조직을 관리하거나 통제하지는 않았죠. …헌병대를 관리하고 통제하는 건 전시에 임명된 수상과 부수상의 책임이었습니다." 다나카는 자신은 그저 평범한 행정직 군인이었다고

1. 일본 육군 헌병대

말함으로써 자신의 무죄를 입증하는 동시에 전시 수상이었던 도조에게 다시 비난의 화살을 돌리고자 했다.

다나카의 말하는 방식(그는 법정에서 말할 때마다 소리를 질렀다)과 '방종하고 고약한 성격'을 보아 연합국의 법정에서 그의 동료들이 처형당하게 된 전쟁범죄 행위에 그 역시 가담했을 확률이 상당히 높았다. 다나카는 일본 군대에서 고위 직책까지 올라갔으며 오랫동안 중국에 주둔했다. 악랄한 성격을 타고난 그는 예전부터 뛰어난 전략가로 유명했다.

다나카는 일본 기자에게 한때 이렇게 말했다. "솔직히 말해 당신과 나는 중국을 보는 관점 자체가 다르오. 당신은 그들을 인간으로 보지만 나는 그들이 돼지라고 생각하오."

＊

다나카 류키치는 전쟁이 끝난 뒤 동료들에게 등을 돌린 무자비한 육군 장교가 분명했다. 동시에 그는 요시코의 인생에서 중요한 인물이기도 했다. 다나카는 요시코의 연인이자 멘토, 자금줄이었으며 요시코가 처형당하게 만든 주요 인물이기도 했다. 처음에 요시코의 관심을 끈 것은 다나카의 나약한 성격과 그에 걸맞지 않은 뛰어난 능력이었다. 이 폭력적이고 불안정한 장교는 여자를 만나면 어린애같이 기분이 오락가락했다. 욕정에 사로잡혀 자신을 비하하거나 울기까지 했다. 가와시마 요시코에게도 수년간 이러한 성향을 드러냈다. 훗날 다나카는 요시코를 제거하기 위해 암살 계획을 추진하기도 했다.

다나카는 1931년 새해 첫날 요시코의 연인이 되었다. 그의 성급한 성격은 이미 널리 알려진 상태였다. 그는 한때 유부녀와 바람이 났고 상대와 함께 호수에 뛰어들어 동반 자살을 시도한 적이 있었다. 여자는 죽었지만 다나카는 살아남았고 그의 상관이 다나카의 불륜 행각(한두 번도 아니었다)을 알게 되었다. 보통 이러한 행위를 저지를 경우 군대에서 당연히 축출해야 마땅했지만 군대에 꼭 필요한 인물이었던 터라 상관은 예외로 눈감아주었다. 군대는 신문사에 이들의 동반 자살에 대한 기사를 내보내지 말라고 명령했고 다나카는 그 후 진급을 거듭했다.

다나카의 아들이 아버지에게 직접 들은 사실을 바탕으로 다나카와 요시코의 관계를 기록한 에세이를 보면, 다나카가 상하이에서 꽃핀 그들의 로맨스를 회상하는 대목이 나온다. 동시대인들은 요시코를 향한 지나치게 열렬한 욕정 때문에 다나카가 제정신이 아니었다고 기억했지만 다나카는 자신을 차분하고 예의 바른 구애자로 보았다. 초반에 접근을 시도한 건 요시코였다. 요시코다운 방식으로 꽤나 에로틱한 접근을 시도했는데, 다나카는 왕족답게 조신하게 처신하라고 말하며 그녀를 거부했다. 그 후에도 요시코는 그를 꼬드겨 돈을 뜯어내고 거처를 마련해달라고 조르기도 했으며 점점 더 노골적으로 그를 유혹했다. 그러던 어느 날 다나카는 무도회장에서 우연히 요시코와 마주쳤다. 요시코는 자신을 이렇게 매정하게 대한 남자는 없었다며 그의 냉정한 태도를 비난했다. 하지만 다나카의 차가운 태도에도 요시코는 그를 잊지 못했다.

계속되는 집중공격에 마음이 약해진 다나카는 결국 요시코가 예약해 놓은 카사이 호텔 방으로 그녀와 동행했고 그날 이후로 다나카는 요시코에게 집착하게 된다. 이러한 사실은 다나카의 아들이 쓴 책도 잘 나와 있다. "그 이후로 상하이에 주둔해있는 동안 요시코는 그에게 사적으로도 공적으로도 꼭 필요한 존재가 되었다. 이 시기에 요시코는 그에게 중요한 인물이 되었으며 다나카는 한시라도 요시코에 대한 생각에서 벗어날 수 없었다."

이 진술은 어느 정도 사실이지만 이들의 제휴가 지닌 진짜 속성을 제대로 전달하지는 못한다. 당시 중국에서 풍미한 기상천외한 로맨스에 대해 누구보다도 익숙해있던 무라마쓰 쇼후마저도 이 둘의 관계를 알고는 경악했을 뿐만 아니라 그들과 연루될 경우 자신도 위험해지지 않을까 두려웠다. 어느 정도 윤색은 되었겠으나, 쇼후는 다나카와 요시코의 연애를 이렇게 평가했다. "다나카의 첫인상은 내가 상상한 모습과는 사뭇 달랐다. 다른 이들에게서 들은 얘기를 바탕으로 나는 훌륭한 군인의 모습을 머릿속에 그렸었다. 하지만 실제로 본 그는 정반대였다. 넙데데한 이마에 토실토실한 뺨과 들창코가 눈에 띄었으며 그 정도 나이의 남자라면 으레 그렇듯 고독한 느낌을 풍겼다. 그는 거만했으며 아무것도 두려워하지 않는 것 같았다."

이러한 첫인상은 얼마 안 가 요시코가 방으로 들어오면서 순식간에 바뀌고 말았다. 쇼후는 이렇게 적고 있다. "요시코는 다나카에게 건방지고 무례하게 굴었다. 주인이 하인을 다루듯…. 그는 이 여주인이 무슨 말을 하든, 연신 네 네 거렸다." 군대는 다나카의 능력을 높이 샀지만 "그의 머릿속에는 무언가 큰 것이 결여되어 있었다."고 쇼후는 기록했다.

쇼후가 더욱 놀랐던 사건은 또 있었다. 요시코가 다나카에게 불같이 화를 내는 장면을 목격한 것이다. 다나카가 사람들 앞에서 자신이 요시코를 지원하고 있고 요시코가 군대를 위해 하는 일은 아무것도 없으며 자신의 재정지원이 없으면 내일 당장 길바닥에 나앉을 거라고 으스대며 말하자 요시코가 격노한 것이다. 쇼후가 전했다. "요시코의 목소리는 쩌렁쩌렁 울렸어요. 분노로 가득 차 있었죠. 도대체 이 여성의 목 어디에서 그런 소리가 나오는지 의아했죠. …요시코의 얼굴은 작약만큼이나 붉어졌어요."

요시코는 다나카에게 자신을 모욕한 것에 대해 사과하라고 명령했고 그는 그 말에 즉시 복종했다. 다나카는 무릎을 꿇고 용서를 빌었다. 믿을 수 없다는 듯 이 광경을 바라보던 쇼후는 이런 행동이 다나카의 성도착증에서 비롯되었다고 치부할 수밖에 없었다.

*

요시코는 황후를 성공적으로 이송시킨 뒤 새로운 직업을 얻었다고 자신 있게 선언했다. 하지만 실제로 그녀가 맡은 업무가 무엇인지 불분명했으며 요시코를 고용한 사람과 요시코는 그녀의 직무에 대해 각기 생각이 달랐다. 요시코는 당연히 자신이 해방자이며 만주의 부흥과 번영 그리고 모든 소작농의 행복을 위한 과업을 맡았다고 주장했다. 하지만 일본 군대는 요시코를 대중 앞에 내세우기 위한 왕족 출신의 얼굴마담 정도로 생각했다. 요시코야말로 자신들이 자행하고 있는 끔찍한 만행에서 대중의 이목을 돌릴 수 있는 대상이자 자기들이 만주국 편이라는 증거로서 내세울 수 있는 매력적인 수단이었다.

다나카의 아들은 요시코가 처형된(다나카의 증언 탓에 수많은 다나카의 군대 동료 역시 같은 길을 밟았다) 뒤 몇 년간 아버지의 회고담을 기록했는데, 훗날 변절자이자 미치광이 취급을 받은 다나카는 세간에 퍼진 악명에 괴로워하다 정신병에 걸렸고 자살을 시도했다고 한다. 그의 아들은 재판이 있고 난 뒤 20년 동안 아버지가 끔찍한 시간을 보냈고 세상 사람들에게서 잊힌 채 '비극적인' 죽음을 맞이했다고 말한다.

다나카는 재판소에서 증언한 이후 고통받았을 것이다. 기자들에게 괴롭힘을 당하고 자신을 비난하는 이들 때문에 정신적으로 힘든 시간을 보냈을 것이다. 하지만 다나카에게 동정심을 베풀기란 쉽지 않다. 요시코와 함께한 시간에 대한 그의 진술을 읽고 나면 더욱 그렇다. 다나카는 요시코의 사랑을 받지는 못했지만 의기양양한 태도로 당시를 회상한 데에는 나름대로 이유가 있었다. 특히 다나카는 당시 그들이 처한 상황이 다르다는 사실에 자못 흐뭇해했다. 자신은 전쟁의 승리자였다. 그는 살아남았고 요시코는 죽었다. 승리감에 도취한 다나카는 한때 연인이었던 요시코에게 닥친 불운을 우쭐한 태도로 회상했다.

요시코가 1932년 상하이사변에 가담했는지 여부와 관련된 구체적인 정보는 다나카의 회고록에서밖에 찾아볼 수 없다. 상대를 쉽게 배신하는 데다 신경 쇠약에 걸린 사람이 전하는 이기적인 진술을 곧이곧대로 받아들일 수만은 없을 것이다. 게다가 이 진술은 안 좋게 끝난 연애에서 살아남은 쪽의 입장만을 담고 있다는 사실도 잊지 말아야 한다.

그러나 상하이사변에 관한 다나카의 진술을 어떻게 받아들이든 요시코의 동조자들조차 그의 진술을 전면적으로 반박하지는 못한다. 어떻게 해서든 요시코의 행위를 옹호하려는 전기 작가 가미사카 후유코는 이 유혈 사태에 요시코가 가담했다는 사실에 괴로워한다. "요시코는 전체 상황을 이해하기도 전에 다른 이들에게 조종당했고 궁지에 몰렸어요. 물론 이 모든 것은 그녀의 어리석음 때문이겠죠." 가미사카는 요시코를 자신의 결정에 책임질 수 없는 나약한 여성으로 다시 몰아간다. "하지만 누구에게 책임이 있는지 자세히 들여다보면, 이 무지막지한 책략에 요시코를 조종하여 끌어들인 사람들을 비난해야 마땅한 게 아닐까요?"

다나카의 아들은 아버지는 "요시코에게 집을 사줬고 둘을 위한 사랑의 둥지를 틀었다."고 기록했다. 하지만 다나카는 상하이 주재 일본 공사관에서 보조 육군 무관으로 일하고 있었으며 "자신의 주요 직무를 잊지 않았다." 즉 다나카는 요시코가 일본 군대에 도움이 될 거라고 보았다. "다나카는 요시코와 살면서 그녀의 성격을 알게 되었고 요시코가 정보를 수집하는 능력이 뛰어나다는 사실을 깨달아 요시코를 자신의 임무에 이용했다." 다나카는 요시코를 중국 학교에 입학시켜 영어 공부를 하게 만들었고 요시코가 이미 중국어는 어느 정도 알았기 때문에 그녀가 두 언어를 이용해 저명한 인사들을 염탐하도록 했다. "결국 다나카는 요시코를 진정한 스파이로 만들려고 갖은 노력을 다했다. 다나카의 노력은 대성공이었다. 요시코는 다나카의 유용한 조수가 되었고 그의 명령을 따랐다."

물론 이 임무는 요시코 개인의 철학과도 잘 맞아떨어졌다. 다나카의 아들은 이렇게 전한다. "요시코는 옛 청 왕조 부활에 일조한다는 데 늘 자부심을 느꼈다. 청 왕조의 몰락을 슬퍼했던 요시코는 일본의 도움으로 청 왕조를 부활시키겠다고 다짐했다. 이 명분을 위해 자신의 삶을 희생한 것을 추호도 후회하지 않는다고 했다." 다나카는 요시코를 만주로 보냈고 그곳에서 요시코는 이타가키 세이시로 참모장교의 지령을 받았다. 관동군의 만주 침략을 계획한 인물 중 한 명이었다. 다나카는 "요시코는 타고난 스파이"라며 자신의 뛰어난 판단력에 다시 한번 우쭐해 한다.

요시코는 상하이 무도회장에 계속 모습을 드러내기도 했다. 그곳에서는 그녀가 직업 무용수로 일한다는 소문이 나돌았다. 요시코는 돈을 받고 춤을 추었다는 의혹은 부인했지만 남자 역할을 맡아 춤추는 것으로 유명했고 상하이 왈츠 대회에서 1등을 차지하기도 했다. 요시코의 남성 복장과 특이취향을 즐겨 글감으로 삼았던 쇼후는 요시코가 "남자 역할을 맡아 춤을 추는 데 능숙했다"며 "아무도 흉내 낼 수 없는 그녀만의 독특한 춤사위와 리듬감, 현란한 몸짓"을 칭송한다. 쇼후는 그러나 요시코의 남성적인 행동이 그저 대중의 관심을 끌기 위한 술책에 지나지 않는다고 말한다.

훗날 요시코 역시 자신이 성적 매력과 춤 솜씨를 이용해 중국의 유명인사들로부터 정보를 빼내려고 했다는 사실을 전면 부인했다. 하지만 전기 작가 사미사카는 《남장미인》의 한 대목을 가리키며 요시코의 행동은 의도된 것이 분명하다고 주장한다. 온갖 비난을 무릅쓰고 청나라 공주 신분에 걸맞지 않게 무도회장에서 춤을 춘 것은 특별한 목적이 있어서였지 그저 춤 솜씨를 갈고닦기 위해 무대에 선 게 아니라고 말한다.

청 왕족을 운운하는 건 청 왕조가 존재할 때나 의미가 있죠. 이제 우리 같은 사람은 사회에서 외면당하고 권력을 쥔 이들에게 일반인들보다 더 큰 탄압을 받고 있어요. 우리는 이리저리 치이는 신세나 마찬가지예요. 우리가 기댈 수 있는

게 왕족이었다는 자부심뿐이라면 정말로 한심하지 않겠어
요? 이러한 태도는 비웃음만 사겠죠. 저는 하찮은 여자일
뿐이에요. 하지만 청 왕조의 부활을 위해서라면 미약하나마
온 힘을 다해 도울 거예요.

*

전쟁이 끝난 뒤 다나카는 자신이 상하이사변을 주도했다고 자
랑스럽게 말했다. 그의 계략 때문에 수천 명이 목숨을 잃었지만 후
회하는 기색은 전혀 없었다. 다나카는 상하이에서 폭동을 조장한
것은 만주에서 수행할 더 큰 계획을 위해 시선을 돌리기 위한 수단
이었다고 설명했다. 관동군은 하얼빈을 시작으로 점령지역을 확
대해갔으며 만주국이라 칭한 괴뢰 독립국 수립과 지배를 획책했
다. 한때 국제적인 지탄을 받은 관동군은 전 세계의 이목을 다른
곳으로 돌리기 위해 다나카에게 상하이에서 폭동을 일으킬 것을
명령했다.

1932년 1월 10일, 이타가키 참모장교는 다나카에게 장문의 전
보와 함께 2만 엔을 보냈다. 중일 관계를 더욱 악화시킬 음모를 꾸
미는 데 쓸 자금이었다. 당시의 상황을 목격한 일본인은 이렇게 말
했다. "만주사변이 미친 영향을 생각해보세요. 중국인들은 분노했
고 중국 내 반일본 정서가 극에 달했죠. 중국 국경이 찬탈당한 건
물론이고 중국이라는 나라 전체가 능욕당했으니까요." 중국 학생
과 노동자들은 일본 제국주의에 반대하는 시위를 벌였고 일본 제

품 불매운동을 벌였다. "그렇기는 했지만 상하이에 살던 일본인들이 신체적인 위험에 처하진 않았었죠."

다나카는 폭력을 조장하기 위한 임무에 즉시 착수했다. 그는 이타가키에게 받은 돈에서 절반을 떼어내 요시코에게 주었고 요시코는 산유 수건 회사에서 일하던 중국 노동자들에게 접근해 소란을 일으키도록 배후조종했다.

1월 18일, 일본 수도승 한 무리가 공장 근처 거리를 걷고 있었다. 그들은 북을 치면서 경전을 읊조렸다. 일본인 목격자가 이렇게 말했다. "말했다시피 당시에 상하이에 살던 중국인들은 상당히 화가 난 상태였어요. 반일본 정서가 극에 치닫고 있었죠. 그러한 상황에서 일본 수도승들이 상하이 거리를 걸으며 북을 치면서 호전적인 분위기를 조성했던 거예요. 중국에서는 그러한 일이 극히 드물었어요. 중국 수도승들은 아주 조용하거든요. …중국인들은 그걸 도발 행위로 생각한 것 같아요."

요시코의 지령을 받은 중국인 노동자들이 일본 수도승을 공격했다. 한 명이 사망하고 두 명이 크게 다쳤다. "너무 갑자기 발생한 일이었어요. 얼마 안 가 중국인과 일본인 사이에서 싸움이 벌어졌죠."

얼마 지나지 않아 양측이 서로를 비난하며 보복 공격을 감행했다. 요시코의 사주를 받은 일본 젊은이들이 중국 수건 공장의 저장 창고에 불을 질렀다. 상하이에 거주하던 일본인들은 이미 반일본

행위와 관련해 중국 정부에 반감을 표한 바 있었다. 그들은 일본 상품 불매운동과 그들을 중국에서 몰아내려는 시도에 불만을 표했으며 일본 수도승을 공격한 중국인들을 엄중 처벌할 것을 요구했다. 얼마 안 가 일본 군함이 상하이 항구에 모습을 드러냈고 이로써 상하이에 주둔하던 일본 군대는 전력을 더욱 강화했다.

상하이 시장은 결국 일본의 요구를 들어주었지만 일본 군대는 항공과 육상을 통해 중국인 거주지역에 대대적인 공격을 감행했다. 일본 군대는 중국인이 먼저 도발했다며 상하이에 거주하는 일본인을 보호하는 차원에서 반격할 수밖에 없다고 했다. 한 기자는 이렇게 전했다. "피난민들의 말에 따르면 차베이에 거주하는 중국인 20만 명 중 대다수가 공격당했으며 사망자 수는 수천 명에 달한다고 한다." 유혈이 낭자한 이 싸움에서 중국 정부는 놀라울 정도로 효율적으로 맞서 싸웠다. 하지만 일본군은 곧 추가 병력을 요청했고 결국 9만에 달하는 병력을 투입한 끝에 승리를 거두었다.

다나카는 이 험악한 전쟁에서 일본이 승리하는 데 기여한 요시코의 공로를 높이 평가했다. 다나카의 아들은 이렇게 말한다. "이 치열한 전쟁 상황에서 요시코는 다나카의 지시를 따랐으며 아주 용감하게 행동했다. 다나카는 요시코의 능력에 감탄하기도 했다. …요시코가 수행한 일은 신문에 보도되지 않았지만 그녀는 막후에서 다양한 계획을 수행했다." 요시코를 작전 곳곳에 투입한 다나카는 그녀가 중국 측 정보를 캐내는 데 꼭 필요한 존재였다고 말한다. 전쟁에서는 상대의 다음 수순에 대한 최신 정보를 입수하는 일이 매우 중요하다. 다나카의 주장에 따르면 요시코는 혼자서 중국 군사 시설에 몰래 잠입해 중국 군대의 군비 상황을 파악한 뒤 이를 일본 장교에게 알려줬다고 한다. 요시코는 당시 국민당 정권의 고위 인물인 쑨 얏센(쑨원)의 아들 쑨커와 친한 사이이기도 했다. 쑨커는 요시코에게 일급 정보를 누설했고 요시코는 일본 군사령부에 이 정보를 넘겼다.

휴전이 선언되고 전쟁이 끝나자 다나카는 자신이 달성한 성과에 대단히 만족스러워했다. 그의 아들은 이렇게 기록하고 있다.

참모장교 이타가키의 명령하에, 만주에 주둔하던 관동군은 강대국의 이목이 상하이에 집중된 상황을 이용해 만주 독립국을 수립하기 위한 절차를 성공적으로 진행했다. 그리하여 만주 독립국이 수립되었다는 선언서가 발표되었다. …다나카는 자신의 임무를 달성한 것이다. 그가 이 임무를 수행하는 데 큰 역할을 한 용감무쌍한 가와시마 요시코는 이 같은 활동 덕에 '동양의 마타 하리'로 후세에 알려졌고 일본 군대에서뿐만 아니라 전 세계적으로 명성을 떨쳤다.

요시코가 일본 군대에 협조했다는 이 같은 진술이 사실인지는 확인할 길이 없다. 다나카는 요시코가 이 임무에 기여한 바를 과장하는 한편 둘의 관계에 대해서는 철저히 사무적인 측면만을 강조한다. 전쟁이 끝난 뒤 다나카는 자신이 이 매력적이고 유명한 여성을 지원했다며 생색을 내기도 했다.

다나카를 의심하는 이들은 세상 누구든 쉽게 알아볼 수 있는 유명인 요시코가 애초에 어떻게 그렇게 비밀스러운 공작에 가담할 수 있었는지 의문을 표한다. 요시코의 중국어 실력 역시 논쟁 대상이다. 요시코가 수행했다고 다나카가 주장하는 수많은 업적을 달성하려면 유창한 중국어 실력이 필수인데, 요시코는 그렇지 못했다.

하지만 상하이사변 이후 더욱 두드러진 요시코의 거만한 행동과 낭비벽은 일본 군대에 협조한 뒤 받은 보상으로 그녀의 재정 형편이 크게 개선되었음을 시사한다. 신문들은 요시코에 대한 기사를 쓸 때 전보다 더 예의를 갖추었고 더 이상 그녀의 성적인 행각에 초점을 맞추지 않았다.

사실 훗날 법정에서 요시코에게 덧붙여진 여러 가지 혐의 가운데 가장 신빙성 있어 보이는 것이 바로 상하이사변 당시 폭력을 조장한 혐의다. 이 임무는 노동자들이 쉽게 알아볼 만한 인지도와 기본적인 중국어 실력과 연줄, 충성심, 말재주, 체력만 있으면 가능한 일이었다. 요시코가 충족할 수 있을 만한 역량들이었다. 게다가 요시코의 오빠 셴리는 수많은 희생자를 낸 상하이사변에 요시코가 책임이 있다는 것을 보여주는 결정적인 증거를 내놓기도 했다.

"훗날 셴리는 요시코가 그에게 산유 수건 회사 직원들을 소개해 줬다고 했다. 이는 요시코가 이 폭거에서 중요한 역할을 맡았다는 사실을 간접적으로 입증해준다. 변명의 여지가 없어 보인다."

17
영향력 있는 여인

우리가 달콤한 포도를 빨아 먹고 싱싱한 대추를 베어 물고 과즙이 넘치
는 오렌지를 벗기는 동안 공주는 자신의 모험적인 생애에 관한 기이한
이야기를 들려주었다. 이따금 탁자 주위에 둘러앉은 가족의 도움을 받
아 공주는 영어로 자신의 이야기를 전했다. 실화라고 했지만 소설보다도
해괴하게 들렸다.

-월라 로우 우즈(《진 공주, 동양의 잔 다르크》 저자)

무라마쓰 쇼후는 이 시기의 요시코에 관한 기록을 남겼다. 1932
년 봄, 상하이에서 전쟁이 거의 끝나갈 무렵이었다. 바로 이때 쇼
후는 《남장미인》을 집필하기 위한 자료 조사차 상하이로 갔다. 쇼
후는 소설 속 여주인공으로 삼을 여성에 대한 배경 지식을 얻기 위
해 상하이에 두 달을 머물며 요시코의 일상을 자세히 관찰했다.

쇼후는 특히 당시 요시코의 사생활에 대해 상세히 묘사할 수 있
었는데, 요시코가 그에게 자신의 집에 머물며 자신과 같은 방에서
자야 한다고 고집을 부렸기 때문이었다. 쇼후는 이렇게 기억했다.
"방 안에는 양쪽으로 침대 두 개가 있었다. 하나는 아주 크고 화려
한 침대로 베개 옆에 서양식 탁자가 놓여 있었다. 다른 하나는 평

범하고 작은 침대였다. 도착한 날부터 나는 이 호화로운 침대에서 잤고 요시코는 작은 침대에서 잤다." 쇼후는 요시코를 '그'라고 칭하며 그녀의 남성성을 다시 한번 강조한다.

평소에는 그가 화려한 침대에서 자고 평범한 침대는 몸종이 쓰던 거라 짐작했다. 나머지 하인들은 2층에서 잤던 것 같다. 두 침대 사이의 간격은 180센티미터 정도 되었다. 방 안에는 우리 둘뿐이었으므로 우리는 각자 침대에 나란히 누워서 잤다.

나는 요시코의 대담하고 무모한 행동에 당황했고 어떻게 해야 할지 난감했다. 다나카 중령(그는 전쟁이 끝난 뒤 진급했다)과 요시코의 관계는 모두가 알고 있었다. …중령이 똑똑한 사람이란 느낌은 들지 않았다. 오히려 다소 광기가 있는 사람이라 생각했다. 만약 우리 사이에 삼각관계가 형성되면 나는 위험에 처할 것이다. …나는 이 대단한 여성이 얼마나 끔찍한 일을 저지를 수 있는지 잘 알고 있었다. 자제력을 잃지 않기 위해 애쓰느라 다소 힘겨웠지만 이번만큼은 그래야 했다.

쇼후의 주장에 따르면 요시코는 쇼후에게 거절당한 것을 절대로 잊지 않았고 복수하기 위해 몇 년 후 '그'를 독살하려 했다고 한다. 쇼후는 요시코와 같은 방에서 지낼 때 최대한 사무적인 관계를 유지하려고 노력했다. 그는 다나카 류키치 중령의 질투 어린 분노를 늘 두려워했다.

요시코는 밤마다 상하이 무도회장에 갔다. 그때마다 동행한 쇼후는 요시코의 열정을 따라가지 못해 금세 지쳤고 요시코가 그곳에서 쓰는 어마어마한 돈에 깜짝 놀랐다. "우리는 매일 밤, 늦은 저녁을 먹은 뒤 하인을 대동한 채 카바레에 갔다. 요시코는 10위안짜리 지폐를 한 뭉치씩 갖고 다녔다. 꽤 두툼했다. 그는 돈을 세지 않았다. 매니저와 종업원, 무용수에게 팁을 줄 때는 액수를 헤아리지 않고 잡히는 대로 주었다. 돈을 그렇게 쓰는 사람은 처음 봤다. 그는 가는 곳마다 큰 소동을 일으키곤 했다." 쇼후는 이 엄청난 자금이 도대체 어디에서 나오는지 늘 궁금했는데, 결국 다나카를 통해 건네지는 일본 군대의 자금이 그 출처일 거라고 결론 내렸다.

요시코는 새벽 한두 시가 되어서야 무도회장을 나섰고 정오가 되어서야 '월광 소나타'나 재즈 연주 소리에 잠에서 깼다. "내가 옷을 입고 담배를 피우고 있으면 요시코가 일어나서 잠옷을 입은 채 나에게 왔다. 잘 자고 일어나 그런지 얼굴이 꽃잎처럼 빛났다."

낮에는 수많은 방문객으로 응접실이 북적였다. 그렇게 많은 사람이 왜 요시코를 방문하는지, 도대체 요시코가 그들에게 어떠한 조언을 해주는지 쇼후는 알 수 없었다. 당시에 그녀의 활동을 기록한 공식 문서가 없었기 때문이었다. 게다가 요시코도 설명하기를 거부했다. 어쩌면 신비스러운 수수께끼로 남아 쇼후를 후끈 달아오르게 하려는 전략을 택했는지도 모른다. 아무튼 쇼후가 보기에 요시코는 사교 사업가와 정치적 해결사 사이쯤으로 자신의 위치를 정한 것 같았다. 왕족 신분과 이로 인한 정치적인 영향력이 이 새로운 역할을 정당화해주었다.

쇼후는 요시코가 일본을 위해 첩보 활동을 한 게 틀림없다고 생각했다. 다나카로부터 관련 증거를 제공받은 후 이를 더욱 확신하게 되었다. "중령은 이 비밀문서를 왜 나에게 준 것일까?" 쇼후는 의아했다. "비밀문서 중에는 '가와시마 보고서'도 있었다. 특종 기삿감인 이 보고서는 전부 체계적으로 철해져 있었다. 중령은 요시코의 광범위한 활동을 입증하기 위해 나에게 이 문서를 보여주었다."

그럼에도 불구하고 쇼후는 이 비밀 정보가 곧이곧대로 믿을 만하다고 생각하진 않았다. "'가와시마 보고서'가 담긴 이 일급비밀이 미야케자카에 위치한 일본군 참모 본부에 불쑥 배달되었다. 하지만 보고서는 수상쩍은 진술을 많이 포함하고 있었다." 이 보고서의 질이 어떠했든, 상하이사변 이후에도 요시코는 중국 영토 침탈을 끊임없이 획책하던 일본 군대에 없어서는 안 되는 존재였던 것만은 확실하다. 그들은 요시코를 언제든 이용할 수 있는 유용한 홍보 수단으로 여겼다. 쇼후는 덧붙였다. '요시코는 항상 일본군이 원하는 것을 주었다.'

쇼후의 《남장미인》은 주인공의 허풍스러운 모험담들로 가득하지만 비교적 평범한 일화도 있다. 남자 말투에 턱시도를 즐겨 입는 과거 청나라 공주에 관한 소설치고는 평범한 일화라 하겠다. 여주인공의 몸종 슐리안에 대한 이야기다. 이 부분만큼은 쇼후 자신이 요시코의 집에 사는 동안 직접 목격한 사건을 바탕으로 쓴 진짜 이야기라고 훗날 고백했다.

슐리안(쇼후는 소설에서 그녀의 진짜 이름을 사용했다)은 중국인 소녀로 그녀의 가족은 수년간 왕실 가족을 모셨다. 슐리안의 의붓어머니가 슐리안을 기생집에 팔았을 때 쇼후의 소설 속 여주인공은 슐리안을 그곳에서 구출해 자신의 상하이 집에 데리고 와 일하게 했다. 하지만 주인에게 극진했던 슐리안은 어느 날 겁탈당한 뒤 스스로 목숨을 끊는다.

슐리안의 죽음에 슬퍼한 여주인공은 어린 몸종의 자살에 책임감을 느낀다. 그녀는 "내가 슐리안을 죽였다."며 며칠 동안 통곡한다. 슐리안은 주인의 집에서 1년 넘게 살았지만 읽고 쓰기를 배운적이 없었다. 여주인공은 슐리안에게 늘 한 가지만을 가르쳤다. 반드시 순결을 지켜야 한다고.

"여자는 정조를 지켜야 한다. 여자가 결혼 전에 순결을 잃을 경우 아무짝에도 쓸모없어진다. 누더기나 휴짓조각보다도 가치가 없으며 쓰레기 더미 속 오물이나 다름없다. 순결을 지키고 진정으로 사랑하는 남자에게 순백의 몸과 정신을 바치는 게 여성의 책무다."

슐리안은 그러한 가르침을 새겨들었던 터라 능욕을 당한 뒤에 아편을 삼켜 스스로 목숨을 끊어버렸다.

전기 작가 테라오 사호는 소설 속 여주인공뿐만 아니라 실제 요시코가 자주 강조한 '여성은 정조를 지켜야 한다'는 발언이 상당히 중요한 의미를 지닌다고 본다. 테라오는 물리적 폭력에 대한 요시코의 두려움은 그녀가 가와시마 나니와의 집에서 직접 겪은 폭력의 또 다른 증거라고 생각한다. "가와시마 요시코는 여성의 정조를 지나치게 강조했습니다. 나니와가 그녀에게 저지른 짓을 반영한다고밖에 할 수 없죠."

*

그로부터 7년 후, 다른 방문객이 요시코의 집을 찾았다. 워싱턴주의 위냇치에서 온 대학생, 윌라 로우 우즈였다. 그녀는 요시코의 집을 방문한 최초의 미국인으로 교환학생 프로그램차 중국을 방문했다. 스무 살밖에 되지 않았던 우즈는 중국에 대해 아는 게 전혀 없었지만 훗날 노년의 나이에 스키 점프를 하고 산에 오르는 등 모험심이 강한 여성이었다. 그녀는 배에서 만난 새로운 친구와 함께 요시코를 방문했는데 공주로부터 더 머물다 가라는 요청을 받게 된다.

우즈는 이렇게 기록했다. "공주는 며칠 더 머물다 가라고 했다. 나는 그녀의 즉흥적인 환대에 못 이겨서라기보다는 왕족 출신의 이 독특한 유명인의 이야기와 그녀의 집에 대해 알고 싶은 마음에 그 요청을 받아들였다."

요시코는 그 후 며칠 동안 새로운 미국 친구에게 자신의 인생 이야기를 들려주었다. 우즈는 자신의 저서 《진 공주, 동양의 잔 다르크》에서 공주와의 만남을 전하고 있는데, 유명인사에게 푹 빠진 우즈의 기록은 전기 작가들에게 좌절을 안겨주었으리라. 요시코는 우즈에게 이야기를 전하면서 사실을 지나치게 왜곡했다. 뻔뻔하게도 요시코의 입에서는 거짓말이 술술 흘러나왔다. 그녀는 자신이 중국 마지막 황제의 딸이며 '자신을 죽이기 위해 일본으로 온 중국 혁명주의자들에게서 도망치기 위해 남자로 위장'했다고 했다. 또한 상하이사변에서 세 번이나 총상을 입었으며 '사망 판정 이후에 기적적으로 살아났다.'고 했다. 부모님은 1911년 신해혁명 당시 사망했고 오빠들은 익사했거나 독살당했거나 칼에 찔려 죽었다고 했다. 요시코는 자신이 비행기 조종사이며 권총과 소총을 잘 다루고 잡지 기사를 즐겨 쓰고 악기 연주, 바느질, 그림 그리기, 작곡에도 능하다고 말했다. 부름을 받으면 중국의 지도자가 될 준비도 되어 있다고 했다.

"현재 난징 정부는 체계적이지 못합니다. 변화의 물결이 일면 누군가는 공백을 메워야 합니다. 저 말고 누가 그럴 수 있겠습니까?"

요시코에게 푹 빠진 우즈는 현실과 환상을 구분할 만한 능력은 없었으나 두 눈으로 똑똑히 본 사실만큼은 정확히 묘사할 수 있었다. 쇼후처럼 우즈는 끊이지 않는 방문객에 깜짝 놀랐다. 사실 요시코의 응접실이 늘 북적대던 건 그리 놀랄 만한 일이 아니었다. 당시에 중국에는 수많은 파벌이 대치 중이었기 때문에 그러한 환경에서는 정치적인 영향력이 있는 유력인사와 잘 지낼 필요가 있었다.

우즈는 '작은 일본 소녀'인 치즈코도 만났다. 치즈코는 영어로 자신을 소개한 뒤 상차림이 검소한 이유를 설명했다. "이곳 식사는 전부 중국식이에요. …보시다시피 우리는 군사들을 위해 돈을 아끼고 있어요. …그래서 끼니마다 3개의 음식밖에 먹지 못하죠." 우즈는 혼란스러웠다. "화려한 집에 일본 하인들까지 거느린 중국 공주가 군사들을 위해 돈을 절약하고 있다니!"

요시코는 이러한 궁금증을 해소해주기는커녕 혼란을 키웠다. "당신들을 식당까지 안내한 치즈코는 제 '동생'입니다. 도쿄에 살고 있는 유명인사인 부모 곁을 떠나 제 옆에 머물고 있죠."

치즈코는 1931년에 요시코의 집에 들어왔으며 상황에 따라 요시코의 동생이나 비서, 친구로 불렸다. 치즈코는 요시코에게 한없이 헌신적이었고 요시코 역시 치즈코를 비슷한 감정으로 대했다.

"저는 항상 외로워요. 집이라 부를 곳도 없고 부모님도 없죠. 치즈코는 저에게 큰 위안이 돼주죠. 기댈 수 있는 유일한 사람이에요." 하지만 어떤 때에는 치즈코를 '내 아름다운 아내'라고 부르며 그녀와 함께 결혼사진처럼 보이는 사진을 찍기도 했다. 치즈코는 기모노

나니와, 렌코, 요시코, 치즈코   호카리 카시오 제공

를 입고 요시코는 일본 남성용 정식 예복을 입은 모습이었다.

치즈코 역시 지극정성인 아내처럼 요시코의 고된 일정과 나쁜 식습관을 걱정했다. "요시코는 열하에 갔을 때 수수와 옥수수만 먹으며 지나치게 많은 활동을 했죠. 결국 건강이 안 좋아졌고 신쿄[창춘]에 돌아왔을 때는 한 달 반 동안 침대에 누워있어야 했어요."

이러한 진술에서도 알 수 있듯 이 두 여성은 서로를 향한 애정을 비밀로 하지 않았다. 둘 사이의 관계는 확실히 깊은 우정을 넘어서는 것 같아 보이지만 그들이 얼마나 깊은 사이였는지는 아무도 알 수 없다.

우즈는 공주를 괴로운 상황으로 몰고 간 전쟁에 대해 이렇게 썼다. "1931년 만주사변이 발발했을 때 진 공주는 얼마나 큰 딜레마에 빠졌겠는가? 그녀가 입양된 나라 일본이 그녀가 태어난 나라 중국과 전쟁 중이었다. 요시코는 '둘 다 돕고 싶다.'고 말했다."

요시코는 우즈에게 자신의 충성심에 대해서도 너무 드러내놓고 말했다. 자칫 위험할 수도 있는 주제에 대해 너무 직설적으로 말해버리는 경솔한 언어습관 때문에 요시코는 훗날 처형을 면치 못하게 된다. 우즈는 친족의 죽음에 관해 요시코가 날조한 이야기를 넌지시 전한다. "공주는 부모가 어떠한 취급을 당했는지, 오빠들이 어떻게 죽었는지 잊을 수가 없었고 결국 일본 친구들과 손을 잡기로 결심했다."

요시코는 자신을 향한 일본인들의 전폭적인 지지를 떠올린 듯, 우즈에게 다시 이렇게 말했다. "일본인들은 저에게 아주 친절해요. 하지만 그들이 만주국에 저지른 일은 별로 마음에 들지 않아요. 그들에게 전 대놓고 말하죠. 그래도 설마 나를 쏘아 죽이진 않을 거예요."

*

일본인이 그녀에게 총부리를 겨눌지도 모른다는 말은 전혀 가능성 없는 황당한 얘기는 아니었다. 요시코로서는 중국이 혼란에 빠졌을 때 자신이 중국을 위해 용감하게 나섰기 때문에 그런 살해 위협을 받고 있다고 생각하고 싶었겠지만 요시코의 신변을 위협하는 것은 정작 가까운 곳에 있었다. 비정상적인 욕정을 드러내는 건 늘 다나카 쪽이었지만 요시코 역시 그를 마음대로 조종하고 그의 돈을 쓰는 것을 즐겼다. 그들의 관계는 대중에게도 그의 상관에게도 공공연한 비밀이었다. 다나카가 그들의 관계를 떠벌리고 다녔기 때문이었다. 하지만 결국 다나카마저도 요시코가 위험한 존재라는 사실을 깨닫게 되었다.

다나카의 아들은 이렇게 말한다. "요시코는 성공과 명성에 중독되었습니다. 그녀는 머릿속에 떠오른 생각을 바로 실천에 옮기는 사람이었죠. 요시코는 더욱 고집스러워졌고 다나카 류키치와의 관계는 더욱 소원해졌습니다. 그는 요시코에게 수차례 경고했죠. 그녀가 수많은 업적을 달성하기는 했지만 이렇게 방탕한 생활을 계속하다가는 미래가 없을 거라고. 요시코는 다나카의 충고를 받아들이기는커녕 그에게 욕설을 퍼부었습니다."

다나카는 요시코와의 관계를 끝내야 한다는 것을 알았지만 쉽지 않은 일이었다. "애초에 요시코는 다나카를 사랑하지 않았습니다." 그의 군 동료는 수년 후 이렇게 말했다. "요시코는 성욕을 채우기 위해, 호기심을 충족시키기 위해, 그리고 그의 돈을 사용하기 위해 다나카 곁에 머물렀죠. 요시코와 조금이라도 엮이는 건 실수였습니다. …다나카는 겉으로는 단호한 말투에 차분해 보이지만 속으로는 극도로 소심한 사람이에요. 질투심과 욕정에 휘둘리기 쉬운 성격이었죠."

결국 다나카는 눈이 퉁퉁 부은 채로 동료에게 이렇게 말했다. "요시코와 헤어졌네. 다시는 그녀를 보지 않을 거야. 요시코는 악마야. 악마." 다나카는 요시코가 살아있는 한 자신은 살 수 없다며 동료에게 그녀를 살해해달라고 요청했다.

　　다나카의 제안을 심사숙고한 동료는 자신이 요시코한테 특별한 원한은 없으며 그녀의 문란한 성생활이 못마땅할 뿐이지만 다나카를 위해 그리고 그녀의 마법에 걸릴 또 다른 이들을 위해 요시코를 살해하겠다고 다짐했다. 그는 암살 계획을 짰고 자신이 죽여야 하는 대상을 향해 동정심이 커지는 상황에서도 약속을 지키기 위해 노력했다. 하지만 결국 다나카는 마음이 바뀌었다며 요청을 취소했다.

　　얼마 안 가 다나카가 정말로 모든 것을 끝내야 할 순간이 왔다. 이번에는 다른 방법으로 요시코를 자신의 인생에서 몰아내야 했다. 요시코가 그의 명예를 훼손하려 했기 때문이었다. 요시코와의 관계를 끊지 않으면 자신이 목숨을 잃을 판이었다. 요시코는 일본 해군 사령관에게 다나카가 최근 상하이사변에서 해군이 달성한 업적은 비방하고 육군이 이룩한 업적은 미화하고 다닌다고 말했다. 분노한 해군 사령관은 다나카를 제거하려 했다.

　　얼마 후 칼과 총으로 무장한 해군 한 무리가 다나카를 찾아가 이렇게 말했다. "목숨을 내놓아라."

　　그들은 다나카가 "나는 해군의 업적을 항상 존경해 왔습니다."

라는 내용의 문서에 서명한 뒤에야 분노가 수그러들었다.

이 사건이 있고 난 뒤 다나카는 요시코를 배에 태워 상하이에서 쫓아냈다. 요시코를 만주로 보내 푸이 황제의 궁정을 호위하는 여군 숙소에서 책임자로 일하게 할 계획이었다. 황후는 요시코를 반겼지만 푸이는 그렇지 않았다. 그래서 요시코는 한 달이 채 되지 않아 다시 상하이로 되돌아왔다. 난감해진 다나카는 이번에는 요시코를 뤼순에 머물던 가족에게 보내 관계를 확실히 정리하려고 했다.

다나카로부터 요시코를 뤼순에 데려다주라는 부탁을 받은 요시코의 오빠 셴리는 다나카의 변덕스러운 행동을 비난한다. 요시코가 뤼순에 도착한 뒤 다나카가 요시코에게 "당신 없이는 살 수 없소. 우린 함께 살고 함께 죽어야 하오. 나에게 돌아와 주오."라는 내용의 암호화된 전보를 보냈다는 것이다.

다나카와의 관계는 드디어 끝이 났고 요시코에게 다시 혼란이 찾아왔다. 정세는 급변했고 요시코는 일본 군대와 맺은 긴밀한 관계가 향후 얼마나 큰 파문을 몰고 올지에 대해 무감각해 보였다. 자신이 협조한 일본이 중국인들에게 얼마나 많은 고통을 안겨주었는지에 대해서도 깨닫지 못했다. 하기야 다른 걱정을 하기엔 몹시 불안정한 상태였다. 그녀의 주요 걱정거리는 다나카의 '돈줄'을 더 이상 이용할 수 없게 된 것뿐이었다.

18
현실 인식

어느 날, 장교 한 명이 동료와 함께 불쑥 찾아와서는 푸이 황제의 응접실을 수색했다. 그들은 푸이 황제만 사용할 수 있는 의자에 손을 대기도 했다. 그들은 푸이 황제에게 미리 알리지도 않았고 적합한 절차를 따르지도 않았다. 그들은 그저 푸이의 시종인 우 창밍에게 열쇠를 내놓으라고 했으며 우 역시 푸이 황제에게 알리지도 않고 그들에게 문을 열어주었다. 푸이 황제는 화가 났지만 일본 '손님'에게 아무 말도 할 수 없었다. '손님'이 떠나자 그는 이성을 잃고 화를 내며 우를 몰아세웠다.
나는 옆에서 이 모든 것을 바라보며 꼭두각시 통치자로서 푸이 황제의 삶은 자금성에서의 삶과는 비교할 수조차 없이 달라졌다고 생각했다.

-푸제('마지막 황제' 푸이의 동생)

일본이 만주국을 세운 진짜 이유를 이해하는 데 시간이 걸린 건 요시코뿐만이 아니었다. 사가 히로 역시 처음에는 평범한 중국인들과 거리를 유지하며 믿기 어려울 만큼 주위에 무관심했다. 창춘의 다 쓰러져가는 집으로 이사한 뒤 히로는 세상과 격리된 채 순종적인 삶을 살았으며 왕족의 의무를 다했다.

히로는 도쿄에서 열린 결혼식에서 이미 문제의 낌새를 감지했을 것이다. 일본 군부가 하객을 500명으로 제한했던 것이다. 히로의 기준에서 너무 적은 숫자였다. 게다가 가까운 친인척을 제외한

다른 황실 가족들은 참석이 허용되지 않았다. 히로는 이렇게 기록했다. "일본 군부로부터 하객을 제한해야 한다는 얘기를 들었을 때 불길한 예감이 들었다. 일본과 만주국 사이의 친선을 보여주는 결혼이라면 다른 황실 가족들도 초대하는 것이 양국 관계를 빛내는 데 도움이 되지 않았겠는가? 우리의 바람을 무시하고 우리와 가까운 이들을 초대하지 못하게 한다면 이 결혼식은 도대체 누구를 위한 걸까?"

결혼식을 마친 뒤 히로는 만주국 왕족으로 대우받기를 기대했다. 하지만 일본 군부는 그들이 혼례를 올리고 나자 더 이상 그녀에게 예의를 차릴 필요가 없다고 생각했다. 히로는 갑작스러운 모욕과 업신여김을 받아들일 준비가 되어 있지 않았다. 히로가 일본 왕족을 맞이하기 위해 창춘 공항에 나타나자 관동군 장교는 그녀 남편의 지위를 무시하며 히로에게 무례하게 소리쳤다. "네가 왜 여기에 왔느냐? 여기는 일개 대위의 아내가 올 만한 곳이 아니다. 썩 꺼져라! 꺼지라고!"

하지만 히로는 이러한 모욕에도 불구하고 굳건히 버티기로 마음먹었다. 아버지는 그녀에게 이렇게 말했다. "히로, 네 생각은 하지 마라. 무슨 일이 벌어지든, 그냥 견뎌야 해."

혹독한 날씨 역시 히로가 밖에 나가 자국민들과 소통하는 데 걸림돌로 작용했다. "만주에서 맞이한 첫 겨울, 뼈를 에는 추위가 찾아왔다. 난생처음 겪는 추위였다. 꼭 참석해야 하는 행사가 있을 때를 제외하고는 나는 난방이 되는 실내에 머물렀다."

얼마 안 가 첫째 딸이 태어났다. 하지만 일본 장교는 히로가 딸을 낳았다는 사실에 분노했다. 그는 아기를 위해 마련한 선물을 집어 던진 뒤 병실을 박차고 나갔다. 일본 군부는 히로가 왕위를 이을 남자아이를 낳길 기대했다. 일본 귀족 출신 어머니와 만주 왕족 출신 아버지 사이에서 태어난 남자아이는 두 국가의 융합을 상징하므로 일본의 정치·심리적인 영향력을 강화해줄 터였다. 푸이 황제는 동성애자라는 소문 때문에 이 계획에 협조할 생각도, 능력도 되지 않았으므로 일본 군부는 그의 동생 푸제와 히로에게 희망을 걸었던 것이다.

한편 딸을 낳았다는 소식에 아이의 삼촌인 푸이 황제는 대단히 기뻐했다. 딸은 왕위를 위협할 수 없었기 때문이었다. 히로는 기억했다. "황제는 축하 전언을 보냈으며 매일 영양이 풍부한 여러 종류의 중국 수프를 듬뿍 보내주었다."

그 후로 히로의 삶은 더욱 힘겨워졌으며 일본 군부의 멸시 역시 더욱 거세졌다. 딸을 낳은 후로 히로와 남편은 더 큰 집이 필요했으나 일본 군부는 집을 넓혀달라는 그들의 요청을 거절했다. 일본 군대는 "대위 주제에 어떻게 온갖 사치품을 요구할 수 있단 말인가?"라며 그들을 비웃었고 그렇게 그녀의 꿈은 산산 조각났다.

자존심이 상했지만 히로는 품위를 잃지 않았고 마음을 다잡기로 했다. "그때 이후로 우리는 관동군에 더 이상 의지하지 않기로 마음먹었다." 부부는 자기 돈으로 바로 옆 땅을 매입해 채소와 살구를 경작했다.

히로는 요시코와 마찬가지로 일본의 본심을 전혀 알지 못한 채 일본이 만주에 수립할 예정인 '자애로운 정부가 세운 낙원'이라는 이상향을 철석같이 믿었다고 말한다. 히로는 자서전에서 자신을 만주국에 살게 된 고결한 사무라이 아내이자 아무것도 모르는 그저 충실하고 순종적인 여성으로 묘사한다. 일본의 야망을 몰랐다는 진술은 평범한 일본 독자들의 마음을 사로잡기에도 충분했다. 그들은 그런 식으로 전시에 조상들이 저지른 행위를 옹호하곤 했다.

당시에 만주국에 거주하던 일본인들 역시 자신들은 외부와 격리된 지역사회에 살았다고 증언한다. 그들은 얼마 떨어지지 않은 곳에서 자행되던 대학살을 전혀 몰랐다고 한다. "일본인 이웃 외에는 러시아 사람들과 알고 지내는 정도였죠." 하얼빈에 오래 살았던 일본인은 이렇게 말했다. "제 하인 역시도 러시아인이었어요. 중국 음식을 먹으러 식당에 갈 때만 중국인들을 보았죠. 하지만 그때조차도 혼자서는 절대로 안 갔어요. 늘 친구들과 함께 갔죠. 우리는 중국인들에게 납치당해 쥐도 새도 모르게 사라질까 봐 두려워했어요. 중국식 가옥은 구조가 복잡했죠. 집 안에 또 다른 집이 있었고 일본 경찰들도 그 안에 들어가려 하지 않았어요. 그래서 마을의 중국인 구역은 두려움의 대상이었죠."

봄이 오자 히로는 마침내 아이를 데리고 바깥세상으로 나갔고 그제야 더 넓은 세상과 접하게 되었다. 중국 아이 두 명이 자신의 딸을 몰래 엿보러 오기도 했다. "아이들은 늘 그렇듯 순수했죠. 저에게 귀중한 정보를 주었어요." 그들은 일본이 점령하면서 만주 내 물가가 크게 치솟았으며 일본 군사와 경찰이 식당에서 돈을 내지 않는다는 얘기를 전해주었다. "그들은 돈을 안 내요. 중요한 인물처럼 으스대며 그냥 걸어 나가죠."

당시에 중국에서 널리 자행된 일본의 만행에 비하면 사소한 불평에 불과했지만 히로는 이 작은 행동에도 큰 충격을 받았다. "그때까지만 해도 저는 그런 이야기는 상상도 못 했어요. 현실을 알게 되자 불길한 생각이 들었죠. 이러한 상황이 지속할 경우 '다섯 민족(일본인, 만주인, 몽골인, 한족, 조선인) 간의 조화'라는 만주국의 슬로건은 어떻게 되는 건지 불안해졌어요."

한편, 히로의 남편 푸제는 자서전에서 다른 이야기를 전한다. 다른 환경에서 다른 독자를 겨냥해 쓰인 자서전이었다. 히로의 자서전은 1957년에 일본에서 출간되었다. 전쟁에 대한 기억이 아직 생생할 때였다. 독자들은 일본 역사에 수치스런 오점을 남긴 이 기간에 예의 바르게 처신한 일본 여성에 대한 이야기를 기꺼이 받아들였다. 반면 푸제의 자서전은 그가 온갖 사건을 겪은 뒤였던 1994년에 중국에서 출간되었다. 푸제가 일본 점령군에 협조한 뒤 일본은 결국 패전하고 만주국은 몰락했으며, 푸제는 소련 공산주의자들의 손에 체포되어 중국 감옥으로 이송된 후 전범으로 11년 동안 수감되었다. 그동안 푸제는 사상이 근본적으로 바뀌어 공산주의 중국 사회에 '복귀'했고 히로는 사망했다. 이 모든 사건이 일어난 뒤에 출간된 자서전이었다.

게다가 푸제의 자서전은 중국 독자를 위한 거였다. 그들은 만주국 왕족 출신의 고위직 인물이 전시에 중국 상황을 몰랐다고 줄곧 주장하는 것을 별로 달가워하지 않을 게 뻔했다. 그래서 푸제는 완전히 태도를 바꾸어 정권을 거머쥔 뒤 자비롭게도 그를 처형하지 않은 중국 공산주의자들을 추켜세우는 자서전을 썼다. 신세를 갚으려는 듯 그는 공산주의자들의 인간성과 통찰력을 찬양한다. 그리고 그들이 자신의 치아 건강을 염려해준 것까지도 칭송을 아끼지 않는다. 푸제의 자서전은 진심 어린 자책까지는 아닐지라도 자신이 한때 저지른 일에 대한 일종의 사과문인 셈이다.

회한에 찬 푸제는 자신이 전적으로 일본을 지원했다고 인정한다. 자신이 형 푸이보다 기민했다고 말한다. 푸이는 애초부터 예리하지 못했고 태어날 때부터 고립된 환경에서 살다 보니 제한된 세계관을 지닐 수밖에 없었다. 푸제는 형보다는 자주 바깥세상을 경험했고 일반적인 환경에서 사람과 장소를 판단할 수 있는 분별력이 있었다. 따라서 일본에 협조한 그의 행위는 푸이보다 더 비난받아 마땅하다. 푸제는 최소한 합리적인 판단을 할 능력이(의지는 아닐지라도) 있었기 때문이다.

푸제는 자신이 저지른 사악한 짓들을 열거하며 용서를 구한다.

그는 일본이 지원하던 만주국의 육군사관학교에서 중대장으로 일하던 때를 언급한다. 푸제는 전쟁이 끝난 뒤에야 그곳의 중국 생도들이 반복적 교육과 훈련을 통해 '노예근성'을 주입받았다는 사실을 깨닫게 되었다. 그들은 '일본과 만주의 정신과 가치는 하나다.'나 '(일본)제국의 승리는 불가피하다.' 같은 슬로건에 세뇌당했다. 당시에 푸제는 전심을 다해 이 사관학교를 지지했으며 자신의 명망보다 일본의 정책을 우선시했다. 일본 헌병대가 '반만주, 반일본' 분자로 추정되는 생도들을 색출하러 왔을 때 푸제는 그런 혐오스러운 분자는 사관학교의 명성과 다른 생도들에게 나쁜 영향을 미친다는 데 동의했다. 그런 자들을 어떻게 처리해야 하는지 의견을 묻자 푸제는 반일본 분자들은 '엄중하게 처벌해야 한다'고 말했다. 그의 동의하에 반항적인 생도들은 6개월 동안 수감되었고 출소한 뒤에 머물 곳이 없어졌을 뿐 아니라 그 어디에서도 일할 수 없게 되었다. 한 생도는 절망적인 상황을 비관한 나머지 달리는 열차에 몸을 던지기까지 했다고도 한다.

푸제는 계속해서 뉘우치는 어조로 1950년에 겪었던 수치스러운 사건을 언급한다. 그는 이 반역 생도 중 한 명을 다시 만났는데 이번에는 푸제가 수감자 신세였다. 푸제는 소련 교도소에서 중국 교도소로 이송 중인 기차 안에 있었다. 중국 감옥에서 10년 더 수감될 예정이었다. 푸제는 그 생도를 바로 알아보았다. 그는 푸제를 비롯한 다른 수감자를 중국 교도소로 이송하는 책임을 맡은 중국 공산당 간부였다. 푸제는 자신 때문에 삶이 망가진 남자가 자신에게 보복할까 두려워했지만 그는 공산주의 장교들이 보통 그렇듯 지혜롭고 사려 깊은 태도로 그를 대했다.

"당신이 만주국 육군사관학교에서 중대장으로 일했다는 사실 자체는 부인할 수 없소." 그 생도는 놀라울 정도로 차분하게 말했다. "하지만 정신수양을 통해 진지하게 사상을 바꾸고자 한다면 당신의 앞날은 밝을 거라 보오."

사실 일본 체제를 향한 푸제의 충성은 군사교육을 받던 사관학교 시절에 그친 게 아니다. 그 후 만주국 정부의 다양한 직책을 맡았을 때도 늘 일본에 충성을 맹세하곤 했다. 푸제가 도쿄 주재 만주국 공사관에서 육군 무관으로 일할 당시 중국인 비서가 갑자기 일본 헌병대에 체포되어 알 수 없는 곳으로 끌려가는 일이 발생했다. 푸제가 도와줄 거라 믿었던 비서는 몇 년 후 도움을 요청하는 쪽지를 그에게 몰래 보내왔다. 푸제는 한때 자신을 위해 일했던 비서를 서둘러 구하려 애쓰기는커녕 자신을 위험한 상황에 처하게 만든 그의 행동에 분개했다. 푸제는 쪽지를 불태운 뒤 모든 흔적을 없앴고 도와줄 의향이 전혀 없다는 쪽지를 보냈다. 그 후 비서가 처형되었다는 소식을 접했을 때야 푸제는 뒤늦게 깊이 후회했다. "이 사건은 훗날 나를 괴롭혔다. 나는 잠도 잘 수 없었다. 나는 돕기를 거부했을 뿐만 아니라 그가 빨리 처형되도록 일조했는지도 모른다. 어찌나 끔찍한 죄를 저지른 건지!"

푸제는 결국 일본이 세운 괴뢰정권에서 자신이 맡은 진짜 역할이 무엇이었는지를 인식하게 되었다. 하지만 이미 너무 깊이 관여한 상태였다. 형 푸이와 마찬가지로 푸제는 왕족이라는 신분을 포기하고 조국의 침략자에 맞설 위인이 못되었다. 푸제는 자서전에서 아버지 순친왕을 만나러 베이징을 방문할 당시를 그리기도 한다. 어린 시절의 추억이 담긴 도시로의 향수 어린 여정이었다. 매일 아침 푸제는 아버지가 머물던 베이푸(北府)[1]의 정원을 산책하며 지나간 시간을 떠올렸다. "나는 감상에 젖어 과연 평온했던 시절로 돌아갈 수 있을지 생각해보았다."

푸제는 또 다른 일본 부역자인 잉루겅(殷汝耕)으로부터 저녁 식사를 초대받고는 몽상에서 깨어나 현실로 돌아왔다. 중국에 세워진 또 하나의 괴뢰정권, 이스트 허베이 반공산당 자주 정부, 즉 지둥방공자치정부(冀東防共自治政府)를 이끄는 인물이었다. 잉루겅(푸제는 무모하게도 그를 '반역자'라고 부른다)은 푸제더러 베이징에 머물며 자신과 함께 일하자고 제안한다. 자신의 삶이 그렇지 않아도 너무 복잡하다고 느낀 푸제는 제안을 뿌리치고 서둘러 만주국으로 돌아왔다.

"우리가 베이징에 가는 걸 관동군이 왜 원하지 않는지 알게 됐다. 일본 군부는 우리가 이런 문제에 맞닥뜨리라는 걸 알았던 거였다. 그들은 형과 나를 그저 꼭두각시로 삼고 싶었던 거다."

---

1. 북쪽 관저라는 뜻으로 순친왕의 저택과 정원이 있던 곳을 의미함

19
진 사령관

열하는 사방이 산으로 둘러싸인 장엄한 지역으로 가면 갈수록 험준해지
지만 일단 안으로 들어가면 호젓하면서도 숨 막히게 아름다운 전경이 펼
쳐진다. 요긴한 교통로인 오래된 마찻길은 가파르고 좁으며 주요 고속
도로 서너 개만이 자동차가 다닐 만큼 넓다. 결연한 모습의 군사들이 지
키는 이곳은 철옹성이라 정복이 쉽지 않다. 몇 백의 병사와 다이너마이
트만 있으면 그 어떤 종류의 전차나 기갑부대의 진입을 막고 일본 보병
에게도 심각한 타격을 입힐 수 있는 난공불락의 요새였다.

-에드거 스노우(중국에 정통한 기자이자 작가, 《중국의 붉은 별》 저자)

가와시마 요시코의 삶에 대한 거의 모든 것이 담겨있는 이 사진
은 끊임없이 재인쇄되었다. 시선을 끄는 뽐내는 자세로 카메라 앞
에 앉아있는 요시코를 보면 촬영 당시 그녀가 느꼈을 뿌듯함과 동
시에 훗날 법정에서 꼼짝달싹할 수 없는 증거가 돼버린 이 사진이
얼마나 저주스러웠을지 쉬이 짐작이 간다. 스물여섯 살 정도 된 가
와시마 요시코의 모습이 1933년 2월, 《아사히신문》 석간에 등장
했다. 일본 군복을 입고 군인 모자를 쓴 요시코는 웃음기 없는 표
정으로 의자에 앉아있으며 전투 준비를 마친 듯 칼 위에 손을 올린
자세다. '남장미인 가와시마 요시코, 열하 경계 부대의 사령관으로

돌아오다.'라는 표제 아래 실린 사진이었다.

기사는 계속해서 이 여성 군인이 어떻게 이 중차대한 새 임무로 주목받게 되었는지 설명한다. 요시코는 하찮은 활동들을 뒤로하고 공식적으로는 처음으로 군대의 직위를 맡게 되었다. 지금까지 만주 공주는 막후에서 여러 활동을 수행해왔다. "하지만 마침내 대중 앞에 모습을 드러낼 때가 온 것이다." 그녀의 책임은 막중했다. 그도 그럴 것이 이제 요시코는 수많은 중국 군사를 이끄는 수장이 되는 거였기 때문이다. 그녀가 이끄는 군대는 핍박받고 있는 열하 주민을 돕는다는 미명하에 탄생했다. "군 지도자 탕 율린의 폭압하에 고통받았으나 마침내 암울한 압제에서 벗어나 새로운 삶의 빛을 보기 시작한 이들이었다." 요시코는 새로운 역할을 강조하기 위해 진 비후이라는 이름을 쓰기로 했다. '진'은 그녀의 중국 친척이 사용하던 성이었고 '비후이'는 '빛나는 옥'을 의미했다.

그녀를 선택한 것에 회의적이었던 일본인들이 있었던 게 분명하다. 기사 내용에 따르면, "이 중요한 역할과 관련해 비평가들은 만주국에 적임자가 없다는 사실은 인정하지만 그렇다고 그녀를 보내는 것은 실수라고 말했다."고 한다. 하지만 이 기사는 "요시코에게 기회를 준 뒤 그녀가 무엇을 할 수 있는지 지켜봐야 한다. 요시코의 활동에 기대가 크다."라며 독자들에게 인내심을 촉구하기도 한다.

위 기사를 접한 독자들이 요시코의 지위가 갑자기 상승한 것에 깜짝 놀랄 만도 했다. 물론 요시코는 만주의 반일 '게릴라' 패거리를 토벌할 능력이 충분히 있었다. 하지만 이 기사에서 언급조차 하지 않은 사실이 있다. 일본이 요시코를 앞세운 건 중국을 침략하려는 야심을 아직 접지 않았기 때문이라는 점이다. 만주국에 확실히 입지를 다진 일본 군부는 인근 영토로 세력을 확장하려 했다. 요시코가 소탕하려는 '게릴라'는 다름 아니라 일본의 계획에 맞서 반란을 도모하는 중국인들이었다.

*

신문 기사들은 요시코가 이러한 임무를 진두지휘할 준비가 잘 되어 있다며 그간에 일어난 요시코의 여러 활약상을 상기시킨다. 독자들이 혹시 놓쳤을지도 모르니 친절하게도 요시코의 역량은 이미 입증된 바 있음을 환기시켜준 것이다.

요시코는 다나카 류키치를 떠난 뒤 새로운 도전과제와 자금줄을 찾아 나섰고 둘 다 확보하기에 이른다. "작년 9월 후룬베이얼사변이 터지자 이 우아한 젊은 여장교는 만주국 고문으로 활동하던 장군과 함께 위험을 무릅쓰고 일본 인질들을 구출했다. 매서운 추위로 악명 높은 치치하얼에 둥지를 튼 포학한 반역자 수 빙웬에게 붙잡혀있던 인질이었다."

이 기사는 지난해 수 빙웬이 만주국 철로를 점령했을 당시 요시코가 수행한 영웅적인 행동을 과장해서 보도한다. 수 빙웬은 원래 일본과 제휴한 군 지도자였으나 통보도 없이 갑자기 노선을 바꾸었다. 수 빙웬은 일본 후원자를 대신해 철로를 지키는 임무를 맡았는데 갑자기 그들을 배신한 뒤 철로를 몰수하고 자체 독립국을 수립했다. 그는 일본인 인질을 잡기도 했다. 확실하지는 않지만 인질의 수는 284명에 달했다. 신문 기사는 당시의 상황을 생생하게 담고 있다. "수 장군은 몇 주 동안 인질을 붙잡고 있었으나 여성과 아이들은 전부 놓아주고 남자들만 남겨놓았다. 장군은 자신이 점령한 마을이 일본 항공기의 폭격을 받을 때 그들을 이용해 마을 이곳저곳으로 피신할 수 있을 것으로 생각해 그들을 놔주지 않으려 했다." 일본은 결국 군대를 보내 이 반란을 잠재웠다. 저항세력이 차지한 지역에 대한 대대적인 '토벌 작전'의 일환이었다. 수 빙웬은 결국 소련으로 달아나야 했다.

하지만 사실대로 소문이 퍼지게 되면 중국에 거주하던 일본인들이 지레 겁을 먹을 수 있었다. 군 지도자의 반란, 인질, 일본 군대 같은 험악한 말은 삼가야 했다. 그래서 일본 군부는 요시코라는 스타를 이용해 대중의 마음을 사로잡기로 했다. 중국 지역을 맹공격한 행위를 정당화하려는 군대 입장에서 요시코는 아주 매력적인 주인공이었다. 1933년, 한 라디오 프로그램에서 일본 육군 장교가 후룬베이얼에서 선보인 요시코의 업적을 열띤 목소리로 전했고 신문은 이 내용을 받아 적었다. 표제는 요시코를 '마적단 진압 부대 가운데 유난히 반짝이던 잔 다르크'라 칭했다. 이 육군 장교는 이렇게 말했다. "요시코는 비행기를 타고 북만주로 가 작전에 적극적으로 가담했으며 오를레앙의 소녀 잔 다르크처럼 중국을 위해 기꺼이 자신의 목숨을 걸었다."

이렇게 시작된 과대 선전으로 또 다른 이야기가 날조되기에 이르렀다. 요시코가 반란을 포기하고 인질을 놓아주도록 수 빙웬을 설득했다는 요지의 이야기로, 결국 이 이야기는 요시코가 낙하산을 타고 수 빙웬의 야영지에 뛰어내렸다는 데까지 부풀려졌다. 낙하산을 타고 이동했다는 사실을 강조하기 위해 이 무렵 찍은 사진이 신문에 실리기도 했다. 치치하얼에 도착한 요시코가 고글을 낀 채 환한 미소를 짓고 있는 사진이었다.

하지만 요시코조차 이 우화는 수정할 부분이 있다고 했다. 그녀는 자신의 자서전에서 '자비로운 작전계획'은 결국 물거품이 되고 말았다고 인정한다. 요시코의 말에 따르면, 그녀는 일본을 도우려 했다고 한다. 수 빙웬의 봉기로 위험에 처한 만주의 새로운 고향, 만주국을 보호하고 싶었기 때문이었다. 요시코는 낙하산을 타고 가 그와 협상을 해보고 싶었다. 그래서 육군 장교들에게 이를 허락해달라고, 인질들과 만주의 안녕을 위해 본분을 다하게 해달라고 요청했다. "죽는 건 상관없어요." 요시코는 그들에게 말했다. "세상 사람들이 나를 어떻게 생각하는지도 신경 안 써요. 그저 수 빙웬이 입장을 바꿔 만주국의 부흥을 방해하지 않도록 최선을 다해 그를 설득하고 싶을 뿐이에요."

요시코는 바람과 추위 속에서 낙하산을 타고 뛰어내리는 연습을 수차례 했으나 고질병인 '신경과민'이 다시 도진 데다 협상이 불가능할 정도로 충돌이 격해지는 바람에 결국 포기할 수밖에 없었다고 한다. 하지만 군부는 수 빙웬의 반란을 진압하려 한 그녀의 공적을 계속해서 치하했다. 영하 40도의 혹한을 무릅써야 하는 엄청난 과업이었을 터다.

＊

이렇게 해서 요시코의 다음 임무를 알리는 1933년 신문 기사에 군복을 입은 요시코의 사진이 실리게 된 거였다. 그녀는 만주국 남서쪽에 위치한 열하에서 새로운 임무를 맡게 된다. 《아사히신문》에 기재된 기사에 따르면 "이 외롭고 연약한 여성이 과연 이 임무를 수행할 수 있을지에 대중의 이목이 쏠렸다." 요시코는 다시 한번 만주국의 존속과 번영을 위해 적군을 물리치는 데 앞장서겠다고 다짐했다. 만주국이 만주인들의 진정한 조국이고 이 조국이 위험한 상태였다고 믿는다면 그럴듯한 말일 수도 있겠다. 하지만 만주국을 지배하고 있던 일본 군부는 만주인들의 안보에는 그다지 관심이 없었다. 그들은 이 괴뢰국의 국경을 확장하는 데에만 혈안이 되어 있었다. 중국 내 더 많은 땅을 점령하고 싶어 했고 그러기 위해 군대의 진출을 방해하는 반일 '게릴라' 무리를 진압하고 싶었을 뿐이다.

열하는 일본 입장에서 아주 매력적인 지역이었다. 만주에 접하고 있어서만은 아니었다. 열하는 아편 생산량이 아주 풍부해 침략국 일본의 주요 소득원이 될 수 있었다. 요시코가 열하에서 맡은 이 새로운 임무의 막후에는 요시코가 최근에 얻은 후원자이자 연인인 타다 하야오 소장이 있었던 것으로 보인다. "그는 요시코의 상관이자 리더, 요시코가 가장 좋아하는 '삼촌'이었다." 타다는 만주국의 고위급 군사 고문이기도 했다.

요시코는 타다와의 관계를 반대하는 오빠에게 이렇게 말했다. "나는 내 신념에 따라 계속 앞으로 나가야 해. 솔직히 말하면 타다를 이용한 거야. 우리의 비밀 관계를 모르는 척해줬으면 좋겠어." 요시코는 자신의 목적을 달성하기 위해 타다를 이용하는 거라며 자신이 관계를 주도한다고 말했다. "타다가 나를 입양했어. 이제 그의 돈을 쉽게 이용할 수 있을 거야." 요시코는 뻐기듯 말했다.

하지만 그건 요시코만의 생각이었다. 다른 이들은 타다가 다나카와는 달리 분별력이 있었으며 요시코와의 관계에 수반되는 온갖 위험을 잘 알고 있었다고 믿는다. "요시코가 문제를 일으키자 타다는 요시코를 헌신짝처럼 내팽개쳤다." 훗날 타다 역시 요시코의 암살을 모의했다.

요시코는 자서전을 통해 자신이 열하에서 새로운 임무를 맡아달라는 부탁을 받았다고 전한다. "나의 아파트는 신쿄 골목길에 자리한 가구점 2층에 있었다. 그곳에서 나는 두 동생을 비롯해 상하이에 살 때부터 가깝게 지낸 치즈코와 살고 있었다. …하루는 팡용창이 갑자기 나를 찾아왔다. 그는 수장, 장종창이 살해당한 이후로 지도자가 없다며 나더러 사령관이 되어 달라고 했다."

요시코는 팡용창의 부탁에는 군사적인 측면과 정신적인 측면이 둘 다 내포되어 있었다고 말한다. 그는 요시코의 뛰어난 리더십을 이용하는 한편 암살당한 전 상사가 쌓은 불행한 업보에서 벗어나고도 싶었다. 소문에 따르면 장종창은 여자 문제 때문에 요시코의 오빠를 '우발적으로' 살해했다고 한다. 이제 그가 죽었기 때문에 그의 부하들은 요시코를 향한 충성심을 보여주고 싶어 했다. 요시코의 말에 따르면 "팡용창은 장종창이 생전에 나와 내 형제들에게 진 정신적인 빚을 덜고 싶어 했다."고 한다.

요시코는 팡용창의 눈에서 진심을 보았고 결국 그의 군대를 지휘하겠다는 데 동의했다. 그녀는 자신을 향한 팡의 변함없는 헌신과 '어울리지 않게 조용하고 순종적인' 서른 명의 장수들에 대해 칭찬을 아끼지 않는다. 그리하여 충성식이 거행되었다. 팡은 요시코에게 해당 직책을 맡아달라고 공식적으로 요청한 뒤 격식을 차려 절을 올렸다. 요시코는 팡을 비롯한 다른 이들로부터 충성서약과 절을 받기는 했지만 이 새로운 동료들의 상태에 심히 놀랐다. 그들은 누가 봐도 오합지졸 마적 무리에 불과했다. 일본 군부는 가와시마 요시코가 열하에서 군사행동에 앞장서는 지휘관으로 활약하고 있다고 이 세상에 떠벌리고 싶어 하지만 그녀에게 허락한 건 고작 이런 어중이떠중이뿐이었다.

요시코는 이렇게 기록했다. "그들은 딱딱한 안장에 올라타 만주와 몽골의 드넓은 평온을 가로지르는 동안 목숨을 잃는 것에 별로 개의치 않는 사람들이었다." 요시코는 그들 중 일부는 손가락이 없거나 귀가 잘려나갔으며 몇몇은 칼에 베인 듯 뺨에 상처가 나 있었다고 했다. 군대는 그녀에게 충성을 맹세하며 평화를 위해 싸우겠다고 서약했다.

요시코가 열하에서 달성한 자신의 업적에 대해 모호하게 진술하는 바람에 이와 관련해 확실한 정보를 찾기가 쉽지 않다. 요시코는 열하에서 도대체 무슨 일을 한 것일까? 충성식에 참석한 한 일본 기자의 눈에는 그녀에게서 사령관다운 권위가 전혀 느껴지지 않았다. "여성 사령관 이스턴 쥬얼은 평소처럼 카키색 모조품 군복을 입고 서 있었다. 요시코는 작고 아름다웠으며 중국 오페라에 등장하는 군인처럼 보였다."

식이 끝난 뒤에도 요시코에게서는 얼어붙은 산비탈로 민병대를 이끌고 가야 하는 장군다운 진지함이라고는 찾아볼 수 없었다.

"하하하." 차에서 요시코는 갑자기 참을 수 없다는 듯 웃음을 터뜨렸다.

"왜 그러시죠?"[기자가 물었다.]

"전부 괴물처럼 생기지 않았소. 일부는 손가락이 없고 머리 뒤에 커다란 혹이 달린 이도 있었소. 이마에 흉터가 있는 이들도 있었고. 전부 괴물 같지 않소?"

"저도 그들을 보며 소름이 끼쳤습니다."

요시코는 충성식이 진행된 뒤 연회에 참석하기를 거부했다. "저 괴물들과 시간을 보내고 싶지는 않다."며 캐피탈 댄스홀로 향했다.

요시코가 지휘한 군대의 규모가 얼마나 컸는지는 확실치 않지만 요시코는 전쟁 중 세 번 총상을 입었다고 주장했으며 '부상을 치료하기 위해' 잠시 군대를 떠나있기도 했다. 그래서 일각에서는 요시코가 정말로 총에 맞은 것 아니냐고 추측하기도 했다. 하지만 요시코가 어떤 식으로든 군대를 이끌었다는 사실을 인정하더라도 이 군대의 역할은 아주 미미했을 가능성이 크다. 훗날 요시코는 자신이 이끌던 병사들은 필요할 때 소집되었다가 다시 해산하는 등 우왕좌왕한 비상근 부대 같은 느낌이었다고 말했다. 무라마쓰 쇼후는 이 군대의 조잡한 모습을 강조하듯 '장난감 병정들'로 이루어진 군대라 했다. 무엇보다도 중요한 사실은 일본 군부가 이 오합지졸이 모인 예비 군대를 침략군에 포함하지도 않았다는 점이다.

일본 기자는 이렇게 적었다. "요시코는 특별한 지위나 직함이 없다. 어머니에게 물려받은 보석을 팔아 돈을 마련하고 여러 일본 신사들로부터도 돈을 받는다." 이러한 진술은 또다시 그녀의 자금줄과 이 '신사들'이 정확히 누구였는지에 대한 궁금증을 유발한다. 한 전기 작가는 요시코가 훗날 군복과 부츠 차림에 권총을 찬 채 일본 군부를 방문했다고 주장한다.

"나는 새로운 만주국을 위해 '암흑 부대'를 창설했다. 지금은 3천 명의 병사밖에 없지만 만주의 모든 마적단을 집결시키고 싶다. 그들을 열하 작전에 참여시켜 평화를 유지하고 싶다." 요시코는 이렇게 말하며 20만 엔을 요구했다.

더욱 확실한 증거는 조카의 기억이다. 그녀의 조카는 요시코가 관동군의 악명 높은 음모자 도이하라 겐지로부터 돈을 받았다고 말한다. 겐지는 수많은 악행을 저질러 일본의 중국 침략에 크게 기여한 바 있다.

"당시에 호화로운 삶을 유지하려면 요시코에게 돈이 필요했다."고 조카는 말한다. "배다른 형제 셴쥰이 쓴 글에 따르면 요시코는 도이하라를 찾아가 돈을 달라고 졸랐다고 한다. 도이하라는 요시코에게 돈을 주었다. 하지만 요시코가 그 돈으로 무엇을 했는지는 아무도 몰랐다. 도이하라조차도 몰랐다. …요시코는 그에게 가서 반년 치 자금을 달라고 들볶았다. 그가 돈을 주지 않으면 그를 맹렬히 비난하거나 난폭해지거나 여성성을 이용해 그를 꼬드겼다. 도이하라는 비밀이 많았다. 요시코에게 돈을 주면 반년 동안은 자신을 찾지 않을 게 분명했다. 결국 도이하라는 특무대의 지원으로 그녀에게 돈을 주었다. 하지만 돈을 주기만 했을 뿐 그녀가 그 돈으로 도대체 무엇을 하는지는 알 수가 없었다."

가와시마 요시코와 그녀의 군대가 열하 전쟁에서 특정 임무를 수행했든 그렇지 않았든, 일본 군부 입장에서는 그녀의 도움이 필요하지 않았던 것만은 확실하다. 사실 일본은 열하를 손쉽게 점령했다. 2주 만에 열하를 손아귀에 넣은 것이다. 당시의 상황을 직접 목격한 에드거 스노우는 오래전부터 예상된 전쟁에 형편없게 대처한 중국 군대에 혐오를 표한다. "십자군 이후, 위대한 군대가 아무런 준비태세 없이 전투를 치른 경우는 없었다. 침략에 대비할 수 있는 기간이 17개월이나 있었음에도 중국 장교들은 마치 갑작스럽게 적군의 공격을 받은 것처럼 우왕좌왕했다." 스노우는 다이너마이트만 있다면 보이 스카우트조차도 일본을 쉽게 무찌를 수 있었을 거라고 했다. 열하는 험준한 산길과 매서운 눈보라만으로도 난공불락의 요새이기에 약간의 대비태세만 갖추었어도 일본 군대의 진격을 막을 수 있었을 것이라는 얘기다. 하지만 잘 훈련된 데다 우수한 장비까지 갖춘 일본 군대는 너무 쉽게 열하를 정복했다. "[열하]에서의 패배는 중국으로서는 큰 낭패였다. 중국 전쟁사에서 최악의 패전으로 기록될 것이다."

일본이 열하를 침공하기 전, 《타임스》 소속 기자는 열하를 통치하고 있던 중국군 지도자를 인터뷰하기 위해 '이 음산하고 추운 산악' 지역으로 향했다. 이 기자는 중국군의 형편없는 대비태세에 소스라치게 놀랐다. "제헐[열하의 다른 이름]을 통치하는 장군은 팔자 콧수염을 한 건장한 군 지도자 탕 율린이다." 전쟁을 치르기 전, 탕은 자신 있다며 "일본과 만주국은 열하의 수도를 무너뜨리지 않고는 제헐을 정복할 수 없을 것이다. 우리는 최소한 6개월은 버틸 수 있다.”고 으스대며 말했다.

하지만 수도는 3일 만에 90킬로미터를 이동해온 발 빠른 일본 군대에 의해 11일 만에 포위당했다.

일본 군대는 “눈보라 속에서 산길을 오르는데 현대식 군대만큼 이나 빨랐다.”

탕 율린은 빠르게 접근하는 적군을 피해 도망치기 직전, 아편에 취한 듯 인사불성이었다. 그는 허둥지둥 말했다. “힘겨운 상황이 다. 내 군대가 어디에 있는지도 모르겠다.”

20
만주국에서의 새 출발

난 가오, 그러니 함께 갑시다.
비좁은 일본에서 사는 게 신물이 나오.
물만 건너면 중국이 있소.
4억 명이 중국에서 우리를 기다리고 있다오.
-말 탄 마적의 노래

영화 평론가 사토 타다오는 일본 정부가 국민들에게 만주로 이주하라고 압력을 가하던 당시를 회상하며 이렇게 기록하고 있다. "그들이 아무리 설득해도 나는 끝내 가지 않기로 마음먹었다."

요시코가 군대를 조직하고 관동군이 더 많은 중국 영토를 점령하는 동안 일본 장교들은 점령지역에 대한 통제권을 다른 방식으로 강화하기로 계획했다. 정부 관료들은 얼마 안 가 일본인들에게 일본을 떠나 만주국에서 새로운 삶을 시작하라며 대대적으로 권고하고 다녔다.

당시에 학생이었던 사토는 모집자가 만주의 넓은 땅과 자연 자원이 일본 정착민을 기다리고 있다며 그들을 꼬드겼다고 기억한다. 하지만 사토는 일본을 떠나지 않았다. "나는 도시에서 자랐기 때문에 훌륭한 농부가 될 자신이 없었다. …떠날 것을 강력히 촉구하던 선생님이 애국 청년 단체의 지도자로 직접 만주에 가신 것을 보고 놀랐다. …훌륭한 분이셨는데 만주로 가도록 학생들을 설득한 데 막중한 책임을 느끼셨다. …당시에 만주로 가는 건 '고귀한 일'로 여겨졌다. 가고 싶지 않다고 생각해도 모두가 그러한 감정을 털어놓길 두려워했다. 애국심이 부족한 사람으로 취급받을 수 있었다."

관동군은 전략적인 이유로 만주 정착민들이 소련 국경 인근에 둥지를 틀도록 압력을 가했다. 사토는 이렇게 말한다. "물론 정착민은 땅만 경작한 게 아니었다. 그들은 필요할 경우 소련에 맞서 싸울 수 있도록 농부 겸 군인 역할을 맡았다. 정부는 그들에게 중국 마적단의 공격을 받을 수 있지만 관동군이 그들을 보호해줄 테니 걱정할 것 없다고 했다. 관동군은 일본 군대 내에서도 최정예군으로 여겨졌다."

사토의 회고담은 2008년에 개봉된 〈만주 정착민 사회 이야기〉라는 다큐멘터리의 도입부에 등장한다. 처음부터 끝까지 끔찍한 이 영화는 만주의 비옥한 토지와 부를 누릴 수 있다는 정부의 말에 설득당해 일본을 떠난 가족들의 이야기를 들려준다. 영화에서 알 수 있듯 일본 정부는 1930년대 말, 수많은 일본인을 만주로 이주시키기 위한 적극적인 캠페인에 착수했다. 20년 동안 5백만 명의 농부를 만주로 보낼 계획이었다. 그렇게 되면 일본 시골 지역의 과

밀화와 암울한 경제 상황으로 인한 빈곤 문제가 완화될 수 있었다. 캠페인은 재정 위기의 타격이 심한 지역에서 가장 활발히 이루어졌다. 정부 관료들은 할당량을 정해놓고 강압과 회유를 동원해 많은 사람들을 만주로 보냈다. 당시 30만 명이 넘는 일본인이 새 출발을 위해 만주로 떠난 것으로 추정된다.

영화는 연로한 생존자들의 목소리를 통해 이 정착민들의 가혹한 운명을 생생히 전한다. 전쟁이 끝난 뒤 무사히 일본으로 돌아온 이들이었다. 쉬운 여정은 아니었다. '낙원'에 사는 것은 좋았으나 일본이 패전한 뒤 만주에서 빠져나오는 것은 지옥을 탈출하는 거나 다름없었다.

역사학자 카토 키요푸미는 이렇게 말한다. "정부는 국민들을 만주로 이주시키기 위해 대대적인 정책을 폈죠. 하지만 아무리 가난해도 듣도 보도 못한 곳으로 가고 싶어 하는 사람은 사실 아무도 없었어요." 하지만 정부가 정한 할당량이 있었고 이를 충족시키지 못하는 지역에서는 제비뽑기로 떠날 사람을 정했다. "처음에 정착민들은 개간되지 않은 토지를 받았어요. 하지만 얼마 안 가 너무 많은 정착민이 도착했고 그들 모두에게 토지를 지급할 수 없게 되었죠. 그래서 정부는 가장 저렴하고 단순한 방법을 택했어요. 중국인들을 윽박질러 땅값을 낮추도록 강요했고 [중국] 농부들이 피땀 흘려 일군 땅을 헐값에 산 뒤 일본 정착민에게 나누어줬어요. …정착민들은 잘 경작된 땅을 보고 놀랐죠. 상당수가 일본에서는 소작농이었는데 중국에 오니 일본에서는 상상조차 할 수 없는 넓은 땅을 소유할 수 있었어요. 반대로 땅을 빼앗긴 중국 농부들은 일본 정착민들의 소작농이 되었죠."

한 연로한 생존자는 열세 살 때 한 장교가 자신의 고향에 와 모두에게 당장 짐을 싸 떠날 것을 장려한 연설에 큰 감동을 받았다고 말한다. "군 장교가 우리 학교에 왔죠. 중위였을 거예요. 만주 정착과 관련해 1시간 정도 연설했던 것 같아요. 장교는 광활한 토지를 개간하면 전부 우리 것이 될 거고 그러면 우리는 넓은 농장을 운영하게 될 거라고 말했죠. 마적들이 위험하지만 관동군이 우리를 보호할 테니 걱정 말라 했죠. '일본에서 손바닥만한 땅에서 소작농으로 일하느니 만주에 가서 커다란 농장을 직접 운영하는 게 어떠냐'고 했어요. …장교가 말하는 것을 들으면서 '근사한걸. 나를 위한 곳이군.'이라고 생각했죠. 그 말만 들어도 심장이 고동쳤어요."

만주에 도착한 수많은 정착민은 그들이 원하던 천국을 만났다. "저는 10살 때 만주로 갔죠." 다른 생존자는 이렇게 말한다. "아버지는 군인이셨어요. 아버지가 소속된 부대는 소련 국경과 근접한 마을에 주둔하고 있어서 저와 어머니, 동생들 역시 군인 가족으로 그곳에 갔죠. 아버지는 소규모 군부대를 맡고 있었는데, 우리는 갑자기 니가타에 위치한 산악 마을을 떠나 만주로 가서 귀족처럼 살았어요."

일본이 전쟁에서 지고 있다는 사실이 점차 명확해졌지만 정부는 계속해서 새로운 정착민을 보냈다. "아버지는 학교에서 학생들에게 기모노 만드는 법을 가르치셨어요." 한 여성은 이렇게 기억했다. "그런데 전쟁이 터지자 사람들은 기모노를 안 입기 시작했어요. 아버지는 결국 공장에 취직하셨죠. 하지만 아버지는 마흔예닐곱 정도로 연세가 있었기 때문에 그런 일은 하기 힘들었어요. 식량이 배급되기는 했지만 자식이 다섯이나 되었기에 우리는 먹을게 늘 부족했죠. 정부 관료들은 아버지에게 만주로 가라고 구슬리고 달랬어요. 마을 공무원이 우리 집에 찾아와서 만주에 가면 배급 따위는 필요 없을 거라고 했죠. 밥을 마음껏 먹을 수 있을 뿐만 아니라 농작물 생산량이 풍부해 누구나 농사를 지을 수 있다고 했어요. 공무원은 매일 우리 집에 와서 부모님을 꼬드겼죠. 말을 참 잘했고 이런저런 말을 늘어놓았어요. 결국 부모님은 그 말에 넘어갔고 만주로 떠나기로 결정했죠."

그녀의 가족은 1945년 5월 26일에 만주에 도착했다. 일본이 패전하기 불과 몇 개월 전이었다. "정부에 묻고 싶어요. 일본이 패전할 것을 이미 알고 있지 않았냐고. 도대체 우리를 왜 보낸 거냐고. 정부는 우리에게 사실대로 말했어야 했던 거 아닐까요? '그곳은 위험하다고, 가지 말라고…' 우리에게 사실대로 말했더라면 아무도 가지 않았을 거예요. 날짜는 정확히 기억이 나지 않지만 8월 14일인가 15일에 우리 그룹의 지도자가 공지문을 보냈어요. 일본이 전쟁에서 졌다며 우리가 계속 만주에 머물 경우 마적들이 우리를 노략질할 거라고 했어요. 그는 '위험한 상황이니 당장 짐을 싸서 이곳을 빠져나가라'고 했어요. 그날 우리 짐이 일본에서 막 도착했는데 우리는 아직 짐을 풀지도 않은 상태였죠. 우리는 지체 없이 만주를 떠났어요."

나는 시인 타카라베 토리코와 함께 이 다큐멘터리를 보았다. 그녀는 1933년 일본에서 태어났으나 얼마 안 가 부모님과 함께 만주 길에 올랐다. 일본이 패전한 뒤 그녀는 고생 끝에 일본으로 돌아왔는데 여동생과 아버지는 도중에 사망하고 말았다. 다른 수많은 관객과 함께 영화를 보면서 타카라베는 전쟁이 끝나갈 무렵 만주로 간 정착민들의 증언에 가슴 아파했다. 그녀는 겉보기에는 차분한 여인처럼 보였지만 진정한 분노가 무엇인지 잘 알고 있었다.

그녀는 외쳤다. "일본 정부는 곧 패전할 거라는 사실을 알았지만 아무 일도 없는 것처럼 보이려고 계속해서 사람들을 만주로 보냈죠. 만주에서 일어난 일에 누군가는 책임져야 해요. 정부 고위 관료들은 왜 처벌받지 않은 거죠?"

타카라베는 현재 도쿄 외곽에 살고 있다. 기품 있는 태도를 보면 어린 시절 그녀를 고통 속으로 몰아넣은 폭력과 비극이 잘 느껴지지 않는다. 타카라베는 과장된 대화를 좋아하지 않지만 피난길에 함께한 죽음과 피는 그녀가 쓴 시에 종종 흔적이 남아있다.

타카라베는 〈내가 늘 보는 죽음〉이라는 시를 통해 자신의 동생을 기린다.

동생은 하늘색 옷을 입은 채

커다란 풀 뒤로 모습을 드러냈다가 숨는다.

동생은 얼굴처럼 생긴 작약을 들고 있다.

허나 아, 동생은 다리에서

저 멀리 깊은 계곡 시냇물 바닥으로 떨어진다.

나는 깜짝 잠에서 깬다.

나는 누운 채로 떨어지는 동생을 껴안으려 허우적거린다.

하늘색 상처가

내 팔을 타고 떠오른다.

타카라베는 아버지에 관한 글을 쓰기도 했다. 성미가 불같고 난폭한 아버지는 일본에 잘 적응하지 못했다. 그런 아버지에게 만주는 완벽한 곳이었다. 타카라베의 말이다. "할아버지는 아버지가 열세 살 되던 해에 아버지를 작은할아버지에게 보내셨죠. 할아버지는 아버지가 망나니 같아서 두들겨 패서라도 정신을 차리게 해야 한다고 생각하셨어요." 하지만 삼촌은 조카를 잡지 못했고 결국 그녀의 아버지는 중국으로 가 낭인 패거리에 합류함으로써 일본의 중국 점령에 기여했다. 원칙 따위는 안중에 없던 이 변덕스러운 남자는 만주에 정착하면서 일본 군대의 지지를 받고 있던 장쮀린 부대의 '고문'이 되었다. 타카라베의 아버지는 장쮀린의 아들에게 일본어를 가르쳤다. 하지만 장쭤린이 신뢰할 만한 아군이 아니라는 사실이 밝혀지며 일본인 손에 암살당하자 타카라베의 아버지는 살인 사건에 연루되었고 신변의 안전을 위해 잠시 만주를 떠나야 했다. 일본에서 결혼한 그는 상황이 잠잠해지자 가족을 이끌고 만주로 돌아왔다.

"아버지는 중국 마적들을 잡아들이고 일본 편으로 끌어들이는 일을 하셨죠." 타카라베는 아버지의 사진을 찬찬히 살피며 나에게 이렇게 말했다. 만주에 머물 당시에 찍은 사진 속의 그는 통통하고 원기 왕성한 젊은이 모습이었다. "그들을 죽이기도 하셨고요. 아버지는 폭력적인 사람이었어요. 무시무시했죠. 아버지는 어머니가 자신의 비위를 맞추지 않을 때면 어머니를 때리기도 하셨죠. 아버지는 자기 아내를 때리는 걸 쉽게 생각했어요. 하긴 당시에 아버지는 사람들을 죽이는 게 일과였어요. 한번은 이웃집 개가 어머니를 공격했는데 아버지가 그 개를 죽여버리셨죠. 참 잔인했어요. 하지만 그게 가족을 보호하는 방법이라고 생각했을 거예요. 아버지는 자신이 떠나있는 동안 가족을 해칠 경우 자신이 무슨 일을 저지를 수 있는지 이웃들에게 보여준 거죠." 타카라베는 또 다른 시에서 "아버지한테서 싸늘한 피 냄새가 났다."고 했다.

타카라베의 자전적 소설 《비옥한 영토, 죽은 자들의 영토》는 일본이 패망할 무렵, 그녀의 가족이 만주에서 보낸 삶을 배경으로 한다. 타카라베는 어린 시절로 돌아가 만주의 풍경을 음미한다. 풍경을 압도하며 유유히 흐르는 웅장한 쑹화강. 하지만 쑹화강만큼이나 살상은 이 풍경의 많은 부분을 차지했음을 떠올린다.

타카라베는 아버지를 그린 소설 속 인물 야마모토를 통해 만주의 경이로움을 전한다.

야마모토는 제멋대로 펼쳐진 장엄한 만주를 늘 깊이 사랑했다. 그는 소시안링 인근 분지에 정착하기로 마음먹었다. 이 지역이 울창하고 경이로운 수풀로 둘러싸여 있기 때문이었으리라. 만주의 수풀은 인간의 손이 닿지 않아 대부분 자연 상태 그대로였으며 적송, 백송, 가문비나무, 전나무, 신갈나무, 참피나무, 미루나무, 자작나무가 무성했다.

나무를 거의 베지 않은 상태였기에 사냥철이 되면 사냥꾼들이 이곳을 찾았다. 그들은 대부분 동물 가죽을 찾아 이곳에 왔다. 이 마을에서 이렇게 깊은 산까지 오는 사람들은 대부분 러시아인이었다. 그들은 말 등에 갓 벗긴 동물 가죽을 휙 던지고는 그 위에 올라탄 뒤 산을 떠났다. 러시아인들은 이 짐승들이 거칠고 깊은 입김을 그들의 얼굴에 토한 것처럼 생겼으며 막 꿈에서 깬 모습이었다.

야마모토는 이 러시아인들의 야성적인 모습에 홀딱 반했다. 그들은 그에게 깊고 잔인한 산에 대해 얘기해주었다.

타카라베는 소설 속 인물 유키를 통해 어머니를 이렇게 묘사한다. 만주에 도착한 지 얼마 되지 않았을 때였다.

　그들은 말이 끄는 수레를 스쳐 지나갔는데 수레꾼은 대나무 막대 끝에 꽂아놓은 것을 우쭐해 하며 가리켰다. 유키는 입을 헤 벌리고 웃는 수레꾼의 얼굴을 물끄러미 바라보았다. 모래가 그의 얼굴을 뒤덮고 있었다. 막대 끝에는 그 남자처럼 입이 벌어진 얼굴이 달려 있었다.
　"마적 머리야." 야마모토 요시로는 아무렇지 않은 듯 말했다. 유키는 힐끗 올려다보았다. 모래가 잔뜩 붙어 있는 막 베어진 머리들이 전봇대에도 매달려 있었다. 그녀는 공포감에 뒷걸음질 쳤다. 하지만 소리를 지르지는 않았다. 등에 업은 아기를 꼭 잡은 채 그저 눈을 반쯤 감았다. 마적에 대한 얘기는 들어봤지만 이런 모습은 상상 밖이었다.
　거리는 갓 베어낸 머리들로 가득했다!
　유키는 소리를 지르지 않으려고 애썼다. 일본 여성으로서 자존심을 지켜야 했기 때문이 아니었다. 사실 너무 깜짝 놀라 소리조차 나오지 않았던 것이다. 그랬지만 유키는 아기를 위해 어떠한 일이 있더라도 일본으로 돌아가지 않겠다고 다짐했다.

21

조명 아래서

평범한 사람이라면 자유로운 생활 방식에 대해 신중히 생각해봤겠지만 요시코는 그러한 인생을 전혀 두려워하지 않았다. 별난 이야기를 좋아하는 대중은 그녀를 화젯거리로 삼았다. 그들은 때로는 도마 위에 그녀를 올려놓고 한 끼 식사를 차려냈으며 장식을 곁들이기도 했다. 요시코는 살아있는 동안에도 이미 전설이 된 것 같다.

-와타나베 류사쿠(일본 우익연구가, 《대륙 낭인》 저자)

《후진코론》에 처음 연재된 무라마쓰 쇼후의 소설 《남장미인》은 1933년 4월, 일본에서 책으로 출간되었다. 요시코는 곧 도쿄로 돌아가 출판가의 열기에 한몫을 더했다. 열하에서 그녀가 선보인 영웅적인 업적이 아직 대중들 마음속에 생생한 가운데 그녀에 관한 책이 세간의 관심 속에 발표되자 요시코는 그 어느 때보다도 유명세를 탔다. 품위 있는 미디어 스타라면 초연한 자세를 취해야 한다는 걸 알았지만 조명을 받으며 대중 앞에 서는 것을 좋아한 그녀는 관심받고 싶은 마음을 자제할 수 없었다.

나중에야 요시코는 이 기간에 자기가 얼마나 심각한 자해행위를 했는지 깨닫게 된다. 사실 일본으로 돌아가고 《남장미인》을 출

연예인처럼 자세를 취하고 있는 요시코 《요미우리신문》

간했을 때 그녀의 명성은 절정에 이르렀지만 그녀의 인생이 급격히 추락하기 시작한 것도 바로 이때부터다. 요시코는 그 후 15년을 더 살았고 기자들의 사랑을 듬뿍 받으며 주요 행사에서 입김이 커졌다. 그러나 일본 군부가 그녀를 가장 필요로 할 때 도리어 그들의 골칫거리가 되었다.

게다가 당시에 요시코가 기꺼이 만들어낸 이미지는 대중의 마음속에 깊이 각인되었고 그녀 자신도 군사적 위업을 과장되게 묘사하는 바람에 이 모든 것은 전후 재판에서 그녀가 중국을 배신한 증거로 사용되고 만다. 요시코는 교도소에서 작성한 자술서 첫 문장에서 불평을 토로했다. "내 인생은 나를 둘러싼 거짓 소문으로 만들어졌다. 나는 이 거짓 소문 때문에 죽을 것이다. 내 인생은 늘 그래왔다."

하지만 요시코의 다양한 진술을 살펴본 조카손녀 쇼코는 이 말에 동의하지 않는다. "이 글을 보면 알 수 있듯 입증되지 않은 자료들이 증거로 사용되는 바람에 요시코 할머니는 사형 선고를 받았겠지만 이는 할머니의 자업자득입니다."

1933년 요시코가 일본을 방문할 당시 진행된 화려한 미디어 행사에서 《후진코론》의 기자는 도쿄의 만주 공사관에 머물고 있는 그녀를 찾아가 최근 사건에 대한 그녀의 생각을 들을 수 있는 '독점'권을 얻었다. 이 기자는 이렇게 기록했다 "지금까지는 제삼자의 입장에서 그녀의 감정을 묘사한 기사들뿐이었다. 하지만 이번에는 요시코가 직접 펜을 들었다."

요시코는 에세이 《나는 조국을 사랑한다》에서 자신이 중국인으로서 일본으로 돌아간 거라고 말한다. 일본에서 어린 시절을 보냈지만 이제는 중국을 향한 변치 않는 충성심을 가진 완전한 중국 시민이라고 주장한다. 중국 혈통을 받아들이는 그녀의 새로운 변신은 일본 독자들을 매료시킨다.

요시코가 달성한 업적이 아무리 사소했을지라도 만주국을 파괴하려는 '게릴라'를 무찌르고 열하를 '해방한' 그녀의 공로를 인정하는 칭찬의 물결은 끊이지 않았다. 지나친 보도 때문에 요시코 자신도 이를 부인해야 할 정도였다. 그녀는 드물게 겸손한 태도로 이렇게 적고 있다. "나는 군대를 이끌고 열하를 구석구석 돌아다녔다. 하지만 내가 실제로 달성한 업적에 비해 10배나 많은 관심을 받고 있다. 아주 당황스럽다." 요시코는 자신이 기여한 바가 그리 크지 않다고 시인했지만 자신이 중요한 인물이라는 자화자찬은 멈추지 않는다. 애퍼매턱스[1]의 그랜트 장군처럼 오랜 전쟁으로 지친 장군의 말투로 전쟁에서 승리한 것은 만족하지만 전쟁이라는 피비린내 나는 행위를 생각하면 마음이 울적하다고 전한다.

기사의 전면에는 복싱 연습을 마친 뒤 반바지에 운동화 차림으로 만주 공사관으로 들어가는 그녀의 모습이 담긴 사진이 실려 있다. 복싱 글러브를 낀 채 샌드백을 치고 있는 모습도 보인다. 전투를 위한 체력 준비를 마친 요시코는 전사로서 자신의 경험을 상세히 전한다. 혼자만의 영광이 아니라 '열하에 사는 3천만 중국인에게 행복'을 가져다주기 위해 싸웠다는 사실을 이해해달라고 독자들에게 당부한다.

요시코는 수많은 사람이 전장으로 떠나는 자신을 배웅했다고 말한다. 이발사, 무용수, 군인, 공무원, 만주국 장관의 아내들이었다. 여성들은 눈물을 흘렸지만 요시코는 그들에게 미소로 화답했

---

1. 버지니아주의 옛 마을, 1865년 4월 9일 리 장군이 그랜트 장군에게 항복하여 남북전쟁이 종결됨

다. 밝은 모습은 대중을 위해 지어낸 것일 뿐 그녀의 속마음은 기쁨과는 거리가 멀었다. "군대를 이끌고 전장으로 향할 때 나는 조금도 자랑스럽거나 기쁘지 않았다." 요시코는 자신의 임무 수행으로 수많은 사망자가 생길 거라는 사실을 잊지 않았다. 그녀는 중국 시를 인용하며 이렇게 말한다. "상처를 입힌 자, 상처를 입은 자 모두 주목하라! 우리는 모두 같은 나라에서 태어난 같은 인간이다."

요시코는 자신의 부대 덕분에 일본 군대가 열하에 쉽게 진입할수 있었다고 주장하기까지 했다. 지나친 과장처럼 들리지만 일본 점령하에 놓인 중국에서 요시코의 목격담은 매우 생생하여 어느정도 신뢰가 가기도 한다. 과거에 요시코는 자신의 빛나는 모습에 도취하여 중국을 횡단하는 동안 황폐화한 광경에는 눈길 한 번 주지 않았었다. 하지만 이 에세이에서 요시코는 참혹한 전쟁의 현장을 이제야 직시하게 되었다고 말한다. 그녀는 모든 것을 보았다. 전장에서 자행된 대량 학살과 공포, 연이은 대학살로 만신창이가 된 그들의 삶을.

요시코는 일본의 침략으로 중국 마을들이 폐허가 된 것을 보고 공포를 느꼈다고 말한다. 전쟁이 계속될수록 공포는 커져만 갔다. "일본인들이 겪은 것에 비해 중국인들의 삶은 너무나 참혹하여 지옥이나 다름없었다." 화려한 무도회장과는 너무나도 다른 이곳에서 요시코는 먹을 것과 입을 것을 구하지 못해 절망에 빠진 농부를 보았다. 특히 그녀는 부모 잃은 아이들을 염려했다. "아이 우는 소리가 들리자 그냥 지나쳐갈 수 없었다. 병사를 시켜 아이를 찾아오라고 했고 그들은 결국 어린아이를 데리고 왔다. …전쟁 중이었지만 아이를 두고 갈 수는 없었다."

격란(激亂) 한가운데 뛰어든 요시코는 자신이 자란 일본을 드디어 객관적으로 바라보게 된 듯하다. 요시코는 일본 독자들에게 진실을 알려주고자 중국과 일본 양측 모두와 친분이 있는 현명한 대사(大使)의 역할을 자처한다. 권력에 밉보이지 않도록 신중하게 처신해야 한다는 것을 잘 알았던 그녀는 만주국을 수립하는 데 일본 군대가 큰 도움이 되었다며 감사의 뜻을 표한다.

사랑하는 일본의 지적인 여성들에게 전합니다. 만주국은 이 해심 많은 훌륭한 일본 군대의 도움으로 점차 온전한 국가로 발전 중입니다. 일본 군대는 만주국 국민들과 함께 만주의 자연 자원을 개발하고 인류가 전에 본 적 없는 낙원을 구축하기 위해 노력하고 있습니다.

그러더니 요시코는 선뜻 동의하기 힘든 주장을 펼친다.

타고난 훌륭한 성품 덕분에 이처럼 고귀한 업적을 달성한 일본인이 있는 한편, '중국 낭인'이라는 나쁜 일본인들도 이 가운데 섞여 있다는 사실을 부인할 수 없습니다. 이들 역

요시코와 나니와   레키시 노 사토 제공

시 일본인이며 이들을 일본인으로 여겨야 하는 건 슬픈 일
입니다. 저는 어린 시절 일본에서 자랐습니다. 일본의 고유
한 미덕을 잘 알고 있습니다. 일본은 저에게 많은 호의를 베
풀었습니다. 따라서 이들이 진짜 일본인이라는 사실을 믿을
수 없습니다.

중국을 멋대로 휘젓고 다니는 무법자 무리인 낭인에게 반감을 표한 건 요시코뿐만이 아니었다. 그들은 단체까지 조직해 제멋대로 중국인을 괴롭혔다.

이 에세이에서는 다소 자제하고 있지만 시간이 갈수록 중국에 거주하는 일본인을 향한 그녀의 진술은 더욱 신랄하고 격분한 어조를 띤다. 요시코를 유명인사로 만들고자 열의를 다했던 일본 군대는 그녀가 그러한 명성을 쌓도록 도운 사실을 후회하게 되었다. 처음에 그녀의 비판은 그저 골칫거리에 불과했지만 일본을 비난하는 목소리가 점차 거세지자 요시코는 반체제 인물로 여겨졌다.

그리하여 마침내 일본 장교들은 그녀를 제거해야겠다는 계획을 세우게 된다.

*

요시코는 전성기 때 일본에 머물며 전쟁 소식을 전했을 뿐만 아니라 만주국에서 인생을 즐기기 위해 중국에 가기도 했다. 일본은 곧 결정을 내리겠지만 아직까지는 그녀가 자신들에게 도움이 되는지 위협이 되는지 최종판단을 내리지 못한 상태였다. 그 사이 요시코는 만주국을 자유롭게 활보할 수 있었다.

요시코가 사망한 뒤 출간된 잡지 기사에 따르면, 유럽에서 활동하던 변호사 토마스 아베가 이 시기 그녀의 인생에 등장한다. 요시코가 명성을 얻고 돈을 구하는 데 도움을 준 인물이었다. 이름에서 느껴지듯 일본 조상을 둔 아베는 파리에서 법률 공부를 마쳤을 때 일본이 1931년 만주를 침략했다는 소식을 접했다. 호기심이 인 그는 하얼빈으로 가 대규모 러시아 지역사회를 겨냥해 법률 사무소를 차렸다.

"교육받은 러시아인들이 프랑스어를 할 줄 알던 시대였죠. 제 사무소는 번창했어요." 그는 치질 시술 중 젊고 아름다운 러시아 공산주의자를 사망하게 했다는 혐의를 받은 백인 러시아 의사를 변호하면서 명성이 치솟았다. 하지만 일본 군대가 만주국을 수립할 때 법을 무시했다는 사실을 알지 못했다고 말하는 것을 보면 법률적 전문성이 그다지 뛰어난 것 같지는 않다. 그는 이렇게 말했다. "나는 법률 이론에 관한 해박한 지식을 뻔뻔하게 자랑했지만 내 지식은 문화 중심지였던 유럽에만 국한한 것이었다."

아베는 자신과 요시코가 잘 맞았다고 말한다. 치질 사건에서 승소하여 요시코에 버금가는 명성을 얻게 된 무렵이었다. 둘의 인연이 시작된 건 요시코가 하얼빈으로 오면서부터였다. 요시코는 한 만주국 장교의 미망인을 위해 일본 철도 당국이 몰수한 죽은 남편의 자산을 보상받도록 압력을 넣는 일에 개입하게 된다. 요시코는 자신의 영향력을 이용해 미망인을 돕고자 했으며 그에 대한 보수로 현금을 두둑이 챙길 계획이었다. 이 과정에서 아베와의 만남이 이루어졌고 둘은 곧 가까워졌다.

아베는 이렇게 적고 있다. "요시코는 러시아인이 소유한 화려한 현대식 호텔에 머물렀다. 그녀는 가장 좋은 방 두 개를 빌렸고 널찍한 식당 가운데서 식사를 했다. 또한 식탁 몇 개를 이어붙인 뒤 열댓 명의 손님을 초대하곤 했다. 식사할 때는 자신이 가장 좋아하는 음악을 연주하게 했으며 꽃이 한가득 놓인 탁자 중앙에 앉았다. 그녀는 정말로 여왕처럼 식사했다.”

만주 장교의 미망인을 도와 애쓴 데 대한 '존경'의 표시로, 남만주 철도의 일본 지점장은 요시코에게 2만 엔을 건넸다. 남만주 철도는 중국 북동지역에 마구잡이로 뻗어 나가던 일본 기업 중 하나였다. 요시코가 이 돈을 빠른 속도로 탕진하는 데는 아베도 일조했다. 아베는 요시코를 사랑하지 않았지만 그녀와 함께 지낸 시간이 나쁘진 않았다고 말한다. 그 역시 그녀와 함께 호화로운 생활을 즐겼을 것이다. 연인은 창춘에 함께 가기도 했다. 그들은 그곳에서도 화려한 호텔에 머물렀다. 요시코가 타다 하야오와 함께 머물렀던 방을 빌렸다. 계속해서 돈이 필요했던 요시코는 치즈코를 만주국의 재무장관에게 보내 돈을 더 받아오라고 시켰지만 장관은 요시코가 직접 오지 않는 한 더 이상 돈을 주지 않겠다고 했다.

그녀는 “그러한 돈이라면 필요하지 않다.”고 응답했고 보다 호의적인 대상에게서 돈을 뜯어냈다.

요시코는 내부 조명이 켜진 차를 타고 거리를 오갈 때 대담하게도 아베의 무릎 위에 앉아 오가던 사람들의 구경거리가 되었다. “너는 고급 창녀일 뿐이야!” 지나가던 누군가가 그녀에게 소리쳤지만 요시코는 당황하지 않았다. 그녀는 요란한 서양식 옷을 입고 머리에 리본을 단 채 몬테카를로 댄스홀에 나타났고 한번 '나비처럼' 춤을 추기 시작하면 멈추지 않았다. 댄스홀 주인은 '가와시마 요시코가 여기 있다.'는 안내문을 밖에 붙여두었고 호기심이 인 관중들이 그녀를 보려고 몰려들었다.

아베는 요시코가 일본 군부에 달라붙어 아부하던 사람은 아니었다고 말한다. 사실 일본 당국은 그녀가 누구의 편인지 혼란스러워했다. 그들은 요시코와 아베를 수상쩍게 여겼으며 그들을 늘 미행했다. "요시코는 일본 군대의 내막에 대해 너무 많은 것을 알았으며 경멸스럽다는 듯이 그들을 바라보았다. …그녀는 유명했고 나는 러시아인들 사이에서 아주 대담한 인물로 알려져 있었다. 일본 군대가 우리를 고운 시선으로 볼 리가 없었다."

아베는 요시코의 사려 깊음과 묘한 매력에 매료되기도 했다. "요시코는 기분이 내킬 때면 장군 제복을 입었다. 남장은 그녀의 트레이드마크처럼 여겨졌고 난 그녀의 차림새가 전혀 언짢게 느껴지지 않았다. 그녀는 다카라즈카 여배우들과 크게 다를 바 없었다. 그들도 무대에 서지 않을 때 남성복 차림으로 외출하곤 했으니까…. 단둘이 방에 있을 때면 요시코는 나를 배려했으며 아주 여성스럽게 행동했다. 내가 지루해하는 것 같으면 자신이 직접 작곡한 몽골 음악을 틀어주었다. '네 긴 속눈썹이 숲이라면 네 촉촉한 눈은 개울이지….' 그런 다음에는 좋아하는 시를 몇 개 읊었다. 아직도 그녀의 목소리가 생생하다."

아베는 요시코를 따라 그녀와 개인적인 친분이 있는 츠쿠시 쿠마시치 일본 육군 중장을 방문했을 때 뜻밖의 장면을 목격하기도 했다.

요시코는 츠쿠시에게 말했다. "솔직히 말씀드리면 저는 이 남자와 프랑스나 독일에 갈 생각이에요. 휴가 좀 보내 달라고 요청하러 왔어요."

육군 중장은 하루하루 힘들게 지내는 걸 잘 안다면서 그녀를 치하하며 말했다. "좋은 생각인 것 같소. 늘 군대의 부름에 따라 임무를 수행해야 하는 건 쉬운 일이 아니지."

유럽으로 가려면 돈이 많이 들 터였다. 사실 그녀는 웬만하면 돌아오지 않을 작정이었다. 충분한 자금을 모이지 않자 요시코는 대신 가까운 곳으로 여행을 떠나기로 한다. 아베는 하얼빈을 떠나던 날을 이렇게 전한다.

그날 아침 많은 사람이 우리를 배웅하러 역으로 왔다. 최근까지만 해도 우리를 적으로 취급하던 군대와 특별 고등경찰들까지 그녀를 보내기 아쉬운 듯 꽃을 들고 배웅하러 왔다.

요시코는 우연히 남만주 철도 지점장을 마주쳤다. "특별실에 탈 수 있을까요? 저는 일반실에 타본 적이 없어서요."

그녀는 VIP실을 달라고 그를 구슬렸다. 지점장은 특별실을 준비하러 서둘러 갔고 얼마 안 가 그들을 특별실로 안내했다. 요시코는 객실 입구에 서서는 플랫폼 바로 옆에 놓인 여행 가방을 가리키며 말했다.

"제 가방들이에요. 빨리 이곳으로 옮겨주시겠어요?"

주위에는 짐꾼이 없었다. 바로 그때 출발을 알리는 호각소리가 들렸다. 하얼빈은 철도 산업에 의존하고 있었기에 지점장은 이 도시의 군주나 다름없었다. 그런 그가 짐꾼을 자청해 그녀의 짐을 손수 실어주었다.

가와시마 요시코는 이런 행동 양식으로 총사령관과 참모총장을 구슬려 엄청난 액수의 비자금을 뜯어내기도 했다.

22

돌아온 탕아

아니오. 단지 동생의 거취가 불확실했다고 말하는 것으론 부족합니다. 지위를 박탈당한 거라고 봐야 합니다. 토사구팽당한 거죠. 상하이사변 당시 막후에서 진행되던 일을 속속들이 알고 있던 요시코는 중일전쟁이 발발하자 일본 군부에 성가신 존재가 되었습니다.

—**셴리**(요시코의 오빠)

그러다 갑자기 험난한 시기가 찾아왔고 고난이 다시 이어졌다.

1933년 8월, 8년 만에 마쓰모토로 돌아갔을 때 요시코는 고열에도 불구하고 연설 요청에 응했다. 하지만 인파로 가득 찬 강당에 도착해서야 요시코는 헌병대가 자신에게 함구령을 내렸다는 전갈을 받았다.

요시코는 청중을 향해 이렇게 말했다. "저는 아버지와 오빠들에게 불평을 털어놓았죠. 도대체 왜 저의 입을 막으려는 거냐고요? 저는 이 난감한 상황이 괴로웠습니다. 다른 현에서 그랬다면 별로 신경 쓰지 않았을 겁니다. 하지만 저의 두 번째 고향인 신슈[1]에서 일어난 일이라 정말 화가 납니다."

---

1. 나가노현의 옛 이름

중국 의상을 입고 있는 요시코   호카리 카시오 제공

잠시 청중에게 양해를 구한 뒤 요시코는 관계자와 협상하러 갔다. 함구령이 겨우 해제되면서 연단 위에 다시 선 요시코는 고향 사람들에게 자신이 한 일에 관해 얘기하기 시작했다. 그녀의 복장은 동정심을 자아냈다. 요시코는 일본 군복이 아니라 검은색 창파오[1]와 모자를 쓰고 있었다.

　"오늘 밤만큼은 저를 돌아온 탕아로 생각해주세요. 저는 임무 수행을 위해 떠났던 고향을 잠시 방문하려고 누더기를 걸친 채 돌아왔습니다."

　헌병대가 요시코의 입을 다물리려던 건 당연한 일이었다. 요시코는 계속해서 평화를 주창하며 중국과 일본 간의 우호적인 관계와 단합을 강조했다. 중국에서 전쟁을 수행하고 있는 마당에 평화와 우호를 강조하는 것은 일본 군부에 달가울 리가 없었다. 대중들에게 호전적인 분위기를 불어넣는 데 도움이 되지 않는 태도였다.

　"저는 사령관으로서 총성이 울려 퍼지는 전장에 수차례 뛰어들었고 세 번이나 총상을 입었습니다. 하지만 생각해보면 친구든 적이든 우리는 모두 형제입니다."

　요시코가 만주국 사람들이 품고 있는 희망에 대해 전하자 헌병대는 더욱 초조해졌을 것이다. 그녀는 만주국 사람들이 점령국 일본을 마치 부처의 화신처럼 보며 온정과 자비를 베풀어줄 것을 기대하고 있다고 말했다.

---

1. 남자들이 입는 두루마기 형태의 중국 옷

라디오 방송국에 있는 요시코, 1933년경 《분게이슌주》

이 연설에서 요시코는 자신의 종잡을 수 없는 세계관과 씨름하고 있는 모습을 또다시 드러낸다. 세상에 대한 그녀의 인식은 이미 엉망진창이 되어버렸고 놀란 감정을 표현하는 것 말고는 그 어떤 일을 도모할 의지나 역량도 없어 보인다. 요시코는 자기가 돕겠다던 사람들을 위해 그 어떤 새로운 정책이나 실천 방법을 제시하지 못했다는 비난을 받아왔던 터였다. 단지 청 왕조의 부활만을 외쳐대는 것만으로는 턱없이 부족했다. 나니와의 조카 하라다 도모히코는 이렇게 적고 있다. "요시코에게는 이상도 없었고 이념도 없었다. 아마도 현대 사회를 살아가는 데 필요한 감각조차 사라진 듯했다."

그녀의 오빠 셴리는 이보다 더욱 신랄한 태도를 보인다. 고결한 이상에 대한 토론과는 거리가 멀어 보이는 그이기는 하지만 동생의 업적을 업신여기는 그의 태도는 자못 가혹하다. "요시코는 이상이 없었으며 천한 사람들과 어울렸습니다. 현실적인 계획을 구상할 수 있도록 교육을 받았더라면 역사 속에서 나름의 역할을 해낼 수도 있었을 겁니다. 똑똑한 아이인 데다 직감도 있고 능력도 뛰어났으니까요. 하지만 가족 운이 없었고 타고난 성격도 특이했어요. 요시코의 인생을 한마디로 요약하면 늘 마음이 끌리는 대로 무의미하게 떠돌아다닌 인생이었다고 할 수 있습니다."

집중이 요구되는 시기였지만 요시코는 뚜렷한 원칙이 없었다. 현재 상황에 대한 그녀의 관점은 성숙하지 못했고 쉽게 변했으며 종잡을 수 없었다. 갈수록 심해지는 혼란과 환멸, 충격과 수치심을 솔직히 표현했던 요시코는 자기 얘기를 들으러 오는 대중들에게 자신의 기분을 내키는 대로 전달할 뿐이었다.

그녀의 허우적대는 모습이 몇 주 후 재확인되었다. 요시코가 다시 뉴스에 등장한 것이다. 그녀는 새로 사귄 댄스 강사를 비롯해 여러 친구와 함께 휴양도시 아타미를 방문했다. 여관 주인이 입구에서 단체 사진을 찍지 못하게 하자 이를 불쾌하게 여긴 요시코와 친구들은 더러운 신발을 신은 채 여관 안으로 들어갔다. 신문 기사에 따르면 "요시코는 난폭하게도 응접실에 놓인 쿠션으로 더러운 신발을 닦았다. 상황은 감당할 수 없이 험악한 수준으로 치달았고 결국 큰 소동으로 번졌다." 결국 요시코와 친구들은 무례함을 사과한 뒤 그날 밤, 쫓겨나듯 차를 타고 떠났다.

그녀가 새로 사귄 남자친구를 보면 요시코의 행보를 여실히 알 수 있다. 새 남자친구와 함께 곧 현금이 뒤따라오리라는 건 어렵지 않게 예상할 수 있는 일이었다. 이토 한니는 언론의 관심과 돈을 얻기 위해서라면 사기행각도 마다하지 않는 여성에게 딱 어울리는 완벽한 짝이었다. 이토는 직업전선에 입문한 지 얼마 되지 않아 주식으로 대성공을 거두었는데 점성술사의 도움으로 투자 전략을 짰다고 한다. 사기꾼 같은 풍모에 자신을 '투기의 천재'라고 홍보하며 투자자들을 꼬드겨 막대한 자금을 그러모았고 순식간에 떼돈을 벌었다.

한번 돈을 벌면 다 써버리고 다시 돈을 굴려 부자가 되는 과정을 반복했던 이토는 문학적인 감수성만큼은 풍부했다. 그는 책을 쓰고 노래를 작사했으며 신문과 잡지사를 운영하기도 했다. 그는 특히 자신의 입에서 나오는 말의 위력에 도취했다. 대중들은 그를 '메시아'라 부를 정도였고 일본과 중국에서 열린 수차례 강연에서는 엄청난 수의 청중이 그의 '신(新)아시아주의' 철학을 듣기 위해 몰려들었다. 요시코와 마찬가지로 이토는 팬들의 마음을 사기 위해 이런저런 사상을 마구 짜깁기했다. 그는 루돌프 슈타이너[1]의

1. 인지학(人智學)의 창시자로 정신과학을 체계적이고 구체적인 학문으로 발전시킴

사상을 주로 차용했다. 당시 일본 대중들은 경제적으로 힘겨운 상황에 놓인 데다 외국에 대한 적개심을 갖고 있었다. 이토는 이러한 일본 청중들을 향해 일본의 승리와 서양의 몰락을 예견한다.

지난 수십 년 동안 경제적 고난에 처한 모든 일본인을 구해 내야 합니다!

일본이 겪는 문제는 다른 국가들이 겪는 경제 위기와는 아무런 관련이 없습니다. 경제적 번영을 구가할 수 있는 길이 있습니다. 저는 이 방법을 찾아냈습니다. 저는 우리가 품위 있게 살아갈 진정한 길을 발견했습니다.

그 길이 바로 한니의 '새로운 아시아주의'입니다. 남녀 모두를 빚과 빈곤, 온갖 질병에서 구출해줄 것입니다. 전 세계 영토와 부의 1/5을 소유한 영국 제국, 전 세계 금의 2/3를 소유한 미국은 실업과 경제 침체로 고군분투하고 있습니다. 그들의 잘못된 정치 때문입니다. 영국과 미국은 돈이 있는 데도 경제 침체를 겪고 있습니다.

뒤집어 말하면, 일본은 돈이 없더라도 경제적 번영을 누릴 수 있다는 뜻 아니겠습니까?

이토는 자신의 인기에 도취된 나머지, 일본 경찰 역시 그의 연설을 엿듣기 위해 그 자리에 참석했다는 사실을 잊고 말았다. 그가 혁명을 운운하는가 하면 1935년 정치적 격변의 시기에 유행한 선동적인 개념들을 옹호하기 시작하자 경찰은 사기 혐의로 그를 체포했다.

요시코는 이토가 수감되기 전에 그의 수행단과 합류했는데 기자들은 이들이 잘 어울리는 한 쌍이라는 데 입을 모았다. 그들은 함께 무도회장을 다녔고 요시코는 그의 가르침에 홀딱 빠진 듯 이토의 강연에 늘 참석했다. 한번은 상당히 여성스러운 복장으로(진홍색 중국 의상이었다) 나타나서는 결혼이 임박한 거 아니냐고 묻는 기자들을 피해 다니기도 했다.

"다시 여성이 되셨는데, 곧 결혼할 예정이라 그런 것 아닌가요? 배우자감으로 한니 씨를 어떻게 생각하시나요?"

요시코는 이러한 질문에 자신의 몸값은 결코 저렴하지 않다며 건방지게 대답했다. "저와 결혼하겠다는 사람이 있다면 누구와도 기꺼이 결혼할 거예요. 하지만 한 달에 만 엔 이상은 쓸 수 있게 해줘야 할 겁니다."

연인은 도쿄에서 함께 살았다. 지인들의 기억에 따르면 그들의 침실에는 새빨간 침대보로 덮인 침대와 녹색 러그가 깔려있었으며 침실문에는 '사령관의 방'이라는 표지판이 붙어있었다고 한다.

요시코는 이토의 돈을 갖고 마쓰모토로 돌아갔다. 나니와를 위해 칠순 잔치를 열어주기 위해서였다. 하지만 아버지와 딸 사이의 갈등은 여전했다. 그들의 어색한 관계를 잘 알고 있는 사람이라면 파티를 주최하는 동안 요시코의 내면적 갈등을 쉽게 상상할 수 있을 것이다. 그녀는 양부를 혐오하는 동시에 그를 필요로 했다.

백 명 남짓한 손님이 참석했다. 트럭 두 대 분량의 파티용품과 함께 도쿄에서 직접 데리고 온 전통예술가가 축하 공연을 펼쳤다. 요시코는 샤미센[1] 반주에 맞춰 직접 축가를 불러 사람들을 놀라게 했다. 요시코는 효심 깊은 딸의 모습을 보여주기 위해 나니와의 생일잔치를 연 것이겠지만 값비싸고 화려한 기모노에 정교한 시마다[2] 가발을 쓴 그녀의 모습은 마치 기생처럼 보였다.

양녀의 기이한 행동에 체념한 듯 나니와는 "요시코가 뭘 하고 있는지 전혀 모르겠다."고 말했다고 한다.

한때 요시코의 지휘 아래 있던 '병사' 스무 명은 하객들 사이에 뒤섞여 묘한 분위기를 자아냈다. 행사에 참석한 한 기자는 이렇게 말했다. "이상하게 생긴 남자들이 납작 엎드려 이 사랑스러운 일본 여성에게 경의를 표하는 모습이 어찌나 흥미로웠는지 여러분은 상상도 못 할 것입니다."

한 병사는 요시코가 중요한 작전 수행을 앞두고 잠시 휴식 차원에서 파티를 연 것뿐이라며 기자에게 귀띔했다. "사령관님의 다음번 행차는 예의주시할 가치가 있을 겁니다. 아직 확정된 바는 없지만 사령관님이 곧 톈진에 있는 '왕의 거처'에 머무르며 비밀 작전

---

1. 일본의 대표적인 현악기
2. 일본 여성 머리 스타일 중 하나로 현대에는 주로 기생들이 가발로 쓴다.

을 구상하실 겁니다."

대중의 관심에 신이 난 요시코는 이토의 돈으로 구입한 비행기를 직접 조종할 거라고 말했다고 한다. 한편 도쿄에서 그녀는 유명한 초민족주의자 도야마 미쓰루, 이와타 아이노스케와 함께 스모 경기를 보러 간 모습이 목격되었다. 이와타 아이노스케는 실패로 돌아간 자살 사건 당시 요시코에게 권총을 제공해준 인물로 어린 시절부터 알고 지낸 지인이었다. 그때 이후로 이와타는 다양한 활동에 가담했으며 '애국' 단체를 창설해 급진적인 사상을 주창하고 다녔다. 외무부 관계자 암살 사건에 공모한 혐의로 복역한 뒤에도

칠순 생일잔치에서 렌코와 요시코 사이에 앉은 나니와, 1935년　호카리 카시오 제공

이와타는 서방 세력과의 군사 조약에서 타협을 모색한 수상을 살해하는 데 가담하기도 했다.

요시코가 이러한 극단주의자들과 친하게 지낸 이력은 훗날 중국에서 열린 재판 당시 문제가 되었다. 재판에서 요시코는 그들이 나니와의 집에서 지내던 어린 시절부터 알고 지낸 가족 같은 이들이며 그들과 정치적인 제휴를 맺은 게 아니라고 주장했다. 이 주장은 사실이었지만 중국 법원은 이 남성들이 자신들의 목표를 달성하기 위해 그녀를 이용했을 것으로 추측했다.

요시코는 이러한 막강한 친구들 사이에서도 눈에 띄는 여성스러운 복장으로 존재감을 확실히 드러냈다. 붉은색의 긴 띠에 은색과 금색 자수가 놓인 분홍색 유젠 기모노를 입고 머리는 시마다 스타일로 위로 틀어 올린 채 붉은 작약이 그려진 부채를 들고 있는 모습이었다.

1935년 이토 한니가 체포된 후, 요시코가 돈을 벌기 위해 별짓을 다 했다는 지저분한 소문이 나돌았다. 그녀가 명성을 얻는 데 한몫을 한 무라마쓰 쇼후는 요시코의 점차 대범해지는 행동에 질겁했다. 그를 초대한 자리에서 요시코가 건강에 도움이 될 거라며 그에게 주사를 놓아준 뒤 쇼후는 더욱 기겁했다. 훗날 그는 급속도로 건강이 악화하였고 그녀가 아편으로 자신을 살해하려 했다는 의심을 품는다. 상하이에서 그녀의 성적인 접근을 거부한 적이 있었기 때문이었다. 요시코와의 친분이 천수를 누리는 데 도움이 되지 않겠다고 확신한 쇼후는 그때 이후로 그녀를 피했다.

요시코는 괴상한 행동을 하고 다니던 중 건강이 급격히 나빠졌고 치료 방법을 찾기 위해 일본과 중국을 오갔다. 척추 염증도 그녀가 겪은 질병 중 하나였는데 비행기 프로펠러 때문에 입은 부상이 그 원인으로 추정된다. 요시코는 갈수록 다양한 약물에 의존하게 되었고 진통제로 알려진 아편 따위를 매일 이용했다. 한편 그녀는 중국에서 자행되던 일본의 잔인한 행동에 더욱 심란해졌고 약 기운에 취해 공공장소에서 겁 없이 자신의 의견을 표명하기도 했다.

총상 치료차 일본의 한 온천에 머물 당시 요시코는 인터뷰를 했는데, 기자는 그녀가 다리에 '포도당' 주사를 놓는 것을 보았다고 한다. 주사를 놓은 뒤 요시코는 정치 얘기를 꺼내며 새로운 사상을 설파했다. "만주국이라는 낙원을 수립하는 건 여전히 쉬운 일이 아닙니다. 일본은 만주국 사람들과 그들의 땅에 대해 더 깊이 이해할 필요가 있습니다. 말도 안 되는 오해와 소문이 그곳에 퍼지기 시작했어요."

그 무렵 요시코는 훗날 유명한 정치인이 된 일본 사업가를 만나 마쓰모토 식당에서 얘기를 나눴다. 유명 정치인은 중국에 주둔하던 일본인들에 대한 그녀의 거침없는 말투를 수십 년이 지난 후에도 생생히 기억했다. 요시코는 이렇게 말했다고 한다.

"이대로 가면 일본의 중국 정책은 실패할 게 분명합니다. 일본과 중국 간의 폭넓은 이해를 장려하는 정책을 실행하지 않을 경우 양국 모두 큰 피해를 볼 겁니다. 관동군 공작원인 도이하라 같은 인물이 말에 올라타 마을을 시찰할 때면 중국인들은 그 사람 앞에 무릎을 꿇어야 합니다. 이런 것을 계속 강요하다가는 결국 일본에게도 재앙으로 돌아올 것입니다. 만주국과 일본 간의 관계는 크게 바뀌어야 합니다."

그녀는 눈물을 흘리며 그에게 간청했다. "제발 만주국에 가주세요. 일본을 위한 일이기도 합니다. 푸이 황제에게 당신이 그곳에 간다고 전할게요."

그 시기에는 요시코의 온갖 모순적인 행동이 서로 충돌했고 그 충격은 오늘날에도 사라지지 않고 있다. 요시코는 여성스러운 실크 기모노를 입고 화려한 가발을 쓴 채 대중의 마음을 사는 것을 즐기는 한편, 아시아 전역에 일본 우월주의를 주창하며 유명인사 암살 사건에 연루된 남자들과 함께 운동경기를 관람하기도 했다. 그녀는 그런 부류의 남자들과 친하게 지내며 그들을 '삼촌'이라 부르기까지 했다. 하지만 간소한 검은색 중국 의상을 입은 채 연설에 나설 때면 바로 그 지인들이 부추긴 일본의 중국 침략을 비난하며 잔인한 살인 행각에 눈물을 흘렸다.

*

1937년 3월, 일본이 수백만 명의 사망자를 낸 전면전에 착수하기 불과 몇 개월 전, 요시코는 마쓰모토에서 수많은 군중 앞에 또

다시 모습을 드러낸다. 그녀는 미래를 내다본 듯 다시 검은색 창파오를 걸친 채 중국의 대변인 역할을 자청하며 자비를 호소했다.

이제 기력도 광채도 사라진 요시코는 주위의 도움을 받아 연단에 올라갔다. 그 광경을 목격한 한 사람은 그녀가 아편 중독 때문에 그렇게 병든 모습이었을 거라고 확신했다. 그녀가 전하는 우울한 메시지는 덕분에 더욱 큰 위력을 발휘했다.

요시코는 곧장 본론으로 들어가 자신이 느끼는 격분을 적나라하게 표출했다.

"오늘 밤 여기에 참석한 모든 분들은 저에 대한 관심과 약간의 친밀감 때문에 이곳에 오셨으리라 생각됩니다. 중국에 주둔하고 있는 일본인들이 중국 동포들에게 그러한 친절함을 아주 조금이라도 베풀어준다면 정말 감사할 텐데 말이죠!"

사실대로 말하면 중국과 만주에 주둔하고 있는 일본인의 대다수가 일확천금을 벌기 위해 바다를 건넜습니다. 조금도 과장하지 않고 말하는데, 그들은 일본에서 아무도 어울리려 하지 않던 패자들입니다. 스스로 먹고살 만큼 꾸준한 일자리를 구할 수 없는 부류들이죠. …아시아의 지도자가 되어야 할 일본인들이 그곳에 가서 순식간에 일본인답지 않은 일본인으로 변신합니다. 그들은 중국 동포들을 괴롭히고 그들의 마음에 공포를 불어넣습니다. 그들은 미움을 받습니다. 말해 보십시오. 이것이 받아들일 만한 행동입니까? …
외무부 관료, 군부, 특권 계층, 자본가들은 입만 열면 중일
간의 우정을 강조합니다. 하지만 그들이 얘기하는 중일 간
의 우정은 일본에만 일방적으로 유리한 관계일 뿐입니다.

이는 일본을 노골적으로 비난하는 연설이었으므로 평범한 사람
의 말이었다면 받아들여지기 어려웠을 것이다. 하지만 마을의 유
명인사이자 일본의 영웅인 요시코의 말이었던 터라 쉽사리 무시
할 수 없었다. 그녀는 중국에 주둔하고 있는 일본 외교관은 폐 질
환에 걸린 환자에게 위장약을 처방하는 의사처럼 무능하기 짝이
없다고 말하기도 했다. 요시코의 격앙된 목소리는 인류애에 대한
그녀의 기본적인 믿음을 대중에게 상기시킬 때 더욱 고조되었다.
그녀는 자기가 군대를 이끌던 건 평화를 위해서였다고 말했다.

당국이 우려했던 바를 확인이라도 하듯 요시코의 연설을 취재
한 기자는 그녀의 말에 감동을 받았으며 그녀가 전하는 메시지를
심사숙고할 필요가 있다고 보도했다. "요시코는 솔직하게 말했으
며 일본의 약점을 지적했다. 훌륭한 제안을 한 그녀는 역시 진정한
'동방의 잔 다르크'였다." 일본의 대중국 정책에 대해 심사숙고하
는 것은 당연히 일본 정부가 장려하는 바가 아니었다. 일본 정부에
게 필요한 건 대중을 선동할 만한 영향력이 있는, 울먹이는 목소리
의 병든 연설자도 아니었다.

요시코는 다 죽어가는 목소리로 말했다. "보시다시피 저 역시 상처를 입었고 이제는 큰 도움이 되지 못하는 병약자에 불과합니다. 하지만 먼저 죽어간 수많은 형제자매들을 위해 추모비를 세워 그들의 영혼이 안식을 찾도록 도울 수는 있습니다. 저는 만주와 몽골의 영원한 평화를 위해 기도할 겁니다. 그건 제가 할 수 있는 일입니다. 여러분 모두에게 간청합니다. 제 열망이 현실이 되도록 도와주세요."

23
과거를 회상하는 딸

일본이 패전한 뒤, 형과 나는 소련에 보내졌고 전범으로 구금되었다.
1950년, 우리는 중국 북동지역에 위치한 푸순 전범수용소로 이송되었
다. 처음에 우리는 곧 죽을 거라는 생각에 두려움에 떨었다. 하지만 다
행히도 전범수용소에서 원한 건 우리가 죄를 참회하고 새로운 인생을
사는 거였다.
형과 나는 특별사면을 받았으며 1959년과 1960년에 각기 출소했다. 우
리는 둘 다 새사람이 되었다.

─푸제('마지막 황제' 푸이의 동생)

어느 쌀쌀한 봄날, 나는 도쿄에서 후쿠나가 코세이를 만나 함께
차를 마셨다. 그녀 역시 부모님의 삶을 지배한 환멸과 좌절, 치욕
과 회한을 익히 알고 있었다. 코세이는 세상을 향한 자신의, 그리
고 자신을 향한 세상 사람들의 감정을 해독하는 데 많은 시간을 보
냈다. 요시코와 마찬가지로 코세이의 곤경은 그녀가 태어나는 순
간부터 시작되었고 요시코처럼 결코 끝이 보이지 않았다. 1940년
에 태어난 코세이는 사가 히로와 만주 왕자 푸제의 딸들 중 유일하
게 살아남은 딸이다. 그녀는 다섯 살 때까지 황실 가족의 일원으로
부모와 함께 만주국에 살았지만 일본이 패전하자 어머니와 함께

일본으로 달아났고 결국 일본인과 결혼해 다섯 자녀를 낳고 일본에 정착했다.

코세이는 수년 전 만주국 공주로서의 삶을 뒤로 한 채 익명의 삶과 가정의 평화를 추구하기로 마음먹었으나 과거를 늘 무시할 수 있었던 건 아니었다. 그녀는 말을 할 때면 늘 극단적일 정도로 예의를 차리고 눈치를 보는 등 여전히 귀족 같은 모습을 보인다. 정면을 응시할 때면 삶이 자신을 얼마나 괴롭혔는지 믿을 수 없어 하는 연약한 여성의 모습이 드러난다.

코세이는 푸제와 결혼한 일본인 어머니 히로를 떠올리며 이렇게 말했다. "어머니는 책임감이 강하셨어요. 평생 일본과 중국의 문화를 융합하려고 애쓰셨죠. 어머니는 황실 혈통의 유서 깊은 일본 집안에서 태어나셨고 자신의 신분과 처지에 따른 책임을 잘 알고 계셨어요."

코세이는 대중 앞에 서는 것을 별로 좋아하지 않았지만 가족 모두가 세상을 떠난 터라 이제는 가족의 유일한 대변인으로 나설 수밖에 없는 상황이었다.

"아시다시피 부모님의 결혼은 평범하지만은 않은 상황에서 이루어졌어요. 군부가 의도적으로 주선한 결혼이었죠. 결혼을 통해 양국을 연결함으로써 우위를 점하겠다는 군부의 전략은 부모님에게 가혹한 처사였죠. 하지만 어머니는 아버지가 품행이 단정한 분이라는 걸 알았고 결국 두 분은 그러한 전략을 잊은 채 인간 대 인간으로 마음을 나누셨어요. 어머니의 경우 어머니가 태어난 사회가 인생행로에 큰 영향을 미쳤죠. 결혼이 논의 중일 때 할아버지, 그러니까 어머니의 아버지는 어머니가 남자로 태어났었더라면 군대에 입대에 국가에 도움이 되어야 한다고 말씀하셨죠. 여성으로 태어난 어머니가 국가에 이바지하려면 결혼을 해야 한다고 하셨고요. 그래서 어머니는 자신 앞에 놓인 현실을 용감하게 받아들일 수 있으셨던 거예요."

코세이는 부모님에게 도움이 되기를 바라는 마음에서 아버지의 이야기를 다루는 TV 다큐멘터리에 출연하기도 했다. 촬영을 위해서 어린 시절을 보낸 창춘을 방문하기도 했다. 60년 만에 처음이었다. 세상을, 특히 중국을 불행의 원천으로 여길 이유가 충분했던 코세이였기에 이 여행을 떠나기 전 마음을 단단히 다잡았을 것이다.

2006년에 방영된 다큐멘터리 〈내 아버지, 푸제〉에는 코세이가 자신의 기억뿐만 아니라 연로한 중국인들과도 씨름하는 모습이 담겨 있다. 일본의 중국 점령을 비통해하는 이들이었다. "일본인들은 중국 노동자들을 아주 무자비하게 다뤘죠." 일본인을 위해 일했던 한 중국 남자는 창춘을 방문한 그녀에게 말했다. "그들은 우리를 학대했고 늘 바보라고 업신여기며 시도 때도 없이 때렸어요. 일본인들은 우리를 노예 취급했죠. 우리 노동자들은 그들을 싫어할 수밖에 없었어요."

코세이는 자신이 일본인들의 과오를 대신 속죄할 수 없다는 사실을 알지만 아버지 역시 만주국에서 수행한 역할을 후회했었다는 점만큼은 열심히 강조한다. 그녀는 고통스럽게 말한다. "아버지는 충실한 신하처럼 형, 푸이 황제를 모셨어요. 전쟁 중에도 이 충성심은 변하지 않았죠. 결국엔 그런 식으로 아버지 역시 일본에 협조한 거예요. 만주에 훌륭한 국가를 건설하는 데 일조하겠다는 마음에서였겠지만요. 훗날 아버지는 자신이 저지른 일을 돌이켜본 뒤 비난을 받아들이셨어요. 잘못된 생각 때문에 용서받을 수 없는 짓을 저질렀다는 것을 깨달으신 거죠. 감옥에서 세뇌당해서 그런 건 절대로 아니었어요. 아버지는 자신의 과거가 실수였다는 걸 마음속 깊이 깨달으셨어요. 중국 북동지역에 살던 중국인들의 삶을 비참하게 만든 범죄였죠. 아버지는 진심으로 사과하셨어요."

다큐멘터리에서 코세이는 이제는 혼잡한 창춘 거리 위에 위치한 옛집을 둘러보며 추억에 잠기기도 했다.

"이 정원 뒤로 논이 있었을 거예요. 요리사가 긴 앞치마를 두른 채 오리 떼를 몰던 장면이 떠오르네요. 오리 새끼들이 엄마 오리를 따라다니는 그런 흔한 광경 말이에요. 장관이었죠. 저는 뒤뚱거리며 오리들을 따라다녔어요. 지금 기억나는 거라곤 그런 것들뿐이에요."

코세이는 오리가 등장하는 기분 좋은 장면을 떠올렸지만 곧 혼란과 공포, 수치, 비극이 생각났다. 어린 시절, 그녀는 전쟁 기간 동안 아버지가 양국에서 다양한 관직을 맡으면서 중국과 일본을 오가는 불안정한 생활을 보내야 했다. 일본이 패전한 뒤 아버지는 전범으로 14년 동안 수감되었다. 코세이와 어머니는 복수심에 불타는 중국인들과 유행성 홍역을 피해 일본으로 달아났다. 1957년, 그녀의 언니는 모두에게 충격을 안겨준 동반 자살로 생을 마감했다. 중국인들은 일제 치하에서 말도 못 하게 고통받았다. 일본인의 칼날 끝에 수많은 사람이 참수당했으며 산 채로 가죽이 벗겨졌고 수감자들은 생체실험 대상이 되었다는 얘기도 있다. 이러한 상황에 견주어볼 때 코세이의 고난은 별 것 아닌 것처럼 보일 수 있다. 국가 전체를 잿더미로 만든 걷잡을 수 없는 화염 가운데 작은 폭죽에 불과했다. 그래서 코세이는 자신이 겪은 개인적인 슬픔을 언급하는 걸 꺼린다. 특권층에 속했던 그녀는 최악의 상황으로부터 보호받았기에 진짜 고통에 대해서는 아무것도 모른다는 비난을 살까 두렵기 때문이리라.

코세이가 아주 어렸을 때 만주국 국민들은 만주국의 실체를 알게 되었다. 코세이는 나에게 이렇게 말했다. "만주에 도착한 뒤 어머니가 마주한 현실은 그곳에 가기 전 어머니의 생각과는 딴판이었죠. 어머니는 그 실상에 깜짝 놀라셨어요. 처음에 일본인들은 다섯 민족 간에 조화로운 삶을 위해 그곳에 이상적인 국가를 건설할 거라고 했어요. 하지만 관동군은 점차 강력해졌고 그들의 이상과는 아무런 관련 없는 방향으로 일을 진행하기 시작했죠. 군부는 일반인들을 아주 거만한 태도로 대했고 그런 모습에 어머니는 상당히 슬퍼하셨어요. 일본은 석탄 같은 자연 자원이 부족했어요. 그래서 그러한 자원을 구하기 위해 만주에 계속 눈독을 들였죠. 인간의 욕심은 시간이 지나면 변하기 마련인지라 일본이 애초에 만주에서 구상한 계획은 크게 바뀌고 말았죠."

억압적인 칙령의 일환으로 일본은 만주국 국민들에게 그들의 종교를 버리고 일본의 신도[1]를 따를 것을 명령했다. 훗날 푸이 황제는 만주 의식을 금하는 일본의 명령을 거부할 수 없었다고 주장했다.

코세이의 어머니 히로는 이렇게 적었다. "일본은 '다섯 민족 간의 조화'라는 슬로건을 내세웠지만 현실적으로는 언제나 일본이 우위를 차지했다. …푸이 황제는 청나라 조상들에 제사도 지낼 수 없었다. 그들은 그에게 일본의 신도를 강요했다. …일본인들은 만주국의 설립자를 기리기 위해 황실궁내부(宮內府)[2] 인근에 신사를 지었다. 그들은 중국인들의 조상 숭배 전통을 무시한 채 신도를 국가 종교로 삼을 것을 강요했다. …거만한 관동군은 자기 멋대로 역사를 다시 쓸 수 있다고 믿었던 것일까? 그들은 그러한 행동을 할 경우 만주국 사람들이 그들을 향해 좋은 감정을 가질 거라고 착각했던 것일까?" 일본 군사 장교들은 만주국 군인들이 신도 학습

---

1. 조상과 자연을 섬기는 일본 종교
2. 궁내부는 만주국 황제의 직할기관으로, 궁중 사무를 관리했다.

에서 진전을 보이지 않을 경우 그들을 발로 차고 때리기도 했다.

전쟁이 일본에 불리하게 돌아가자 만주국에서 수확하는 쌀과 밀을 비롯한 기초 곡물은 대부분 일본으로 보내졌다. 굶주린 일본 인들을 먹여 살리기 위해서였다. 만주국 국민들이 쉽게 구할 수 있는 건 수수뿐이었다. 이러한 희생은 황실 가족의 삶에도 영향을 미쳤으나 일반 국민들에게는 더욱 큰 피해를 끼쳤고 그들은 굶주리게 되었다.

"우리는 밀가루를 생산하기 위해 열심히 일하지만 아무것도 먹을 수 없습니다. 전부 일본에 보내지기 때문이죠. 일본인들은 우리가 수수만 먹고 살아도 된다고 생각할 만큼 우리를 업신여기는 건가요?" 사람들의 불만이 터져 나왔다.

"우리는 일하고 또 일하지만 삶은 힘겹습니다. 우리의 잘못이 아니죠. 전쟁하기로 결정한 일본 잘못 아닌가요?" 관동군이 전쟁에서 승리할 때까지 식량이 부족한 상황을 견뎌야 한다면서 농민들을 다그친다고 배고픔이 달래지는 건 아니었다.

"우리 만주국 사람들은 옷도 지급받지 못해요." 한 농민이 푸제에게 말했다. "양말을 직접 만들고 싶어도 실이 없어요. 일본 군대는 필요한 것보다 많은 양모 양말을 갖고 있지 않나요? 일본인들은 우리가 짐승처럼 홀딱 벗은 채로 돌아다녀도 된다고 생각하는 건가요?"

1943년, 코세이와 그녀의 가족은 일본으로 돌아갔다. 그곳에서 아버지 푸제는 일본 육군 대학원에서 공부를 더 하기로 했다. 홀로 집에 남게 된 히로와 딸들은 도쿄가 미국의 공격을 받자 위험한 상황에 처하고 말았다. 히로는 이렇게 회상했다. "생각해보면 이런 위험한 광경은 지난 8년 동안 중국 전역에서 흔히 일어났습니다. 그게 다 일본 군대 때문이죠. 저는 이제야 처음으로 중국인들이 겪은 고통을 이해할 수 있을 것 같아요. 그전까지만 해도 이해하려고 노력은 했지만 추상적으로밖에 느껴지지 않았거든요. 마침내 그들이 겪고 있는 상황을 또렷이 이해할 수 있게 되었습니다."

1945년 2월, 일본이 곧 패전할 거라는 사실이 명확해지자, 코세이와 그녀의 부모는 만주로 돌아갔다. 중국인들을 대상으로 한 박해는 여전히 자행되고 있었고 히로는 자신이 일본인이라는 사실이 부끄러울 뿐이었다. "일본인으로 사는 게 정말이지 힘들었어요. 그럴 수만 있다면 중국인이 되고 싶었죠. …일본인들을 향한 만주국 사람들의 적개심은 갈수록 거세졌어요."

다섯 살이었던 코세이는 이러한 상황을 이해하기에는 너무 어렸다. 하지만 일본이 패전한 뒤 그녀와 어머니가 안전을 찾아 미친 듯이 도망치는 동안 그녀 역시 일본을 향한 중국인들의 적개심을 몸소 느꼈을 것이다.

훨씬 후인 1960년, 푸제는 출소했고 그다음 해 히로는 중국으로 가 그와 함께 살았으며 1987년에 사망할 때까지 그곳에 머물렀다.

하지만 코세이는 차마 그들을 따라갈 수 없었다. "저는 어떻게

해야 할지 몰라 혼란스러웠죠. 어린 시절 겪었던 공포감에서 벗어
날 수 없었어요. 저는 평화로운 일본에 살고 싶었어요. …평범하고
안정적인 삶에서 누릴 수 있는 행복을 원했었죠."

24
중국의 밤

그녀의 노래에는 우울한 날들의 애틋한 슬픔이 담겨 있었다.
-사토 타다오(일본 영화 평론가)

"그녀는 미소지었다. 계란형의 새하얀 얼굴에서 기품이 느껴졌다." 야마구치 요시코는 가와시마 요시코를 처음 만났을 당시를 이렇게 기록하고 있다. 중일전쟁이 발발한 1937년 중국에서였다. 가와시마 요시코는 다시 한번 직업을 바꾸었다. 그녀는 이제 톈진에서 중국 식당을 운영하고 있었다. "키가 크지는 않았지만 균형 잡힌 몸매였다." 야마구치는 자서전에서 이렇게 말한다. "남성용 검은색 창파오를 걸친 그녀에게서는 여성 역을 전문으로 하는 매력적인 남성 배우에게서 찾아볼 수 있는 아름다움이 느껴졌다." 그리하여 둘 사이에 우정이 싹텄다. 이들의 우정은 아직까지도 관심의 대상이다. 이 두 여성은 공통점이 많아 보인다. 이들의 우정에 관심이 수그러들지 않는 이유는 둘의 이름이 같을 뿐만 아니라 그들에게 닥친 상황 역시 비슷했기 때문이다. 다만 한 명은 날로 승승장구했지만 다른 한 명은 운이 다해갔다.

종종 '두 요시코'라 불리던 그들은 사실 나이 차가 꽤 났다. 가와시마 요시코가 열세 살이나 많았다. 그녀는 자신의 식당에서 야마구치를 처음 만났을 때 대뜸 자신이 연장자임을 내세웠다.

가와시마는 야마구치에게 이렇게 말했다. "어렸을 때 사람들은 나를 '요코 상'이라 불렀다. 그러니 나도 너를 '요코 상'이라 부르겠다. 너는 나를 '형님'이라 불러다오."

야마구치는 당시에 열일곱 살쯤이었고 가와시마는 서른 살이 넘었다고 짐작했다. 물론 요시코는 그보다 훨씬 어려 보였다. 야마구치는 새로 알게 된 친구를 경계했다. 야마구치의 자서전을 읽어본 사람이라면 그녀가 대인관계에 있어 주관이 뚜렷한 인물이라는 걸 잘 알 것이다. 야마구치는 득과 실을 꼼꼼히 계산해보지 않은 채 무작정 새로운 관계를 맺는 타입이 아니었다.

야마구치 요시코는 1920년, 중국에서 일본인 부모에게서 태어났으며 1937년까지만 해도 일본 땅을 밟아본 적이 없었다. 일본이 낯설었던 그녀는 가와시마가 입고 있던 검은색 창파오 스타일이 일본에서 유행하는 첨단패션의 일종이 아닐까 자문해 보기도 했다. 야마구치는 이렇게 말한다. "중국 경극에는 일본 가부키처럼 여성 역을 맡는 남자 배우들이 있다. 하지만 일본의 다카라즈카 극단처럼 여성이 남자 역할을 맡는 경우는 없다. …그래서 난 여성이 남성 복장을 하는 게 무슨 의미인지 알지 못했다. 하지만 그 모습이 이상하게 아름답다는 것만은 알 수 있었다. 그녀의 남성적 매력이 사람들을 끌어당겼다. 살아있는 인형을 보고 있는 기분이었다."

야마구치는 모든 면에서 여성스러운 여자였지만 충성이나 신념 면에서만큼은 남성스러운 가와시마에 필적할 만했다. 가와시마는 종종 심리적으로 흔들렸지만 야마구치는 그런 모습을 거의 보이지 않았고 급변하는 환경에 잘 적응했다. 야마구치는 시간이 갈수록 사방에서 온갖 공격을 받게 되지만 전반적으로 굳건한 모습을 보였으며 자신에게 닥친 그 어떤 일도 잘 견뎌냈다.

어린 시절부터 중국을 좋아한 야마구치의 아버지는 남만주 철도에서 일하던 일본 직원들에게 중국어를 가르쳤다. 야마구치의 말에 따르면 그는 애초부터 중국 문화에 심취했고 그 후로도 계속 중국 문화를 찬양했다고 한다. 그녀의 달곰한 기억 속에서 아버지는 때로는 꽤 매력적인 캐릭터로 남아있었다. 그러나 비굴할 정도로 현지인처럼 살아 보려고 애쓴 제국주의자의 모습도 있었다. "아버지는 일본이 동생 국가, 중국이 형 국가라고 생각했다. 아버지는 '중국을 바꿀 수는 없다. 중국은 너무나 깊고 방대하며 유구한 역사를 자랑한다. 이스즈 강[일본의 성스러운 강]물을 한 방울 퍼서 [중국의] 강물에 넣는다 한들 무슨 의미가 있겠는가?'라고 말하곤 했다."

야마구치의 아버지는 그녀가 중국어를 배워야 한다고 주장했으며 그녀를 손수 가르치기도 했다. 야마구치는 자신의 음감 덕분에 중국어를 비교적 쉽게 숙달할 수 있었다고 말한다. 그녀는 얼마 안가 중국어를 유창하게 말하게 되었다. 건강 역시 그녀의 운명에 한몫했다. 어린 시절 결핵에 걸린 그녀는 폐활량을 늘리기 위해 음악 수업을 들었던 것이다.

야마구치는 열세 살 때 음악 교사가 주관한 연주회에서 공식 데뷔한다. 그녀는 자서전을 통해 만주국 라디오 방송국의 담당자가 그녀의 연주회를 관람하러 오게 된 경위를 전한다. 그녀의 회고록을 가득 채우는 극적인 여러 사건 중 하나였다. 담당자는 그녀의 다음번 음악 수업에 다시 나타나서는 운명적인 제안을 한다. 라디오 방송국은 중국 청취자들을 끌어들이기 위해 만주 노래를 들려줄 새로운 프로그램을 구상 중이었다. 처음에 그들은 중국어와 일본어를 둘 다 할 줄 아는 중국 여성 가수를 찾고 있었다. 하지만 이러한 능력을 갖춘 중국 여성을 찾을 수 없었다.

현실을 깨달은 그녀의 일본 스폰서는 이 젊고 사랑스러운 일본 혈통의 가수를 중국인으로 둔갑시키기로 한다. 그는 야마구치가 만주 어부에 관한 노래를 원어민처럼 유창하게 부를 수 있을 거라 확신했다. 하지만 그녀는 단지 유명 가수가 되기 위해 뽑힌 게 아니었다. 그녀의 사진은 만주국의 모든 가정마다 걸리겠지만 보다 중요한 건 그녀가 부를 노래였다. 그녀의 노래야말로 '일본과 만주의 형제애'나 '다섯 민족 간의 조화'라는 옛 기치를 북돋울 게 분명했다.

야마구치는 중국인 행세를 시작한 이후로 가수 리샹란으로 알려졌다. 매력적인 목소리와 더불어 그녀의 인기는 중국 전역으로 퍼져나갔다. 정치인이나 군대가 그러모을 수 없는 인기였다. 야마구치는 자신이 중국인이라는 생각에 푹 빠졌고 훗날 오랫동안 이런 착각에서 벗어나기 위해 애써야 했다. 대중 역시 마찬가지였다.

  야마구치는 만주 영화협회에 고용되며 더 큰 세상으로 진출하게 된다. 살인자이자 아편 사업가, 초민족주의자인 아마카스 마사히코가 운영하는 협회였다. 이곳에서 제작되는 영화들은 일본이 주창하는 양국 간의 우정을 찬미했으며 일본인과 중국인 간의 로맨스를 장려하기까지 했다. 가짜 중국 배우 리샹란은 중국 여인의 모습으로 영화에 출연했다. 그녀는 중국을 점령한 일본 정권의 지지를 받을 뿐만 아니라 고결한 일본인과 금세 사랑에 빠지는 여성 역할을 연기했다. 이런 식으로 야마구치는 노략질을 일삼은 제국주의 서방국가들과는 달리 일본은 중국이 후진성을 탈피하도록 돕고 있으며 그리하여 끝내 유서 깊은 두 국가를 하나로 합침으로써 삼판[1]과 벚꽃이 뒤섞이는 풍경을 염원한다는 이미지 선전에 앞장서게 되었다. 사람들은 야마구치의 목소리뿐만 아니라 그녀의 아름다움에도 심취했고 그 아름다움이 휘두르는 마력에서 쉽게 벗어나지 못했다.

---

1. 중국의 해안·강에서 사용되는 작은 돛단배

야마구치 요시코　야마구치 요시코 제공

　야마구치는 뇌리를 떠나지 않는 목소리와 치파오[1]로 완벽하게 차려입은 모습으로 쉽게 중국인들에게 다가갔다. 얼마 전 일본인과 결혼해서 아직까지도 웨딩드레스 차림으로 상하이 밤을 노래하는 이토록 아름다운 중국 여성(으로 추정되는 사람)에게 넘어가지 않을 사람이 어디 있겠는가.

---

1. 만주족 의상에 영향을 받은 의상으로 몸에 딱 붙는 원피스 형태이며 옆트임이 특징적이다.

중국의 밤, 오- 중국의 밤

보라색 밤, 항구에서 퍼져 나오는 불빛

물결을 따라 꿈꾸듯 배가 떠가네

뱃전을 울려 퍼지는 비파 소리를 어찌 잊으랴.

오! 중국의 밤, 꿈의 밤

*

하지만 방학을 맞은 야마구치가 가와시마 요시코의 식당으로 들어가던 날, 그때는 야마구치에게 명성이 찾아오기 몇 년 전이었다. 그들의 만남에 관한 야마구치의 진술을 보면 가와시마의 애처로운 상황이 한눈에 느껴진다. 어린 야마구치는 영화배우다운 광채를 풍긴 데 반해 가와시마의 전성기는 이미 끝난 상태였다. 그녀 역시 그 사실을 알고 있는 것 같았다.

가와시마의 옛 연인이자 멘토인 타다 하야오는 그녀가 톈진에 식당을 차리는 걸 밀어주었다고 한다. 중국 군벌이 뒷돈을 댔다는 설도 있다. 타다는 가와시마가 계속해서 바쁘기를, 그래서 그녀가 더 이상의 경거망동으로 물의를 일으키지 못하기를 바랐을 것이다. 한때 식당이었던 건물은 일본인 거주지역 내 지저분하고 낙후한 길모퉁이에 아직 그대로 서 있다. 금방이라도 무너질 것 같은 겉모습만 봐도 내부 상태 역시 만만치 않을 게 분명하다. 도시의 다른 옛 건물들과는 달리 이 건물은 보수공사가 이루어지지 않았다. 전체적으로 지저분한 데다 2층 원형 발코니 창문이 부서진 상태지만 여전히 옛 모습을 충분히 짐작할 수 있다. 가와시마의 식당을 찾은 손님들이 칭기즈칸 핫팟을 먹으며 거리를 내려다보곤 했던 이 발코니 아래엔 이제 나이든 중국인들이 모여 한담을 나누고 있다. 식당 한편에는 서서 먹을 수 있는 간이 공간도 마련되어 있어 단골손님들이 즐겨 이용했다.

가와시마 요시코는 만주에 도움을 준 감사의 표시로 일본 병사들에게 차와 케이크를 대접했다. 그녀는 대담한 말투로 이렇게 적었다. "일본 병사들은 만주 평원으로 달려가 만주 군대와 함께 전선에서 싸웠다. 만주 군인들 역시 같은 영웅으로서 일본 군사 영웅들과 교감할 수 있었다. 식당에는 늘 즐거운 분위기가 감돌았으며 군사적 연대감도 강했다."

젊고 눈치 빠른 야마구치 요시코가 식당 내부를 둘러보던 날, 그녀는 가와시마가 처한 곤경을 한눈에 알아챘다. 처음에 야마구치는 이 새로운 친구의 쾌락주의에 매력을 느꼈고 그녀의 초대를 기꺼이 받아들였다. 그럼으로써 지루한 학교생활에 변화를 줄 수 있었다. 몇 년 후 야마구치가 쓴 자서전에는 쇠락해가는 연장자를 바라보는 젊은 여성의 잔인하리만치 예리한 판단이 담겨 있다. "가와시마 요시코는 가족과 학교, 감시자에게서 해방될 기회를 나에게 주었다." 야마구치는 이렇게 기록했다. "하지만 그녀에게서는 타락과 절망이 느껴졌다. 그녀는 파티나 행사에 참여할 때에만 진비후이 사령관 시절의 남성 군복을 입었다. 평소에는 새틴으로 만든 검은색 창파오와 모자를 썼는데 늘 상기된 모습이었다. 아픈 사람처럼 얼굴과 팔의 피부가 창백했기에 가볍게 화장을 하고 립스틱을 발랐으며 눈썹을 조금 어둡게 그렸다. 열대여섯 명의 여성이 늘 동행했는데 그들은 마치 경호원 같았다. …물론 가와시마가 여왕이었다. 아니, 늘 남성복을 입고 있었으니 '왕자'라고 불러야 할지도 모르겠다."

야마구치는 자서전에서 가와시마의 일상을 묘사한다. 그녀의 일상은 오후에 잠에서 깨면서 시작되었다. "가와시마는 낮과 밤이 완전히 뒤바뀐 삶을 살았다." 가와시마는 밤이 되면 생생해졌고 수행단과 함께 늦은 식사를 한 뒤 무도회장과 마작 게임장을 비롯해 자신이 좋아하는 온갖 유흥거리를 찾아 나섰다.

야마구치는 처음에는 새로운 생활에 매력을 느껴 가와시마를 따라다녔으나 얼마 안 가 이러한 생활과 그녀가 어울리는 무리에 진력이 났다. "진 비후이 사령관으로서의 가와시마의 삶은 이미 끝났다는 걸 점차 알게 되었다. 그녀는 소멸의 길을 가고 있었다. '동양의 마타 하리'로서 자아내던 신비감은 사라졌으며 '동양의 잔 다르크'로서 높이 칭송받던 전성기는 전부 끝이 났다. 일본 군대, 만주국 군대, 우파 중국 낭인들은 더 이상 그녀와 아무런 관련이 없었다." 야마구치는 이렇게 평가한 뒤 마음속으로 재빨리 셈을 해보았다. 가와시마는 확실히 자신의 기준에 못 미쳤다. 야마구치는 가와시마와 거리를 유지하고 베이징으로 돌아가야 한다는 경각심이 들었다.

하지만 이는 쉽게 끊을 수 없었던 관계의 시작에 불과했다. 둘의 관계는 자신의 조국이 어디인지 분명히 알지 못했던 두 여성의 운명을 비교하기 위해 여전히 언급되고 있다. 중국에서 태어나 일본에서 길러진 만주 공주 가와시마 요시코처럼 중국에서 태어나 중국에서 자란 일본인 여성 야마구치 요시코 역시 혼란스러웠다. 그들은 서로의 운명에서 짙은 안개를 보았다. 한 치 앞도 내다볼 수 없는 운명이었다. 다른 사람들에게는 맑은 하늘같이 보이는 곳에서도 그들에게는 뿌연 안개뿐이었다. 이처럼 흐릿한 상태는 그들도 알게 되었다시피 자신감과 판단에 영향을 미쳤다. 그들이 만났을 무렵 가와시마는 비슷한 고통을 겪고 있는 다른 여인에게서 동병상련의 위안을 찾으려 했던 반면 야마구치는 처음부터 자신 앞에 놓인 함정을 파악하기 위해 신경을 곤두세웠다.

야마구치는 베이징에서 가와시마를 다시 만났을 때 그녀에 관한 정보를 충분히 수집한 상태라 더 많은 정보를 모으는 데에는 관심이 없었다. 어느 날 야마구치는 두 명의 군사와 함께 남성 복장으로 영화관에 도착한 가와시마를 피하려고 몸을 수그렸다. 가와시마의 어깨에는 애완용 원숭이가 앉아있었다. 다행히 가와시마는 관객 중 아는 사람이 있는지 살펴볼 겨를조차 없이 영화를 보는 도중에 자리를 박차고 나갔다. 그녀는 영화가 지루하다고 큰 소리로 말하고는 병사들의 호위를 받은 채 원숭이를 데리고 나갔다.

요시코(앉아있음), 톈진 식당에서, 1937년경, 치즈코는 좌측에 서 있다.　호카리 카시오 제공

　　야마구치는 이러한 허세에 넘어가지 않았다. "훗날 저는 그녀
와 동행한 병사 두 명이 사실은 군인이 아니라 집안일을 도와주는
이들이라는 걸 알았죠. 그들에게 군복을 입혀서 데리고 다녔던 거
예요."

　　하지만 야마구치는 여전히 가와시마에게 끌렸다. 마약에 취해
휘청거리는 데다 도움이 필요한 한물간 여성일지언정 그녀의 존
재감에서 느껴지는 매력은 거부하기가 쉽지 않았다. 어느 날 야마
구치가 베이징 거리를 걷고 있는데, 가와시마가 그녀를 발견했다.

가와시마는 어깨에 원숭이를 올려놓은 채 포드를 몰고 있었다. 야마구치는 가와시마의 저녁 초대를 거절할 수 없었다. "가와시마 요시코를 향한 애정이 제 안 어딘가에서 솟아났고 저는 그녀의 차에 올라탔죠." 야마구치는 입구에 경호원이 서 있는 저택의 웅장한 외관에 안심이 되기는 했지만 그날 저녁 펼쳐진 기이한 광경에는 어찌할 바를 몰랐다.

"그 이상한 장면은 절대로 잊지 못할 거예요. 식사 도중 가와시마 요시코는 갑자기 가운의 단을 들어 올리더니 허벅지를 드러냈어요. 그러더니 옆에 있던 서랍에서 주사기를 꺼내 능숙하게 주사를 놓았죠. 흰색 액체였어요. …그녀가 아편만 사용하는 게 아니라 다른 약물도 주입한다는 소문이 있었어요. 척추염 때문에 맞는 진통제라는 얘기도 있었고요. 그녀의 여동생은 그녀가 모르핀을 맞는다고 얘기하기도 했지요."

야마구치는 가와시마가 친구의 살인 사건에 연루되면서 식당 문을 닫게 되었다는 사실은 언급하지 않는다. 희생자는 만주군 지도자 수 빙웬의 여동생이었다. 그녀는 반일본 저항단체의 대원과 사귀었는데 둘이 헤어지게 되자 그녀가 비밀을 누설할까 두려워한 저항단체는 그녀를 죽이기로 작심했던 것이다. 그녀는 이미 한번 공격을 당한 적이 있었지만 살아남았고 거의 다 죽어가는 상태로 병원에 입원해 있었는데 남자 몇 명이 끝장을 보기 위해 병실에 난입했다.

1938년 말, 그날 밤 가와시마는 우연히 친구의 곁을 지키고 있었다. 그녀는 자신의 독보적인 무용담을 자랑스레 전한다.

밤 11시경이었다. 왕 부인은 내 손을 잡은 채 졸고 있었다….

바로 그때 중국 남자 세 명이 손에 도끼를 들고 병실로 불쑥 들어왔다. 이 폭력배들이 순식간에 왕 부인의 이마를 도끼로 내려찍자 나는 놀라움에 소리를 질렀다. 흰색 베개 위로 피가 쏟아졌다.

"무슨 짓이냐?" 나는 부인을 공격한 남자에게 황급히 달려들며 소리쳤다. 나는 그의 손에서 도끼를 뺏으려고 고군분투하는 동안 왼손가락을 깊이 베였다. 나는 온 힘을 다해 그 남자를 쓰러뜨리려고 안간힘을 썼다. 그러자 다른 남자가 나에게 달려들어 내 이마를 내리쳤다.

나는 본능적으로 소리를 지른 뒤 몸을 움츠렸다. 그러자 기회를 잡은 두 번째 공격자가 도끼로 나를 연이어 공격했다. 내가 앞뒤로 계속되는 공격을 막아내는 가운데 세 번째 남자가 왕 부인에게 치명타를 날린 뒤 달아났다. 다른 두 남자도 뒤따랐다.

이 공격으로 왕 부인은 사망했다. 가와시마 요시코는 심한 부상을 입기는 했지만 병원에 두 달 넘게 입원한 뒤 목숨을 건질 수 있었다. 하지만 신문 기사는 그녀가 사망했다는 잘못된 보도를 내보냈고 그 결과 그녀는 의도치 않게 자신의 부고를 읽게 되었다. "관에 놓인 뒤에야 그 사람이 선인이었는지 악인이었는지 판단할 수 있다'는 격언은 죽기 전에는 누군가에 대한 진정한 평가가 이루어질 수 없다는 뜻이다. 내 경우 신문과 잡지에서 내 삶의 가치를 저울질하려고 시도했으며 내 관이 준비되기도 전에 부고 기사를 내보냈다. …그들은 내가 이상하고 호화로우며 로맨틱하고 모험심 있을 뿐만 아니라 늘 기이한 것을 쫓는다고 평가했다."

그녀가 병원에 입원해 있는 동안 임대료를 내지 못하는 바람에 레스토랑은 문을 닫고 말았다.

25
긴급 지원

1978년 연합통신사(AP)와의 인터뷰에서 사사카와 씨는 이렇게 말했다.
"저를 비난하는 사람들은 화가 났는지 질투심에서인지 악의적인 욕설을
퍼붓습니다. 제가 그들에게 돈을 주지 않았기 때문이죠."
-《뉴욕타임스》, 1995년 7월 20일

또다시 불확실한 상황에 놓인 요시코는 사사카와 료이치로부터
배울 점이 많았다. 사사카와는 요시코처럼 여러 시기마다 정권의
교체를 시도한 인물이다. 하지만 운과 자금에 있어서 요시코는 그
의 경쟁상대가 되지 않았다. 상하이에서 사사카와는 밤사이 언제
고 중국 애국주의자의 총격에 스러질지도 몰랐고 정치 권력이 바
뀌면 언제라도 형장의 이슬이 될 수도 있었다. 하지만 그는 초민족
주의자에서 교도관으로 변신했다가 결국에는 모든 과거를 접은
자선가의 모습으로 끝까지 살아남았다.

전쟁이 끝난 뒤 사사카와는 A급 전범으로 체포되어 3년 동안 복
역했지만 결국에는 그와 같은 교활한 수완가가 감히 범접도 할 수
없는 지위를 얻게 된다. 그는 자신의 재력을 바탕으로 재단을 창설
했고 돈의 위력을 활용해 고매한 사람들의 정신세계를 시험에 빠

뜨린다. 그들은 그의 돈에 길들어 자신들의 원칙이 흔들리는 상황에 괴로워했다.

사사카와는 1918년 일본 해군 소속 조종사로 사회에 첫발을 내디뎠다. 2년 동안 복무한 끝에 그는 중대 작전을 수행할 만큼 항공술을 충분히 익혔다. 그 후 쌀 투기로 부를 쌓은 그는 극우 운동의 지지자가 되었다. 그 후 직접 정당을 창설했으며 1만 5천 명의 당원들에게 검은색 셔츠를 착용케 하여 자신의 우상인 무솔리니에게 경의를 표하게 했다. 단순히 중국 낭인이라고 부르기에는 지나치게 덩치가 커버린 수완가였던 사사카와는 전용기 스물두 대를 일본 해군에 빌려주고 중국에 주둔하던 일본 군대에 물품을 공급해주는 등 다방면으로 영향력을 확대했다. 결국 사면되기는 했지만 부정축재 혐의로 옥고를 치른 뒤 로마로 갔고, 그곳에서 무솔리니를 만나 스모 심판의 부채를 선물하기도 했다. 그는 중국 옥석을 비롯한 기타 광물 사업으로 백만장자가 되었다고 한다.

이처럼 자금과 인맥이 풍부한 인물이었기에 군부가 도움을 요청할 사람으로 그를 점찍은 건 당연한 일이었을 것이다. 가와시마 요시코에게 일본 군부가 진절머리를 낼 무렵이었다. 당시에 북중국 지역부대의 총책임자였던 타다 하야오는 요시코를 암살할 것을 명령했다. 사사카와는 이 문제를 해결하기 위해 중재에 나서도록 요청받던 날을 기억한다. 1940년 6월, 오랜 친구인 유리 육군 소장은 베이징 호텔에서 사사카와에게 이야기를 꺼낸다.

"자네에게 부탁할 게 있다네."

"그게 뭔가?" 사사카와는 유리 소장을 바라보았다.

"사사카와 상. 자네 가와시마 요시코를 아나?"

"들어본 적은 있네. 하지만 직접 만난 적은 없지. 요시코에게 무슨 일이 생겼나?"

"좀 문제가 있다네. 그 일 때문에 머리가 아프다네." 유리가 목소리를 낮췄다. "요시코는 지금 가택 연금된 상태인데, 윗분께서 나더러 그녀를 처리하라고 명령했다네."

"이게 도대체 무슨 일인가?" 사사카와는 자기도 모르게 목소리를 높였다. "요시코는 만주사변과 상하이사변 당시 군부를 위해 일하지 않았나?"

"그랬지. 다나카 류키치 소장을 위해 상하이에서 일했고 특무기관의 정보과에서 일할 때 많은 업적을 달성했지. 하지만 근래에는 군부가 다룰 수 있는 선을 넘어섰다네."

"골칫거리가 되고 있다는 말인가?"

"음, 그렇지. …이건 각하[타다]의 명령일세. 생각해보면 요시코가 참 안됐네. 군대는 그녀가 도움이 될 때는 이용해놓고 이제 그녀가 말썽을 좀 피웠다고 그녀를 제거하려는 걸세. 비도덕적인 일이야. 내 손으로 그녀를 죽일 수는 없네."

사사카와는 전쟁을 치르는 방식에 관해 나름의 소신이 있었다. 전반적으로 자행되는 일본 군대의 야만적인 행위는 눈감아줄 수 있었지만 그보다 세부적인 일에서는 명예로운 행동을 고수하는 사람이었다. 사사카와가 보기에 청부 살인자를 시켜 일본을 위해 애쓴 가와시마 요시코를 살해하라고 하는 건 제국주의 일본 군부 장교답지 않은 행동이었다.

사사카와는 특유의 할 수 있다는 자세로 즉시 중재에 나서겠다고 했다. "참 잔인한 이야기일세. 나에게 맡기게. 요시코를 만나서 해결하겠네."

그래서 사사카와는 요시코를 만나러 갔다. 그에게는 중앙 정부의 사소한 규칙 따위는 무시할 수 있는 막강한 영향력이 있었다. 요시코는 베이징 집에서 일본 헌병대 두 명의 감시하에 지내고 있었다. 그들은 그녀를 방문하는 사람들을 일일이 점검했다.

"저를 만나러 와주셔서 정말 감사합니다." 요시코는 사사카와에게 말했다. "요즘에는 아무도 저를 보러 오지 않아요. 파파를 두려워해서죠." '파파'는 자신을 죽이고 싶어 하는 타다를 부르는 그녀만의 호칭이었다.

요시코는 금박이 새겨진 화려한 중국 의상을 입은 채 중국풍 의자로 그를 안내했다. 사사카와는 당시의 그녀는 '창백하고 무기력해' 보였다고 말한다. 상황이 염려된다는 말을 듣고 요시코는 생기가 돌았다. 사사카와를 흠모하는 전기 작가의 말에 따르면 요시코는 그의 솔직한 성품과 의도를 즉시 알아챘다고 한다. 그녀는 계속되는 감시하에 집에 갇혀 있다며 불만을 표했고 불공평한 상황을 비난했다.

"선생님, 저들을 보셔야 합니다." 요시코는 헌병대를 가리키며 외쳤다.

"저는 범죄자 취급을 받고 있어요. 전부 파파의 명령이죠. 선생님, 그들은 제가 나쁜 짓을 저질렀다고 해요. 하지만 배신자는 파파 아닌가요? 파파는 인정사정없이 저를 이용해 놓고 인제 와서는 꼴 보기 싫다며 저를 헌신짝처럼 던져버리셨죠. …저자들은 자신을 보호하기 위해서라면 부모 형제를 죽이는 일도 마다하지 않을 거예요. 파파와 다나카 모두 제 몸을 노리죠. 하지만 그들은 변변치 못한 자들이에요. 그들을 장군이라고 부르시나요? 그들은 하찮은 자들일 뿐이에요. 감사할 줄 모르는 폭력배들이죠."

요시코는 큰 소리로 비난을 퍼부은 뒤 헌병대를 돌아보았다.

"이봐, 돌아가거든 그 하찮은 장군들에게 전해. 요시코는 일본 군대 따위는 아랑곳하지 않는다고."

사사카와는 요시코를 진정시키려고 노력했다. "요시코 상, 당신이 화를 내는 것도 충분히 이해하오. …그들은 당신을 이용한 뒤 갑자기 태도를 바꾸어 당신을 위협하고 있소. 말도 안 되는 일이오. …타다 각하가 이 문제를 다루는 방식은 잘못된 게 분명하오. 하지만 상대가 최고 지휘자라는 사실을 명심하기 바라오. 그들의 명예와 신용을 지키는 선에서 이 문제를 해결해야 하오. 계속해서 이렇게 행동하다가는 저들을 화나게 할 게 분명하고 그러면 당신은 목숨을 잃을 거요."

최소한 사사카와에게 푹 빠진 전기 작가의 말에 따르면, 요시코는 그의 어진 태도에 감동했다고 한다. "아무도 제 기분을 이해해주지 않았어요." 그녀는 사사카와에게 이렇게 말했다. "당신만이 저를 이해해주시는군요. 정말 행복해요. 진짜로요. 당신은 정의를 사랑하는 진짜 일본인이에요."

사사카와는 이 문제를 책임지기로 했다. 그리하여 그녀를 베이징 집에서 데리고 나와 가와시마 나니와의 다롄 집에 데려다주었다. 갑작스럽게 돌아온 그녀를 본 양부의 반응은 기록된 바가 없다. 결국 요시코는 후쿠오카로 갔고 사사카와의 재정적인 도움 아래 그곳에 한동안 머물렀다.

일본 군부가 요시코를 제거하려고 한 이유를 파악하기는 어렵지 않다. 시급한 임무에 성심껏 임하던 그녀가 과거에는 아주 유용했다. 하지만 그녀가 그들의 목적에 반하는 일에 열정을 쏟아붓자 전 상관들은 그녀의 지위를 재고할 수밖에 없었다. 사사카와의 전기 작가는 그녀가 어떻게 자금을 구했는지 당시에 나돌던 소문을 전한다. "그녀는 자신의 군대를 이용해 부자와 상인을 감시·체포하던 헌병대에 정보를 흘렸다. 그러고 나서는 재소자의 가족에게 접근해 자신이 헌병대의 고위층을 잘 알고 있고 그들과 협상을 해볼 테니 돈을 달라고 했다. 그녀는 그런 식으로 막대한 돈을 긁어모았다." 요시코는 헌병대 장교들과 공모했다. 그들은 돈을 받고 재소자들을 풀어주었다. 이러한 소문에 타다는 경악했다. 이 같은 거래가 진행되고 있다는 말이 나돌 경우 자신이 피해를 볼까 봐 두려워했다.

이러한 막후 거래 때문에(이것이 사실인지는 불확실했지만) 요시코를 복잡한 심경으로 바라보던 군대는 그녀가 대중 앞에서 일본군에 대해 거센 비난을 서슴지 않자 더욱 충격에 빠졌다.

"일본인들은 온갖 종류의 고귀한 슬로건을 퍼뜨리고 다닙니다. 하지만 사실 만주국은 일본의 식민지일 뿐입니다." 그녀는 이렇게 말했다고 한다.

"푸이 황제는 솔직히 황제 자리를 원하지 않아요. 그는 외부 세상과 단절된 상태죠. 가택 연금된 상태나 다름없습니다. …관동군이 진짜 황제죠."

당시의 요시코에 대한 사사카와의 진술은 일반인과는 다른 도덕성과 비전을 지닌 남자의 입에서 나온 말이라는 점을 고려해야 한다. 그는 자신의 품격을 드높이기 위해 자신만의 관점에 입각해 사실을 그럴듯하게 각색했다. 하지만 요시코에 대한 그의 묘사는 그의 전기 작가가 기록한 대로 상당 부분이 다른 동시대인들의 관점과 일치한다. 누가 봐도 그녀의 모습은 피폐했고 이전에는 그녀가 치밀하게 지어냈던 거짓말이 이제는 속이 훤히 들여다보일 정도로 빤해졌다. 요시코는 절박했다. 현재의 삶을 지속하기 위해서는 유력인사와의 유대관계와 대중의 관심, 돈 그리고 약이 절실히 필요했다.

사사카와의 전기 작가는 다사다난했던 그 날 밤에 대해 상세히 전한다. 요시코가 사사카와의 호텔 방으로 찾아간 과정, 그의 침대에 뛰어들고는 떠나지 않겠다고 고집을 부리는 모습, 그리고 잠에서 깨어나 허벅지에 주사를 놓는 모습….

요시코는 그에게 이렇게 말했다. "저를 안아주세요. 진짜 일본인의 품에 안기고 싶어요."

사사카와에 대한 요시코의 집착은 커져만 갔다. 사사카와와 결별하는 것은 이젠 상상조차 할 수 없게 되었다. 그가 할 일이 너무 많아 그녀를 볼 수 없게 되자 요시코는 자신이 죽었다는 내용의 전보를 보냈다. 강연과 전사자를 위한 추모 행사 등으로 바쁜 일정에도 사사카와는 무슨 일인지 확인하러 서둘러 그녀를 찾아갔고 요시코가 온천에 있다는 사실을 알게 되었다.

"화내지 마세요. …당신이 오지 않아서 전보를 보낸 거예요."

사사카와는 그녀가 왜 자신 같이 유별난 남자를 사랑하는지 이해하지 못한 것은 아니었지만 그녀가 자신에게 집착한 건 마약 중독 때문이기도 했을 거라고 시인했다. 그는 그녀가 주사를 놓는 것을 여러 차례 보았다. 건강을 위해 그만두라고 충고하자 요시코는 그의 걱정 어린 마음을 선뜻 받아들였다.

"제가 의지할 수 있는 사람은 당신뿐이에요." 그녀는 훌쩍이며 말했다. "제 편은 당신밖에 없어요."

사사카와의 전기 작가는 요시코가 당시에 수많은 남자와 연루되었지만 전부 권력을 향한 욕구에서 비롯된 '순수하지 못한' 사랑이었다는 점을 지적한다. "사사카와는 그녀가 진정으로 의존한 처음이자 마지막 남자였다. 그녀가 마음속 깊이 사랑했으며 그녀를 여자로서 정말로 행복하게 만들어준 남자였다."

하지만 사사카와는 요시코와 너무 가깝게 지낼 경우 점점 더 큰 혼란 속에 빠질 거라고 생각했다. 요시코가 그들이 늘 함께할 수 있도록 그의 비서가 되겠다고 하자 그녀의 제안을 거절한 것도 그 때문이었다. 대신에 그는 그녀의 언변 능력을 활용해 당원들 앞에서 강연하도록 계획을 짰다. 하지만 이 계획은 아무런 성과를 낳지 못했다. "요시코는 강연하겠다고 약속했지만 연설 당일, 늦잠을 자는 바람에 강연장에 나타나지 않았다. 강연에 참석한 날에는 연설 도중 갑자기 연단에서 내려가 한적한 곳에 가서는 주사를 놓곤 했다." 그녀는 여전히 큰 생각을 품고 있었고 사사카와더러 중국과 일본이 평화로운 관계를 유지할 수 있도록 중재자 역할을 함께 하자고 했다.

"저는 장제스를 보러 갈 거예요." 요시코가 그에게 서신을 보냈다. "더 나은 기회를 기다릴 수만은 없어요. 당신도 함께해요. 우리가 그 사람과 오랫동안 차분히 얘기를 나누는 거예요. …그렇게 하면 살아생전 좋은 일을 했다고 말할 수 있을 거예요." 사사카와는 이 계획에 연루되는 것을 가까스로 면할 수 있었지만 자신의 충실한 마음은 변하지 않았으며 끝까지 그녀의 안녕을 염려했다고 한다. "사사카와는 그녀가 망가진 삶 속에서 저지른 수많은 말썽을 수습하는 데 필요한 돈을 아낌없이 제공했다." 전기 작가는 이렇게 적고 있다. "사사카와는 꿈을 향한 요시코의 열정에 크게 감동했다. 대청제국에 대한 꿈에서 그녀는 아직 깨어나지 못한 듯하다. 그녀는 이 꿈을 위해 인생을 걸었는지도…."

26

옛사랑

전쟁이 일어나지 않았고 다른 시대에 살았더라면 야마가 상과 가와시마
상의 삶이 어떻게 달라졌을지 궁금하다. 이런 생각을 할 때면 늘 '운명'
이라는 단어가 떠오른다.

－야마구치 요시코(일본계 중국 가수, 배우)

가와시마 요시코는 옛 남자친구의 옷을 훔치기 시작했다. 이는
야마구치 요시코가 직접 전한 사실이다. 야마구치는 가와시마의
이러한 행동을 탐탁지 않아 했다. 가와시마 요시코의 첫사랑인 야
마가 토루는 그녀가 톈진에서 식당을 운영하고 있을 무렵 중국에
다시 모습을 드러낸다. 야마가는 일본 특무기관에서 문화선전단
이라는 새로운 역할을 맡았지만 그러한 단체의 일원다워 보이진
않았다. 점령군의 스파이답지 않게 중국이라는 나라를 무척 좋아
했기 때문이었다. 그는 중국 문화뿐만 아니라 중국 여성과 아편도
사랑했다. 중국을 향한 이러한 애정은 과묵하고 무자비한 비밀요
원으로서의 업무에 도움이 될 리가 없었다.

요시코와 마찬가지로 어디에 충성해야 할지 몰라 갈팡질팡했던
야마가는 중국 예술계 정보를 수집하는 임무를 맡고 있었다. 그의

취향에 잘 맞는 분야였다. 그는 중국어 회화 실력이 뛰어났으며 중국 여배우에 대한 남다른 열정 덕분에 예술계에서 쉽게 받아들여졌다. 이 배우들 역시 그의 애정에 화답했다. 야마가는 어디를 가면 가장 부드럽고 얇은 양고기만을 판매하는 식당이 있는지 훤히 알았고, 외진 곳에 위치한 맛집 식당까지 꿰찰 정도로 중국에 융화되고 있었다. 그는 두 문화 사이에서 혼란스러워하는 사람이 겪는 전형적인 삶을 살았던 게 분명하다. 그는 중국을 정복하고 통치하기 위한 목표를 갖고 일본 군대와 함께 중국으로 갔지만 결국 중국은 그의 애정 생활과 선호하는 음식, 충성심에 영향을 미쳤다. 그는 한때 이렇게 말했다. "중국인들은 일본인의 명령을 잘 따르는 것처럼 보인다. 하지만 그 어떤 중국인도 일본 군부가 하는 말을 믿지 않는다. 일본인들은 중국인들이 거만한 일본인을 얼마나 싫어하는지 전혀 모른다. 나 역시 그들에게 신물이 난다."

당시 야마가의 모습이 담긴 사진이 한 장 있다. 둥근 지붕과 격자창이 있는 중국 주택 앞에 서 있는 모습이다. 전통 중국 복식에 한 손에는 부채를 들고 있다. 이 사진 어디에도 일본 육군 장교의 모습은 보이지 않는다. 그는 임무를 수행하기 위해 중국 의상을 입은 거라고 주장하지만 그에게서는 위장한 채 마을을 염탐하는 사람에게서 풍기는 어색함이 전혀 느껴지지 않는다. 다만 속내를 감추려는 듯 둥근 얼굴 위로 희미한 미소만을 띄우고 있을 뿐이다.

야마구치 요시코는 학창시절부터 야마가와 알고 지낸 사이였다. 그녀는 가와시마 요시코와 야마가 중국에서 서로 마주쳤을 때 다시 연애를 시작했다고 말한다. 야마구치는 이렇게 적고 있다. "훨씬 후에야 가와시마가 야마가를 첫사랑으로 여긴다는 걸 알았다. …그들은 베이징에서 다시 만나 연인이 되었다. 나는 그들의 관계가 가끔 의아하다. 그들은 서로를 향해 가슴 절절한 감정을 느꼈는데 이 감정은 때로는 증오로 발현되기도 했다. 그들은 당대의 상황에 어긋나는 사랑을 추구했으며 둘 다 비참한 결말을 맞이했다."

감질나고 아리송한 묘사다. 이들의 아스라한 옛정이 언제 어떻게 다시 불붙게 되었는지는 독자의 추측과 상상에 맡긴다. 사실 그들의 재회에 대해서는 그 어떤 명확한 증거도 남아 있지 않다. 우리가 아는 거라곤 요시코가 야마가의 방을 어슬렁거리던 젊은 여성치고는 험악한 세상과 너무도 친숙했다는 점이다. 시간이 지나면서 그들은 특정한 성향을 공유하게 되었다. 야마가 역시 위험한 습성에 물들게 되었고 중일 관계에 관해 불온한 사상에 전염되었다.

야마가는 요시코를 만난 뒤에도 다른 여성들과의 관계를 정리하지 않았고 요시코는 그의 외도를 가만히 두고 보지 않았다. 그녀는 너무 화가 나 그의 소지품을 훔치기 시작했다. 한번은 야마가가 집을 비운 사이 그의 집에 들어갔다. 야마가는 "요시코가 이럴 줄은 몰랐다."고 야마구치에게 털어놓았다. "본부에 머무르다 집에 돌아왔더니 집 안이 텅 비어 있었소. 요시코가 차를 타고 와 내 물건을 전부 가져간 게 분명하오." 하지만 그는 가능한 한 충돌을 피했다. "물건이야 언제든 새로 살 수 있지. 이 양복과 신발도 요시코 덕분에 새로 사지 않았소?" 가와시마 요시코와 연루될 경우 그런 사건은 수도 없이 뒤따를 수밖에 없었다. 야마가는 야마구치에게 이렇게 말했다. "요시코와 엮이지 않는 게 좋소. 그녀는 독이오. 정말이오."

질투심에 끓어오른 가와시마 요시코는 그의 말마따나 독을 뿜어댔다. 일본 헌병대에 야마가와 야마구치가 바람을 피우고 있으며 더구나 야마가가 이 중국 여자에게 군사 비밀을 누설하고 있다고 밀고함으로써 자신이 무슨 짓을 저지를 수 있는지 확실히 보여주었다. 야마가의 여자관계를 질투한 것은 이해할 만하다. 하지만 눈곱만한 증거만으로도 사람들을 고문하고 살해하는 것으로 유명한 조직에 그가 반역 행위를 했다고 허위 고발을 하는 것은 도가 지나친 처사였다. 헌병대는 그녀의 주장을 심각하게 받아들이지 않았지만 육군 장교들은 야마가에 대한 그런 험담을 마음 한구석에 새겨들었고 훗날 이와 관련해 조치를 취하게 된다.

가와시마는 야마가와 야마구치가 연인 사이라고 오해했을 뿐만 아니라 야마구치의 성공을 시샘했고 그녀가 승승장구한 건 자기 덕분이라고 억지를 부리기도 했다. 가와시마는 야마구치에 대해 이렇게 불만을 표했다. "야마구치가 학생일 때 나는 그 아이를 돌봐주었으며 정말 잘 대해줬다. 하지만 그 아이는 나를 배신했다. 나는 그 아이에게 피아노를 사주고 그 아이를 위해 집까지 지어줬다. 이제 스타가 되고 나니 야마구치는 나와 말도 섞으려 하지 않는다. 만주 영화협회에 그 아이를 써달라고 부탁한 건 나였다. 덕분에 그 아이는 배우가 되었는데 배은망덕하게도 은혜를 모른다."

야마가는 가와시마 요시코를 암살하라는 명령이 내려지자 그녀와의 관계를 더욱 후회하게 되었다. 일본 장교들은 이러한 임무를 수행할 사람을 찾는 데 애를 먹은 게 분명했다. 결국 야마가는 이 임무를 가까스로 피할 수 있었다. 쉽지 않은 일이었을 것이다.

야마가는 이렇게 말했다. "요시코는 일본 군부가 중국에서 실행한 작전을 비난하는 편지를 [수상] 도조 히데키, [외무대신] 마쓰오카 요스케, [초민족주의 지도자] 도야마 미쓰루, 일본 정치인들, 고위직 군인들에게 보냈다. 그녀는 장제스와 평화 계획을 맺을 것을 촉구했다. 그뿐이 아니었다. 그녀는 타다 육군 중장을 거세게 비난했다. …그녀는 나에게도 이런저런 피해를 주었다. 하지만 그들이 나더러 요시코를 제거하라고 말했을 때 나는 차마 그럴 수가 없었다. 나와 그녀는 오랫동안 알고 지낸 사이다. 요시코는 청나라 공주였고 만주국 황제의 친척이기도 했다."

1943년, 야마가는 일본으로 다시 소환되었고 체포되었다. 일각에서는 이를 가와시마의 밀고 때문이라고 주장하지만 그가 차버린 중국 여배우가 그를 이중 스파이로 밀고했다는 설도 있다. 일본

도야마 미쯔루의 손을 잡고 있는 요시코, 좌측에는 요시코의 비서 오가타 하치로가
앉아있다. 1943년경   호카리 카시오 제공

의 국가 기밀 유출, 약물 사용 같은 혐의로 유죄가 인정된 야마가
는 군사 감옥에서 10년 형을 선고받았다.

야마구치는 이렇게 적고 있다. "야마가는 확실히 군인에게는 어
울리지 않는 특징을 지니고 있었다. 군사 법정에서 그의 유죄를 입
증할 수 있는 증거가 실제로 존재할지도 모른다. 하지만 나는 야마

가가 얼마나 고통을 받았는지 알고 있다. …그는 중국인들과 깊은 우정을 나눴으며 중국인들의 모든 측면을 속속들이 안다고 생각했다. 하지만 '야마가 첩보단'을 책임지는 육군 장교로서 중국에 반하는 자신의 임무에 대해 그가 어떠한 생각을 했을까? 그는 자신에게 이러한 질문을 던지며 괴로워하는 것처럼 보였다."

야마구치가 야마가를 다시 만난 건 1949년, 그가 그녀의 도쿄 집 앞에 나타났을 때였다. 전쟁이 끝난 뒤였다. 그는 폭격을 틈타 교도소에서 도망쳐 나왔지만 전범으로 기소될까 봐 숨어서 지냈다고 말했다. 그는 빚을 지고 있었다. 야마구치는 그가 요청한 돈을 빌려줄 수는 없지만 대신 그의 딸을 돌봐주겠다고 약속했다. 얼마 안 가 그녀는 야마가가 산속 오두막에서 한 여성과 동반 자살을 했다는 소식을 듣게 되었다. 사망한 지 두 달 뒤에야 발견된 그의 시신은 이미 개들에게 뜯겨 심하게 훼손된 상태였다.

*

야마구치가 가와시마 요시코와 마지막으로 만난 순간 역시 암울하다. 1940년경 후쿠오카 호텔에서였다. 야마구치는 당시에 중국과 일본 영화계에서 우상이나 다름없었고 가와시마는 무대 중심에서 한참 떨어진 곳에서 허송세월하고 있었다. 그녀를 제거하는 데 끝내 실패한 육군 장교들이 바라던 모습이었다. 이 두 여성의 마지막 만남은 시작부터 삐걱댔다. 가와시마가 호텔 로비에서 옷자락을 들어 올린 뒤 야마구치에게 허벅지에 난 상처와 갓 생긴 주사 자국을 보여주려 했기 때문이었다.

"난 이렇게나 고통받고 있어." 가와시마가 말했다. "일본 군부를 위해 싸우느라 산전수전을 다 겪었지. 이 상처들이 그걸 입증하고 있어."

야마구치는 개인적으로 그녀와 친밀한 대화를 나누는 게 거북했다. 불편해진 그녀는 양해를 구하고 자신의 호텔 방으로 돌아갔다. 하지만 같은 호텔에 방을 잡아둔 가와시마는 끈질기게도 야마구치를 다시 불러냈다. 그녀는 정신적인 문제 때문에 요양 중인 양어머니를 돌보기 위해 마을에 왔다고 설명했다. "가와시마는 내가 사실을 알고 있다는 걸 몰랐다." 야마구치는 이렇게 적고 있다. "베이징에서 그녀에게 추방 명령이 떨어졌다. 그래서 이곳 운젠에서 오도 가도 못 하고 있는 거였다."

가와시마는 야마구치에게 자신의 삶을 다룬 영화에서 주연을 맡아달라고 요청했다. 그러한 영화가 제작된다는 얘기를 들어보지 못한 야마구치가 제안을 받아들이지 않자 가와시마는 더 웅대한 계획을 제안했다. "나는 앞으로 거대한 국영기업을 세울 계획이다. 가와시마 요시코는 장제스와 손을 잡을 거야. 나는 사사카와 료이치와 새로운 정치 단체를 조직했다. …우리와 함께하자꾸나."

야마구치는 바쁜 일정을 핑계 삼아 그녀의 제안을 빌다시피 사양했다.

야마구치는 회의에 참석해야 한다며 그 자리를 피할 수 있었지만 가와시마가 다음에 무슨 짓을 벌일지는 예측하지 못했다. 가와시마는 그날 밤, 늦은 시각에 야마구치의 방으로 몰래 기어들어 가서른 페이지에 달하는 편지를 베개 옆에 두고 갔다. 그녀는 보라색 잉크로 자신의 절망적인 상태를 적었다. 쪽지에는 그녀의 서툰 일본어 말투가 그대로 담겨 있었다.

오래간만에 만나니 정말 좋았다. 오늘 이후로 나에게 무슨 일이 일어날지 나도 모르겠구나. 우리가 만나는 게 오늘이 마지막일 수도 있겠다. …뒤돌아보니 내 삶이 참으로 기구하구나. 결국엔 아무것도 아니었다는 생각이 든다. 세상이 너를 절실히 필요로 할 때 너는 분명 꽃처럼 빛나지. 하지만 그때에도 너를 이용해먹기 위해 너에게 접근하는 무도한 이들이 있단다.

그러한 사람들에게 끌려다녀서는 안 된다. 네 믿음을 지켜야 해. 지금은 네가 자신을 위해 무엇을 하고 싶은지 당당하게 말할 수 있는 가장 좋은 시기다. 네가 진정으로 원하는 것을 하기를 바란다.

네 앞에는 다른 사람들에게 이용당한 뒤 쓰레기처럼 버려진 사람의 훌륭한 예시가 있다. 나를 잘 살펴보렴. 나는 내 경험을 바탕으로 너에게 이러한 조언을 하는 거다.

이제 나는 넓은 들판에서 지는 해를 바라보는 기분이다. 나는 외로워. 혼자서 어디로 가야 할지 모르겠다….

너와 나는 다른 국가에서 태어났지만 공통점이 많다. 이름 조차 똑같지 않더냐. 나는 늘 너를 걱정한다.

27

후쿠오카에 표류하다

일본인들이 무섭다. 일본을 떠나고 싶다.
-가와시마 요시코

요시코는 일본 당국이 위험인물로 점찍었기 때문에 후쿠오카를 떠날 수 없었다. 그녀가 환영받지 못한 도시였다. 이전에 요시코가 분개한 대상은 일본 군부나 그들의 지지자뿐이었으나 이동이 제한을 받게 되자 그녀는 이제 모든 일본인에게 성이 났다. '칭크'라고 놀림당하던 어린 시절을 잊을 수 없었다. 게다가 날이 갈수록 일본의 중국 침략이 거세지면서 중국인들을 비방하는 말이 그녀의 귀에 더욱 자주 들려왔다.

한편 후쿠오카에 살던 일본인들 역시 요시코가 일본의 정책을 신랄하게 비판하자 불쾌해하며 일본에 대한 그녀의 충성심에 의문을 제기했다. 후쿠오카의 기생들조차도 그녀가 중국을 위해 일하는 이중 스파이가 아닌지 물었다. 베이징 역시 그녀를 따뜻하게 맞아주지 않았다. 중국 암살단은 중국인인 그녀가 왜 일본의 '사냥개'로 활동하는지 이유를 대라며 그녀의 베이징 집에 협박문을 붙여놓았다.

후쿠오카 형사 시바타 타케오는 요시코가 후쿠오카에 체류하면서 자신이 어떤 곤란을 겪게 되었는지 전한다. 시바타의 말에 따르면 요시코는 경찰 감호를 받는 '국빈'으로 지정되었다고 한다. 중요한 방문객을 예우하기 위해 정부가 베푼 호의가 아니라 수상쩍은 인물의 활동을 감시하기 위한 경계 조치의 일환이었다. 요시코는 이에 아랑곳하지 않고 이곳저곳을 돌아다니면서 경찰을 바쁘게 만들었다. 하지만 이젠 과거에 수행했던 통 큰 과업 대신 작은 소동에 만족할 뿐이었다.

요시코는 후쿠오카라는 새로운 환경에 맞춰 새로운 스타일의 복장을 시도하기도 했다. 눈에 띄기 위한 몸부림이었다. 그녀는 군복을 집어 던지고 흰색 실크 기모노를 입었다. 일각에서는 죽음에 대비하기 위한 복장이라고도 했다. 유령처럼 흰색 옷을 입고 마을 명승지에 자주 출몰하던 그녀는 사람들의 관심을 끄는 데 성공했다. 치료차 방문하는 병원에서는 특히 그랬다. 마을 사람들은 이렇게 말했다. "병원에 갔는데 요시코가 흰색 기모노를 입고 병실에 누워 있었어요. 깜짝 놀라 기절할 뻔했죠."

요시코는 한가한 나날을 보내며 경찰들에게 온갖 불만 공세를 퍼부었다. 호텔에서 자신에게 바가지를 씌운다거나 자신이 호텔 금고에 맡긴 돈을 무단으로 사용한다고 불평했다. 병원 약사에게 사기를 당했다고도 했으며 병원장이 자신에게 키스했다고도 했다. 시바타는 이 온갖 주장이 허위임을 입증하느라 지쳤다. 뿐만 아니라 그와 동료들은 그녀의 심야 활동 때문에 잠도 제대로 자지 못했다. 한번은 요시코가 다이아몬드 시계를 도난당했다고 주장 했는데 시바타는 치과의사에게서 단서를 확보할 수 있었다. 요시 코가 밀봉한 봉투를 맡긴 적이 있는 의사였다. 시바타는 이렇게 기 억했다. "그녀의 허락 없이는 봉투를 열 수 없었으므로 규슈 대학 병원에 가져가 엑스레이를 찍어보았다. 아니나 다를까 다이아몬 드 시계가 그 안에 있었다." 한밤중에 심문을 위해 불려온 요시코 는 흰색 기모노를 입고 나타나서는 경찰들을 깜짝 놀라게 했다. 유 령이 변명을 토해내는 모습 같았다. 시바타는 그녀에게 증거물을 보여주었으나 요시코는 즉석에서 이야기를 지어냈다. 똑같은 시 계가 두 개 있었고 잃어버린 건 두 번째 시계라고 했다. 요시코의 말도 안 되는 변명에 화가 치민 시바타는 자리를 박차고 일어나 취 조실에서 나가버렸다.

그 무렵 그녀의 비서였던 오가타 하치로는 이렇게 말했다. "나 쁜 사람은 아니었어요. 다만 말썽 피우는 걸 즐겼죠. 외로움을 떨 쳐버리기 위해 그랬을 거예요. 저로서는 이해하기 힘들었지만요."

하지만 시바타 경관은 40년이 훌쩍 지난 뒤 당시에 대한 이야기 를 꺼낼 때도 그러한 동정 어린 분석은 꺼렸다. 그는 요시코가 결 국 자신에게 사과 편지를 보냈다고 한다. 요시코는 시계에 관해 거 짓말을 해 미안하다고 사과했다. 하지만 요시코의 동기에 대한 그의 생각에는 변함이 없었다. "요시코는 일본에 악감정이 있었습니다. 그녀는 딱히 할 일이 없었기에 일본 당국을 웃음거리로 만들며 시간을 보냈죠. 요시코는 성가시게 굴기 위해 그랬던 겁니다."

후쿠오카에는 주의를 돌릴 수 있는 다양한 유희거리가 있었지만 요시코의 관심 대상은 따로 있었다. 1939년 봄, 그녀는 고등학생인 소노모토 코토네와 긴밀한 사이가 된다. 둘은 편지와 시를 주고받으며 열정적으로 교류했다. 여기서 우리는 자신의 몰락을 다른 각도에서 이해해보고자 한 요시코의 노력을 엿볼 수 있다. 동시에 요시코에게 또 다른 여성과의 친밀한 관계가 절실했다는 사실을 입증해주기도 한다. 이 젊은 여성과의 우정에는 분명 에로틱한 요소도 있었다. "우리가 중국에 함께 간다면 네가 결혼하기 힘들어질 거다. …학업 생활도 영향을 받겠지. 부모님과 떨어져 살아야 하고. 나는 이런 생각을 많이 한단다. 그렇다 할지라도 우리가 늘 함께였으면 좋겠어."

소노모토 역시 그녀의 사랑에 화답했다. 그녀는 요시코와의 첫 만남을 기억하며 이렇게 적었다. "방은 다소 어두웠으며 사향 냄새가 짙게 풍기는 가운데 바깥세상의 소음과 격리된 상쾌함이 있었다. 따뜻한 분위기가 그녀를 감싸 안았다. 지금은 사라진 그녀의 화려했던 과거를 잊게 만드는 부드러움이 느껴졌다. 머나먼 고향을 그리워하는 슬픔, 홀로 울고 싶어 하는 사람에게서만 느껴지는 고요함이 있었다."

소노모토는 평온하지만 비애에 찬 새로운 친구를 칭송했으며 요시코는 소노모토에게 중일 간 단합을 추구하던 자신의 꿈을 들려주었다. "일본과 중국은 모두 아시아 형제자매들이다." 요시코가 소노모토에게 말했다. "형제자매들이 서로 싸우는 것만큼 어리석은 일은 없다. 모두가 조국을 사랑한다. 나는 일본의 도움과 지도로 내 조국 중국이 전쟁에서 벗어나 안정적인 상태가 되기를, 그리고 일본과 함께 위대한 아시아 국가가 되기를 꿈꾼다." 그녀는 감상적인 시에 이 같은 소망을 담았다. "일본과 중국은 처참한 상태다. 왜 그들은 서로를 공격하고 죽여야 하는가?"

요시코는 자기연민에 빠져 중국을 애도하기는 했지만 늘 그렇듯 초조한 마음을 감추지 못했다. 후쿠오카를, 그리고 운이 따른다면 일본을 벗어나고 싶은 마음이 들 때 더욱 그랬다. "베이징은 대도시이지만 그곳 사람들은 일본인들보다 훨씬 더 마음이 따뜻해." 요시코는 소노모토에게 편지를 썼다. "그들은 따뜻해. …너에게 이런 말을 해서는 안 되는데. 넌 일본인이니까. 하지만 숨기고 싶지 않구나. …일본에는 무서운 사람이 많아. 그 사실에 난 소스라치지. …그들은 여전히 중국인들을 '칭크'라 불러. 난 그 사실이 슬프단다."

마침내 요시코는 떠나도 좋다는 허락을 받게 된다. 그녀가 어린 시절부터 알고 지낸 일본 외무대신 마쓰오카 요스케 덕분이었다. 1941년 4월, 요시코는 어딘가 아픈 듯 수척한 모습으로 후쿠오카

공항에서 마쓰오카를 만난다. 그는 베를린을 성공적으로 방문한 뒤 모스크바로 가 소일 중립조약을 맺고 돌아오던 차였다. 변덕스럽고 수다스러운 마쓰오카는 한 해 전, 독일, 이탈리아와 삼국 조약을 맺음으로써 일본과 미국의 관계를 악화시킨 장본인이다. 그 후 일본은 진주만을 공격했고 미국이 전쟁에 참여해 결국 일본을 격퇴하게 된 외교적 결정을 내린 인물이었다.

그날 공항에 도착한 마쓰오카의 머릿속에는 일본이 파멸할 거라는 생각은 전혀 들어있지 않았다. 요시코는 가장 일본인답지 않은 인사법으로 사람들 앞에서 그를 껴안아 구경꾼들을 놀라게 했다. 훗날 재판에서 요시코는 마쓰오카와 그 정도로 가까운 사이가 아니었음을 변호해야만 했지만 1941년 4월 그녀에게 당장 절실했던 건 이 중요한 관계를 통해 누릴 수 있는 이득뿐이었다. 그녀는 마쓰오카에게 여행금지 명령을 철회해달라고 요청했다. 그리하여 2주 후 그녀는 드디어 후쿠오카를 떠나 도쿄로 가게 된다.

28

끝까지 희망을 놓지 않다

요시코는 낮에 딱히 할 일이 없었다. 동물을 좋아했기 때문에 아사쿠사
에서 원숭이 세 마리를 사 자신의 방에서 키웠다. 한 마리가 더 태어났
고⋯ 결국 원숭이는 네 마리가 되었다.

-오가타 하치로(요시코의 비서)

요시코는 애완용 원숭이를 후쿠짱, 몬짱, 데코, 치비라 불렀다.
그녀는 도쿄의 산노 호텔에서 이 원숭이들과 함께 살았다. 당시로
써는 드문 서양식 호텔이었다. 요시코는 원숭이들을 돌보는 것 외
에도 중국과 일본 간의 휴전을 도모하는 따위의 시급한 프로젝트
에 가담하느라 분주했다. 그녀는 계속해서 당시 육군대신 도조 히
데키의 집에 전화를 걸어 자신을 기용해달라고 졸랐다.

"나는 중국과 일본 간에 평화의 가교를 놓는 역할을 하고 싶습
니다." 요시코는 도조의 아내에게 이렇게 말했다. "일본의 전선에
나를 데려다준다면 도움이 될 수 있습니다. 장제스 휘하의 장군들
도 많이 알고 있고요."

도조는 그녀의 전화를 회피하며 아내에게 이렇게 말했다. "일본
은 그녀처럼 나약한 여성의 도움에 의존해야 할 만큼 힘든 상황은

아니오."

라디오를 통해 진주만 공격 소식을 접했을 때 요시코는 '일본이 질 거라는 사실을 즉시 깨달았다.' 감옥에서 쓴 것으로 추정되는 회고록(원저자가 누군지에 대해서는 의혹이 제기되고 있다)에서 요시코는 일본이 망할 수밖에 없는 이유에 대해 이렇게 말하고 있다. "일본 군부는 거만하고 맹목적인 자만심 때문에 미국을 제대로 이해하지 못하고 있다. 그들은 자신의 능력을 과신하고 있다."

요시코는 일본과 중국을 오가며 어디에도 정착하지 못했다. 그러는 동안 사사카와 료이치는 그녀를 대신해 다롄의 노천시장을 매각해주었다. 숙친왕의 가족과 나니와에게 오랫동안 수입을 안겨주었던 시장으로, 가족들은 나니와가 이 시장을 통해 그들의 재산을 노략질했다고 주장하기도 했었다. 노천시장 매각으로 요시코는 중국과 일본에서 쓸 돈을 마련할 수 있었다. "나는 중국 병사나 일본 군대에 의해 체포되더라도 죽지 않을 것이다." 그녀는 자신이 양국 어디에서도 안전하다고 주장했지만 실상은 양측 모두 그녀가 적군의 스파이라고 의심했다.

동생 진 모유는 요시코가 베이징에서 불량스러운 무리와 어울려 다니는 것에 가족들이 혐오감을 느꼈다고 말한다. 전쟁 때문에 삶이 순식간에 아수라장이 된 친척들은 인내심이 바닥났고 요시코와 거리를 유지하려고 했다. 하지만 요시코는 그들과 계속 연락하고 지내야 할 필요가 있었다. 어떤 이들은 그녀가 베이징에 위치

원숭이와 함께 있는 요시코　출처 미상

한 일본 헌병대의 중국인 수장과 어울렸다고 한다. 또 다른 이들은
그녀가 중국 오페라 스타에게 사기를 쳐 그에게서 돈을 빼돌리려
했다고 주장했지만 요시코 자신은 그를 속인 게 아니라 오빠에게
빌려준 돈을 대신 받은 것뿐이라고 훗날 말했다.

　가와시마 요시코는 결국 베이징에 정착하기로 했고 그곳에 마
지막 거처를 마련했다. 오가타 그리고 자신이 키우는 원숭이들과
함께였다. 마침내 일본의 패배가 확실해졌다. 늘 돌아다니기를 좋

아했던 요시코는 이제 웬일인지 꼼짝하지 않았다. 그녀의 안위를 걱정하는 사람들 눈에는 일본이 망하고 나면 중국에서 그녀의 신변이 위험할 게 뻔해 보였지만 그녀는 이 단순한 사실마저도 받아들이려 하지 않았다. 게다가 전쟁이 끝나면 일본으로 도망갈 길도 막힐 거라는 판단도 내리지 못했다.

그녀의 가족과 오랫동안 알고 지낸 한 점성술사는 다른 제안을 했다. "몽골로 도망가는 방법을 압니다. 길을 알려드리죠."

하지만 요시코는 자신의 올곧은 마음이 그 어떤 혐의도 이겨낼 것이며 자신은 끝내 안전할 거라고 굳게 믿었다. "나는 장제스 정부에 반대하긴 했지만 늘 진심으로 중국인들에게 헌신했다. 나는 달아나지 않을 것이다. 나는 숨지 않을 것이다." 그녀는 맹인 비파 연주가를 집에 불러 연주를 들으며 낮잠을 즐겼다. 전쟁이 끝나가면서 의지할 곳 하나 없어진 쓸쓸한 인물다운 모습이었다.

훗날 재판에서 판사가 왜 베이징으로 돌아왔냐고 묻자 요시코는 엉뚱한 대답을 했다. "원숭이 한 마리가 설사 증상을 보여서 돌아왔습니다."

29
간신히 도주하다

오늘 아침 우리는 천단(天壇)을 방문했다. …황제는 일 년에 한 번 대리
석으로 된 3단 옥외 제단 앞에 무릎을 꿇고 자신과 백성을 위해 하늘에
제례를 드리곤 했었다.

우리가 도착했을 때 외부는 우리의 기억 속 모습과 상당히 비슷했다. 하
지만 내부는 어찌나 처참하던지! 천단과 입구를 비롯한 건물 전체를 수
백 명의 남자아이들이 가득 메우고 있었다(일부 막사에는 여자아이들도
있었다). 그들은 산시성에서 전쟁을 피해 온 난민 학생들이었다. 일부는
열두세 살 정도밖에 안 돼 보였다. 석조 테라스와 신전 바닥은 그들이
늘어놓은 얇은 침낭과 보잘것없는 소지품으로 가득했다. …근엄한 종교
의식이 행해지던 곳, 황제와 그의 추종자에게만 허락되었던 궁전으로
향하는 계단에 발을 올려놓는 순간, 누구라도 눈앞의 비참하고 열악한
모습을 애서 외면할 수밖에 없을 터였다. 차라리 변함없이 수평선 위로
솟아있는 서편 언덕을 바라볼밖에…. 이 아이들의 정신 상태는 가난한
막노동꾼보다도 훨씬 열악했다. 그들을 이끌어줄 지도자도, 조직도 찾
아볼 수 없었다. 궁정 안뜰 여기저기에, 심지어 재단 바로 아래에조차 반
쯤 마른 배설물이 나뒹굴고 있었다.

-더크 보드(중국학자)

1945년 8월 15일, 일본이 패전하자 중국은 엄청난 혼란에 휩싸
였다. 국민당 정부와 일본 간의 전쟁은 끝났을지 모르지만 아직 한
가지 전쟁이 더 남아있었다. 날로 세력이 강해지던 공산주의자를

상대로 한 전쟁이었다. 진 모유는 이렇게 적고 있다. "국민당과 미국 군대, 그리고 흰색 헬멧을 쓴 헌병대가 일본 군대를 대신했다. …국민당이 베이징에 들어오자 …일본이 점령하던 때보다 상황이 더욱 어지러워지기 시작했다. 하루도 조용한 날이 없었다. 물가는 빠르게 치솟았고 화폐가 바뀌었으며 곳곳에 다양(은으로 만든 1위안짜리 동전)을 거래하는 암시장이 성행했다. 사람들은 공산당의 진격 소식에 벌벌 떨었다."

장제스의 군대는 일본의 통치하에 있던 지역을 선점하기 위해 재빨리 움직였다. 공산당이 들이닥치기 전에 그들이 먼저 차지해야 했다. 일본이 세운 괴뢰정부의 여러 지도자들은 당분간 자리를 보전할 수 있었다. 완전히 아수라장이 되거나 공산당이 정권을 차지하는 것보다는 과거 일제 부역자들에게 정부 운영을 맡기는 게 나을 거라는 가정에서였다. "일제의 꼭두각시 지도자 중 처형당한 사람은 얼마 없었다. 대부분 용서받았고 국민당 정부에서 또다시 한자리를 차지했다." 괴뢰정권의 지도자들을 그대로 두는 것은 장제스 군대 입장에서는 합리적인 일이었을지 몰라도 빠르고 철저한 보복을 원하던 중국인들에게는 만족스러운 결정이 아니었다. 장제스의 통치는 체계적이지 못했고 정부 관료들은 부패했다. 장제스는 중국에 평화가 찾아왔다고 주장했으나 많은 사람이 자신이 살고 있는 곳은 평화와는 거리가 멀다고 생각했다.

일본의 항복은 국민당과 공산당의 싸움에 기름을 끼얹었을 뿐만 아니라 북동지역에 또 다른 대혼란을 가져왔다. 만주 곳곳에는 수십만 명이 넘는 일본 정착민들이 살고 있었다. 일본은 그중 상당수를 소련 국경에 접한 외딴 지역으로 보냈었다. 소련이 다른 생각을 품을 경우를 대비하기 위해서였다. 전쟁이 끝나자 예상대로 소련이 다른 마음을 먹었을 뿐만 아니라 중국인들 역시 기회를 노렸다. 1945년 8월 8일, 소련은 소일 중립조약을 무시한 채 군대를 이끌고 국경을 넘어왔다. 토지, 여자, 그리고 특히 그들이 팔에 차고 뽐내기를 좋아했던 손목시계를 약탈하기 위해서였다. 빠른 보복을 원했던 중국인들도 여기에 가담했다.

만주 곳곳에 살고 있던 일본 정착민들은 그들을 보호해줄 군대가 사라지면서 철저히 버림받고 말았다. 우는 아이도 그 모습에 울음을 그칠 정도로 두려움을 자아냈던 일본 관동군은 재빨리 열차를 마련해 병사들을 대피시켰으나 정착민들은 남겨두고 떠났다. 정착민들은 서둘러 일본군 장교들의 집으로 찾아갔으나 모두가 황급히 떠난 뒤였다. 식탁 위에 음식이 그대로 놓여있는 집도 있었다. 군대가 떠나자 일본 정착민들은 홀로 남아 소련인과 중국인뿐만 아니라 매서운 추위와 치명적인 전염병에도 맞서야 했다.

"일본이 패전할지라도 확고하게 자리 잡은 독립국인 만주국에는 아무런 영향을 미치지 못할 것이다." 한 정착민이 이렇게 말했다. "미국 비행기가 단 한 대도 이 만주국 상공에 얼씬거리지 못하는 게 그 증거 아닌가? 물론 소련이 문제를 일으킬 수 있다. 하지만 양국은 소일 중립조약을 맺은 상태니 소련이 조약을 쉽게 깨버리지 못할 것이다. 만약 소련이 우리를 공격할지라도 무적의 70만 병력으로 이루어진 관동군이라는 난공불락의 장벽이 그들의 접근을 막을 것이다." 너무도 안일한 믿음이었다.

1939년 심양에서 태어난 야마모토 타케오는 아버지에 대한 이야기를 전한다. 그의 아버지는 1935년부터 만주국에 살았다. 중국 문화에 흠뻑 빠진 이상주의자 아버지는 중국인처럼 살고자 애썼는데 전쟁이 끝난 뒤 그는 또다시 안일한 모습을 보여준다.

전쟁이 끝난 뒤 아버지는 당신과 가족들이 만주국에서 행복하게 살 수 있을 거라고 생각했다. 그들을 괴롭히는 일본 군부나 당국이 사라졌기 때문이었다. 아버지는 만주를 떠나지 않을 생각이었다. 그때 일본 장교들이 와서는 최소한 아내와 아이들은 다른 도시로 보내야 한다고 조언했다.

"그들은 언제든 돌아올 수 있소. 하지만 그들이 지금 여기 있는 건 위험할 수 있소." 일본 장교가 말했다.

그래서 아버지는 우리를 톈링으로 보냈다. 당시에 난 여섯 살이었다. 우리는 아버지를 뒤로하고 개방형 트럭에 올라탔다.

아버지는 거기 남아서 중국 친구들과 즐겁게 지낼 요량이었다. 하지만 친구 한 명이 아버지에게 소련군이 오고 있으니 지금 당장 떠나야 한다고 다그쳤다. 소련군은 일본 남자들을 체포해 전쟁포로로 소련에 보내고 있었다. 아버지의 중국 친구들은 아버지에게 중국 소작농이 입는 옷을 건넨 뒤, 말을 하면 일본인인 걸 즉각 알아챌 테니 벙어리인 척하라고 했다. 아버지는 길을 걷기 시작했고 머지않아 소련의 기동화 부대가 거리를 돌아다니며 고함을 치는 것을 보았다. 아버지는 도로에서 재빨리 벗어나 몸을 숨겼다.

몇 주 후 아버지는 중국 소작농 복장을 한 채 우리가 머물던 톄링 난민 수용소에 갑자기 나타났다.

일본 정착민들은 집을 떠나 다른 도시로 서둘러 도망쳐야 했다. 돈과 물품이 부족했던 생존자들은 정부가 그들을 본국으로 송환할 방법을 찾을 때까지 이곳저곳에서 필수품을 구걸할 수밖에 없었다. 거의 8만 명의 정착민이 피난길에 목숨을 잃었다. 만주를 떠나 일본으로 도망가는 정착민들의 애환을 다룬 일본 문학 장르까지 탄생했다. 끔찍한 집단 피난, 소련, 중국, 일본 정부와 군부에 의해 희생당한 정착민들의 모습에 주로 초점을 맞춘 장르다. 이들은 도주 과정에서 희생을 당한 게 분명했으나 독자들은 이들이 만주국에서 한 활동을 떳떳하다고 할 수 있을지 의문을 표한다.

대참사에서 기적적으로 살아남은 이들의 이야기가 대체로 그렇듯 도피 도중 이들의 생사 또한 이러저러한 운에 달려있었다. 동정 어린 중국인이 위장할 수 있게 제공해준 중국 의상, 홍역과 발진티푸스를 이겨낼 만한 건강상태, 옷에 꿰매 넣은 돈…. 소련 병사들의 욕망과 만주국의 혹독한 추위는 피난길을 더욱 힘겹게 만들었다.

만주국의 황실 가족 역시 소련과 중국에 점령당하기 전에 서둘러 창춘을 빠져나가야 했다. 푸이 황제와 수행단의 퇴장은 황급하고도 초라했다. 일왕이 일본의 항복을 알리자 푸이는 만주국의 황제 자리에서 물러날 것을 선언했다.

푸이는 이렇게 적고 있다. "장 징후이와 타케베 로쿠조가 한 무리의 '장관'과 '고문관'을 이끌고 나타났다. 또 다른 촌극을 펼칠 예정인 듯 그들은 일본인 중국 연구가 사토가 긴급 작성한 나의 '퇴위 칙서'를 가지고 왔다. 내가 그들 앞에 서서 이 칙서를 읽는 동안 그들은 주인이 버린 개처럼 보였다."

그 후 푸이와 수행단은 일본으로 가는 비행기에 올랐다. 하지만 1945년 8월 19일, 심양에 잠시 머무는 동안 그들은 소련 당국에 붙잡혔다. 푸이는 이렇게 적었다. "다음 날 나는 소련 항공기에 태워져 소련으로 향했다." 그는 그곳에서 1959년까지 소련과 중국에 의해 차례대로 수감되었다. 형 푸이와 동행한 히로의 남편 푸제 역시 수감되었고 1960년에야 출소했다.

한편 히로는 남겨졌으며 그녀를 포함한 200명이 넘는 궁궐 가족들은 복수심에 불타는 중국 군중과 군인들을 피해 혼자 힘으로 도망가야 했다. 군중의 증오를 산 황실 가족 중에서도 히로는 일본

인이라는 이유로 더욱 큰 모멸을 견뎌야 했다. 그녀는 이렇게 기록
했다. "바깥에서는 폭도들이 일본인을 보는 즉시 도끼로 공격했
다. 그들은 아이들의 옷까지 수색했다. 폭도들은 일본인의 소지품
을 훔치기만 한 게 아니었다. 그들은 옷 보따리만 등에 메게 한 채
일본인들을 굴비처럼 엮어서 끌고 다녔다. 전쟁 기간 동안 박해받
은 만주국 사람들은 약탈과 폭행으로써 분노를 표출했다."

그러한 상황에서도 히로는 정신을 바짝 차렸고 다시 한번 어마
어마한 힘을 발휘할 수 있었다. "우리가 닥친 상황을 깨닫자 운명
을 한탄하는 건 시간 낭비라고 생각했어요. 남편들이 도와줄 거라
고 기대했지만 이제 그들은 가버렸기에 여자들끼리 어떻게 해야
할지 곰곰이 생각해야 했죠. 어떻게 해서든 일본으로 갈 방법을 찾
아야 했습니다." 그녀는 다섯 살 난 딸 코세이와 아편에 중독된 황
후를 보호하기로 마음을 단단히 먹었다.

그녀의 무리는 린장으로 향했지만 얼마 안 가 공산주의 계열 팔
로군(八路軍)[1]에게 잡히고 만다. 이때부터 히로의 이야기는 만주
국에서 달아난 일본 정착민들이 쓴 도피 소설의 황실 버전처럼 들
리기 시작한다. 그녀의 무리는 황실 가족이었고 공산주의자 입장
에서 그녀는 전리품이나 다름없었으므로 그 자리에서 강간하거
나 살해할 만한 대상은 아니었다. 그렇기는 했지만 히로 역시 도
주 중인 일본인들을 괴롭히던 매서운 추위와 급변하는 상황에서

---

1. 1937~1945년에 일본군과 싸운 중국공산당의 주력부대 가운데 하나

자유로울 순 없었다. 날씨, 질병, 사방의 약탈자 등 끔찍한 도주 과정이 담긴 이 유명한 이야기는 다른 사건들을 잊게 할 만큼 충격적이다.

공산주의자에게 잡힌 그녀는 고난의 길을 가야 했다. 때로는 원시적인 교통수단에 의존해 가파른 산을 오르거나 매서운 추위 속에서 오랜 시간 행군해야 했다. 또한 히로는 수차례 심문을 당한다. 왜 푸이의 동생과 결혼했는지, 그녀가 관동군 요원이 아닌지, 푸제의 가족에게서 돈을 갈취하려 한 건 아닌지, 일본 황제의 딸이 아닌지 설명해야 했다. 남아있던 관동군은 그녀의 무리가 퉁화에 감금되어 있다는 소식을 접한 후 그들을 구출하려고 했지만 결국 실패했고 그 과정에서 수많은 일본인이 사망하고 말았다.

한편 황후는 온갖 사건들을 겪은 뒤 결국 정신이 나가고 말았다. 그녀는 이곳저곳으로 끌려다녔고 아편을 구할 수 없게 되자 점차 의식이 혼미해지며 헛소리를 했다. 히로는 그녀를 돌보려고 했지만 형님을 살릴 수는 없었다.

코세이는 이렇게 기억한다. "황후는 삐쩍 말라갔죠. 때로는 자신이 아직도 궁궐에 있다고 생각했어요. 하인에게 말하듯 '뜨거운 물을 가져오너라', '내 목욕 준비를 해두었느냐?'고 소리쳤죠. 너무 큰 소리로 말했어요. 어머니는 황후의 아편을 늘 갖춰두려고 애쓰셨죠. 하지만 결국 아편이 바닥났고 황후는 무척이나 괴로워했어요. 황후의 비명소리는 정말 끔찍하게 들렸죠."

공산주의자들에게 잡힌 황후와 히로, 코세이는 커다란 흰색 깃발을 단 마차에 올라타야 했다. '만주국이라는 허수아비 국가의 반역적인 황실 가족'이라고 표시된 수레였다. 황후는 이미 행렬을 조롱하는 군중들을 신경 쓸 만한 정신 상태가 아니었다. 결국 팔로군은 인내심이 바닥났고 황후를 다른 마을로 데려갔다. 그곳에서 그녀는 외로이 병사한다.

히로가 관동군에 협조했다는 증거를 찾지 못한 공산주의 당국은 결국 그녀를 풀어주었다. 그 후 히로는 진저우로 도망가는 일본 정착민 무리에 합류해 정착민의 아내 행세를 하려고 했다. 하지만 얼마 안 가 그녀를 장제스의 군대에 신고한 일본인의 배신으로 정체가 발각되고 만다.

이제 그녀는 국민당 진영의 포로가 되었다. 그들은 그녀를 잡았다는 사실에 고무되었다. 그들은 자신들의 투철한 감시활동 덕분에 중국인들의 주요한 적을 잡았다고 주장했다. 민족주의자들은 히로와 코세이를 베이징으로, 그리고 다시 상하이로 데리고 간 뒤 그녀가 전범이라고 선언했으며 일본 관료들의 항의에도 불구하고 그녀를 놓아주지 않았다. 당시에 국민당 진영에서는 자신들이 그녀의 포획자가 아니라 '보호자'라고 주장했다. 그들은 그녀가 이제 중국인이기 때문에 일본 당국은 그들에게 이래라저래라 지시할 권한이 없다고도 했다.

"우리는 그녀를 가와시마 요시코처럼 법정에 세운 뒤 필요할 경우 쑤저우 감옥에 보낼 것이다."

얼마 후 물밑교섭을 통해 히로의 고난은 드디어 끝이 났고 그녀와 코세이는 배를 타고 일본으로 돌아올 수 있었다. 집으로 돌아오는 길, 히로는 남편과 헤어진 뒤 보낸 16개월의 시간을 뒤돌아보았다.

> 내 삶은 총성으로 위협받았다. 나는 굶주림과 추위를 겪었으며 차가운 교도소 벽 안에서 절망감으로 가슴이 갈가리 찢어졌다. 사람들이 서로를 배신하고 속이고 죽이는 것을 얼마나 많이 목격했던가? 잔인한 운명 속에서 나는 지옥과도 같은 세상을 마주했다. …러일전쟁이 발발한 이후 내가 방금 떠난 중국 땅에 얼마나 많은 중국인과 일본인의 피가 쏟아졌던가?
>
> 일본인들은 왜 중국인과 손을 잡고 잘 지내려고 노력하지 않았을까?

30
법의 심판대에 오르다

질문: 이름, 나이, 주소를 대시오.
대답: 진 비후이, 서른두 살, 베이징 출신이며 주소는 지우탸오 동시 34
　　　번지입니다.
-가와시마 요시코의 재판에서

　　재판 기록에 따르면 요시코는 1945년 10월 11일, 민족주의자
들에 의해 체포되었다고 한다. 일본이 항복한 지 거의 2개월 후였
다. "진 비후이가 여기 있나?" 경찰이 그녀의 베이징 집에 불쑥 들
어와서는 물었다. 오가타는 요시코가 아파서 잠을 자고 있다고 말
했지만 그들은 그녀를 체포하러 방으로 들어갔다.

　　요시코는 훗날 이렇게 기록했다. "1시경에 낮잠을 자고 있는데
한 남자가 갑자기 내 방에 들어와서는 나에게 뛰어들었다. 나는 깜
짝 놀라 일어났다. 둥근 얼굴의 마흔 살쯤 된 남자로 흰색 셔츠와
검은색 바지를 입고 있었다. 인부 아니면 첩보원처럼 보였다. 그는
고함을 치며 나를 담요 밖으로 끌어내더니 식탁보로 내 머리를 감
쌌고 내가 맨발로 걷게 했다. 나는 지금 아픈 상태니 옷을 갈아입고
신발을 신게 해달라고 연거푸 간청했지만 그는 내 말을 무시했다."

요시코는 파란색 잠옷을 입은 채로 끌려갔는데 오가타가 그녀가 걸칠 옷을 찾으려 하자 경찰은 그가 무기를 찾고 있다고 생각해 그에게 총을 겨누었다. 오가타와 요시코 둘 다 대기 중인 차량으로 끌려갔다. 얼굴은 가려졌고 손은 등 뒤로 묶인 상태였다. 오가타는 차를 타고 이동하는 동안 요시코가 놀란 기색을 전혀 보이지 않았다고 말한다. 그는 그녀의 얼굴에 언뜻 인 익살스러운 표정을 평생 잊지 못했다. 심문이 시작될 때에도 요시코는 담뱃불을 붙여달라고 명령조로 말하며 상대를 조롱하기도 했다.

"오가타는 이름만 비서일 뿐 사실은 나의 충성스러운 하인일 뿐이오. 그처럼 훌륭한 사람을 체포하는 것은 인권을 침해하는 행위요. 그를 즉시 놔주시오." 요시코는 경찰에게 오만하게 말했다.

요시코의 감방은 한심할 정도로 엉망이었고 교도소장의 대우는 가혹했다. 그녀를 조롱하던 기자들은 감방 생활이 '그녀가 이전에 살던 화려하고 사치스러운 생활과는 완전히 다르다는 사실'을 비아냥거리며 보도했다. 결국 요시코는 황량한 감방을 단장하기 위해 야마구치 요시코의 사진을 벽에 걸어 놓았다. 행복했던 시절을 상기시키는 사진이었다. 음식은 끝까지 문제가 되었다. 그녀는 교도소 음식을 도저히 먹을 수 없었기 때문이었다. 하지만 체포 당시 모든 소지품을 몰수당했기 때문에 외부 음식을 살 돈이 없었다. 그녀는 기자들에게 제발 도와달라며 간청했다.

전쟁과 생존을 위한 발버둥으로 탈진 직전인 국가에서 반역자들의 재판은 일상의 재앙으로부터 대중의 관심을 돌릴 수 있는 좋은 이벤트였다. 체포된 피고인 중 누구를 재판에 부치고 누구를 놓아줄지에 관한 결정은 일관성 없이 진행되었다. 법정에서는 법조문이 인용되긴 했지만 형벌은 무작위로 내려졌고 전시에 아무리 극악무도한 행위를 저질렀다 할지라도 장제스 정권과 연줄이 있을 경우 호의적인 대우를 받을 수 있었다. 1931년부터 중국을 초토화한 일본 육군 장교조차도 연줄을 대고 풀려날 수 있었다. 일본이 패전할 당시 최고 사령관이었던 오카무라 야스지는 '살아있는 모든 것을 죽이고 태우고 약탈하라'는 무자비한 정책을 실행했으며 2백만 명의 중국인을 처형했음에도 불구하고 일본이 항복한 뒤 장제스는 그를 군사 고문 자리에 앉혀주었고 연합국에 의해 전범으로 기소조차 되지 않았다.

경기 침체와 중국의 불확실한 미래로부터 대중의 관심을 돌리기 위해 선동적인 재판을 찾고 있던 국민당 정부에 딩 모쿤 같은 사람의 재판은 피에 대한 욕망을 불러일으키기 충분했다. 그는 상하이 76 제스필드 로드에 위치한 '공포의 궁전'이라 불린 본부에서 포로들을 고문했다. 딩은 왕 징웨이의 부역자 정권에서 악랄한 행위로 악명 높았고 신문에서는 그에게 '왕의 힘러'[1]라는 별명을 지어주었다. 155센티미터밖에 되지 않은 '작은 악마 딩'이 법원에 모습을 드러냈을 때 법원이 수많은 관중으로 꽉 찬 건 당연한 일이었다.

---

1. 하인리히 힘러(Heinrich Himmler) 히틀러의 심복, 나치 친위대장

인기라면 요시코 역시 그 누구 못지않았다. 대중으로부터 가장 큰 지탄을 받던 피고들과도 견줄 만했다. 민족주의자들은 그녀가 반동적인 청 황실 가족의 일원이라는 비난을 끊임없이 퍼부었다. 그들은 요시코가 억압적인 청 왕조 정권을 부활시키고 민족주의자들이 혁명으로 일군 눈부신 업적을 뒤엎는 데 일생을 바친 반역자라고 했다. 일본인들과의 친분 덕분에 그녀의 반역 혐의는 순식간에 불어났다. 요시코의 연애사, 머리 모양, 남성 복장 역시 이러한 혐의를 굳히는 데 한몫했다. 게다가 다음과 같은 선동적인 신문 기사가 실리기도 했다.

요시코의 조력으로 중국 북동지역 중 일부가 일본의 손아귀에 들어갔으며 요시코는 중국 영토를 일본에 넘기는 데 동의했다. 그녀가 체포된 사실에 모두가 기뻐하고 있다. 얼마나 많은 잘생긴 남자 '첩'들이 지우탸오 동시 34번지에 위치한 그녀의 집에서 목숨을 잃었는지 아무도 모른다. 요시코와 사랑을 나눈 뒤 이들은 요시코를 영웅으로 만들기 위해 진력을 다하다가 결국 탈진하여 사망했다. 이것이 바로 수많은 시민이 그녀가 법정에 드나드는 것을 보기 위해 몰려든 이유다. 도대체 그녀가 얼마나 '희귀하고 아름다운 여성'인지 두 눈으로 보기 위해 법정에 몰려든 것이다.

요시코의 유죄 판결은 처음부터 예정된 결론이었다. 자백 강요에 못 이겨 그녀는 자신에게 불리한 진술을 했고 이로써 희망은 전부 사라지고 말았다. 그녀는 훗날 변호사에게 자신이 저지른 짓에 관해 가짜 진술을 하도록 수사담당자가 꼬드겼다고 말했다. 자신은 강압에 못 이겨서 그리고 더 나은 대우를 약속받아서 거짓으로 자백하게 된 것이라고 했다.

"법원 담당자는 이렇게 말했어요. '이봐, 아무것도 몰라도 괜찮아. 다른 일본인들이 한 말이나 괴뢰정권 사람들이 한 말을 그냥 적어봐. 그럼 법원장이 좋아하실 거야. 네가 협조해주었으니 다시 일본에 보내주자고 말할 수 있다는 거지.' 저는 그 말에 행복했고 그 말을 믿었죠. 그들이 원하는 것을 주겠다고 약속했어요. 밤새 한잠도 자지 않은 채 생각했죠. 일본에 돌아가면 나를 학대한 군인들에 대해 하나도 빠짐없이 폭로하겠다고 다짐했어요."

자극적인 진술을 기대한 요시코의 심문자들은 그녀가 제출한 글이 만족스럽지 못했다. 그들은 불쾌감을 토로했다.

다음 날, 내가 쓴 글을 읽은 담당자는 전날 보였던 부드러운 태도를 벗어던졌다.

"이 말을 하나도 못 믿겠다." 그는 화난 목소리로 말했다. "어떻게 이따위 걸 쓸 수 있지? 나는 법원장님으로부터 특별 명령을 받았는데 이딴 걸 제출할 수는 없지 않으냐. 무엇

재판에 선 요시코, 1947년 10월 《AP통신》

보다도 너에게 도움이 되지 않을 거다. 우리는 너를 중요한
사람으로 대우했다. 무의미한 말들로 가득 찬 이 진술서를
법원장님에게 보여주면 너는 우리의 관심 밖에서 벗어난
쓸모없는 인간이 될 거고 우리는 너를 포기할 거다. 그러면
너는 여기서 평생 썩어야 한다. 뭐든 상관없으니 써라. 법원
장님은 너에게 특별히 관대하시다. 그래서 너와 얘기를 나

누도록 나를 여기까지 보내셨다. 나는 시간을 낭비하는 걸 좋아하지 않는다. 나는 너를 구하고 싶다. 최대한 많은 것을 고백해 법원장님에게 네가 중요한 인물이라는 것을 보여줘라. 그렇지 않으면 너를 내보내 줄 수 없다. 너는 다른 죄수들처럼 이곳에 평생 갇혀있어야 할 거다."

요시코는 교도소에서 당한 모욕에 불만을 표했다. 머리에 접시를 올린 채 바닥에 무릎을 꿇고 앉아야 했고 강간을 당하거나 굶주릴까 봐 두려워했다고 한다. 때문에 과거에 그녀가 저지른 짓에 대한 보고서를 작성해야만 음식과 옷을 주겠다는 여성 감독관의 말을 순순히 따랐을 것이다. "여성이기 때문에 그 감독관이 내 고충에 동조한다고 생각해 이렇게 말했다. '그들에게 전할 말을 지어내겠어요.' …나는 감독관에게 내가 겪고 있는 고충을 털어놓은 뒤 울음을 터뜨리고 말았다."

요시코는 그들을 만족시키기 위해 한때 대중을 위해 만들어내곤 했던 자극적인 말들을 지어냈다. 하지만 이번에는 상황이 달랐다. 목숨이 달린 재판 중이었다. 일본 점령군을 돕기 위해 만주 벌판에 낙하산을 타고 내려앉았다거나 고위 일본 대신에게 큰 도움을 준 적이 있다는 말을 중국 법원 담당자에게 떠벌리는 것은 일본 여성잡지 기자에게 이 같은 허풍을 떠는 것과는 달랐다. 중국에 해로운 영향을 미친 전시 행동들에 자신이 연루되어 있다는 것을 스스로 입증해준 꼴이 되고 만다. 자신이 아무런 역할도 하지 않았음에도 어쨌든 그런 짓을 저지른 것을 사죄했다. 그러고는 자신 역시 일본에 배신당했기 때문에 몹시 불행해졌다고 말했다.

요시코는 대중에 잘 알려지긴 했지만 사실과는 거리가 먼 자신의 업적을 또다시 진술하기도 했다. 만주 군벌 수 빙원을 찾아가 일본에 대한 반역행위를 그만두고 일본 인질을 풀어주라고 설득하려 했다는 것이다. 그녀는 이렇게 적었다. "나는 직접 비행기를 몰고 치치하얼에 갔다."

그곳에 도착하자마자 나는 수 장군에게 전보를 보냈다. 그는 바로 답장을 보냈다. 수 장군은 일본군 본부, 지방 정부, 황제가 보낸 전보에는 절대로 답장을 하지 않았었다. 하지만 이상하게도 내가 보낸 전보에는 늘 회답을 했다. 일본 신문 기사들은 관련 기사를 매일같이 내보냈다. 나도 모르는 사이 나는 일본 언론에서 무엇이든 할 수 있는 사람으로 유명해졌다. 하지만 수 장군이 붙잡고 있던 일본 인질들을 구출한 뒤 일본은 다시 나를 속였다. 나는 그곳에 완전히 홀로 남겨져 수 장군의 처분만 기다리는 신세가 되었다. 일본인들을 전부 구출한 뒤 일본 군대는 전면적인 공격을 감행했다. 나는 수 장군 앞에서 면목을 잃었고 차마 그를 다시 쳐다볼 수조차 없었다. 나는 처형당하기를 기다렸지만 그는 나를 죽이지 않았다.

요시코의 고백은 다소 일관성이 없다. 그녀가 배고프고 시달리는 상태였을 뿐만 아니라 약물 중독으로 인한 금단 현상 때문에 변론의 요지에 집중할 수 없었던 것으로 보인다.

계속되는 심문 속에서 그녀는 갈피를 잡지 못하고 횡설수설했다. 요시코는 자신 앞에 닥친 상황의 심각성을 제대로 이해하지 못한 것 같았다. 당국자들을 얕잡아본 것 같기도 하다. 어쩌면 결국엔 그들이 반역 혐의를 입증할 수 없을 거라고 믿었는지도 모른다. 사실이 그러하니까…. 하지만 혐의를 입증할 증거가 부족한 경우 법원은 무라마쓰 쇼후의 소설 《남장미인》이나 1932년에 개봉한 미조구치 겐지의 영화 〈만주와 몽골 국가 수립의 여명〉에서 근거를 찾았다. 요시코를 모델로 한 허구의 주인공이 등장하는 작품들이었다. 일본의 유명 예술가들의 작품에서 유죄를 입증하는 증거를 찾은 중국 판사들은 더 이상의 자료는 필요 없다고 생각했다. 소설이 증거로 사용될 수 있다는 사실에 깜짝 놀란 요시코는 이러한 법적 접근 방식을 비웃었다. "소설은 기이한 사건을 전한다고들 한다. 유명한 《서유기》를 보아라. 삼장법사는 그렇다 치고 손오공과 저팔계가 진짜로 존재한다고 말할 텐가?"

요시코의 마구잡이식 고백은 일관성이 없었지만 그녀가 평생 전달하고자 했던 진짜 감정을 담고 있었다. 뒤죽박죽이기는 했지만 진심에서 우러나온 감정이었다. 그녀는 이러한 감정을 몇 번이고 되풀이해서 전했기 때문에 이는 이미 케케묵은 이야기였다. 요시코는 자신이 중국인이었기에 중국인을 학대한 일본인을 싫어했다고 주장했다. "아버지는 나에게 중국과 일본 간의 친선을 증진하라고 가르치셨다. 하지만 일본의 노예가 되라고는 말씀하지 않으셨다." 그녀는 자신 역시 일본인에게 학대당했다고 말했다. "때로는 너무 화가 나 죽고 싶기도 했다. 나는 가와시마의 딸로 여겨졌지만 나에게는 중국인 형제자매, 시누이를 비롯한 다른 가족들도 있었다. 일본인들은 내 의견을 무시했다. 그들은 마음대로 나를 이용했다. 오늘날까지도 나는 그런 사람들과 잘 지낼 수가 없다. 그들은 나를 차갑게 대했다. 내가 늘 외로운 이유다."

하지만 중국을 향한 그녀의 애착은 어눌한 중국어 실력 때문에 쉽사리 먹혀들지 않았다(그녀는 재판에서 통역관을 붙여달라고 했다). 그녀는 어설픈 중국어 실력 때문에 고향에서 친근한 관계를 형성할 수 없었다. "나는 중국에서 무슨 일이 일어나고 있는지 몰랐다. 나는 중국어를 잘 못 했다. 중국의 중요한 인물이나 중국 문화에 대해서도 잘 몰랐다. 그런 내가 어떻게 첩보와 관련한 일을 할 수 있겠는가?" 요시코는 중국 가족, 중국 거리, 중국 신문, 중국 생활에 녹아들지 못했다. 그래서 일본 쪽으로 표류할 수밖에 없었다고 말한다. 일본어로 소통하는 게 편했다. 그녀가 특정 일본 인물들을 좋아했다는 것도 비밀이 아니다. 비록 그들이 중국을 파괴하는 데 일조했을지라도.

"나는 마쓰오카 요스케(외무대신)의 비서로 일했다. 나는 열여섯 살에 중국으로 돌아오면서 그를 처음 만났다. 그는 일본 군대에서 일했는데 그가 겪는 고충에 대해 나에게 종종 불만을 표했다. 일본인 중에서도 마음이 따뜻한 사람들이 있었다."

*

베이징 주재 《AP통신》 기자는 '아시아의 마타 하리, 일본 간첩 혐의로 법정에 서다'라는 제목의 기사를 통해 1947년 10월 15일에 있었던 가와시마 요시코의 재판 첫날에 관해 기사를 썼다. 이 기자의 추산에 따르면 관중은 수백 명에 달했다. 그는 재판이 마치 즉석에서 지은 노천 방책[1] 같은 울타리 속에서 진행되었다고 했다. "한때 화려했던 여성이 삼엄한 경비 속에 차를 타고 나타났다. 머리는 남자처럼 아주 짧았다." 요시코가 교도소장의 검은색 차를 타고 나타난 순간부터 군중은 시끌벅적해졌고 통제하기 힘들어졌다.

아래 기사에서 기자의 흥분된 말투를 느낄 수 있다.

지역 주민들은 입장권이 있든 없든 개의치 않고 철문 안으로 재빨리 들어갔다. 무너진 제방에서 흘러나오는 홍수처럼 입장권이 없는 사람들이 점점 더 많이 이 흐름에 참여했고

---

1. 시가전이나 시가지 폭동과 같은 특수한 상황에서 적의 이동을 방해하려는 목적으로 만든 임시 장애물

모두가 광장으로 뛰어갔다. 다양한 계층과 직업을 지닌 사람들 사이로 아기 울음소리와 엄마의 외침이 뒤섞였다. 모두 땀범벅인 상태였고 얼굴은 빨갛게 달아올랐다.

"우리가 도대체 왜 이 짓거리를 하고 있는 거지?" 일부는 큰 소리로 불평을 표했다.

서로 떠밀며 광장으로 들어온 사람들은 자리에 서서 숨을 골랐다. 안으로 들어오지 못한 이들은 멀리서 재판을 지켜보기 위해 나무로 올라갔다. 모두가 이 소동에 관여하는 걸 즐기는 것 같았다. 진 비후이가 광장에 들어서는 걸 본 관중들이 그녀에게 다가가 주위를 에워싸는 바람에 그녀는 움직일 수가 없었다.

"재판관들은 상황을 어떻게 통제해야 할지 모르고 있소." 누군가의 외침이 들렸다. "진 비후이가 광장에 들어가지 못하면 재판관들이 뭘 어찌하겠소?"

뜨거운 두부를 판매하는 행상인은 그가 노점상을 펼친 주차 구역을 감시해달라는 요청을 받았다. 그는 120대의 자전거가 몇 시간 만에 그곳을 점령했다고 말했다. 베이징 경극 스타들 역시 군중에 뒤섞였다. 요시코의 애완용 원숭이를 입양한 남자도 그곳에 있었다. 원숭이의 새 주인은 기자에게 이렇게 말했다. "진 비후이가 체포된 뒤 아무도 원숭이를 맡으려 하지 않았어요. 그래서 제가 원숭이를 집에 데려왔죠. 원숭이는 우리 집 복도에서 살고 있어요. 매일 찐빵이랑 쌀, 채소를 먹고 있고요. 지금까지 잘 지내고 있어요. 집도 지키고 이도 잡죠. 담배를 즐기고 때로는 명상을 하려는 듯 잠시 자리를 뜨기도 한답니다."

판사가 재판의 시작을 알리자 피고 측 변호인은 관중들이 일으키는 소동에도 불구하고 변론을 시작했다. 더 잘 보려고 '수박처럼' 나무에 매달린 이들도 있었다. 구경꾼 중 일부가 울타리를 넘어 공판이 진행 중인 광장으로 쏟아져 들어오자 결국 휴정이 선언되었다. "법원 직원들이 신변에 위험을 느꼈기 때문에 재판을 진행하기가 불가능했다. 재판장은 재판을 연기하겠다고 선언했다." 두 번째 날, 재판은 소수의 방청객만 참석한 채 교도소 안에서 진행되었다.

소규모 재판이라고 해서 요시코의 상황이 나아지지는 않았다. 그녀에게는 '한간(漢奸)'[1] 혐의가 씌워졌다. 적군을 도운 중국인에게 특별히 적용되는 중죄였다. 변호사들은 그녀가 중국인이 아니라 일본 시민이기 때문에 한간 혐의를 적용할 수 없다고 주장했다. 일본인 가와시마 나니와에게 어린 시절 입양되었기 때문이었다. 중국에 거주하는 외국인으로서 그녀는 전범자로 취급받아야 마땅하고 변호사들은 그러한 혐의라면 처형만큼은 면할 수 있을 것으로 생각했다.

---

1. 중국어로 국적, 매국노란 뜻

요시코의 변호인들은 그녀가 알려진 나이보다 사실 여덟 살이 어리다며 검찰 측이 주장하는 범죄를 저지르기에는 지나치게 어렸다는 점을 강조하기도 했다. 변호사들은 법원에 제출된 증거(허위 주장, 소설이나 영화에 기반을 둔 증거)의 신빙성에 줄곧 이의를 제기했지만 부질없는 노력이었다.

소설과 영화는 허구적인 사실을 다룹니다. 맹인이 부르는 거리민요에서처럼 고결한 사람들이 소설과 연극에서는 교활한 악인으로 그려지는 경우가 많습니다. 이를 사실로 받아들일 수 있을까요? 경전의 현자들은 책에 쓰인 말을 믿느니 차라리 책을 읽지 않는 편이 낫다고 했습니다. 불명확한 거짓 이야기와 소설을 판결의 근거로 삼을 경우, 게다가 이를 바탕으로 사형 선고를 내릴 경우 사람들에게 혼란을 안겨줄 뿐만 아니라 인간의 삶을 무자비하게 다루는 것처럼 보일 것입니다.

요시코는 모든 것을 부인했으며 이 혐의들이 터무니없다고 주장했다. "우리 아버지는 중국인입니다. 중국이 패전할 경우 나 역시 노예가 될 것인데 내가 도대체 왜 일본이 중국을 물리치는 데 협조했겠습니까? …나는 이 세상의 평화만을 추구할 뿐입니다. 내 양부뿐만 아니라 조국의 아버지 쑨원 역시 이 사실을 강조했습니다. 이런 나를 어찌 반역자라고 부를 수 있습니까? 내가 간첩으로 일했다면 내 코드명이 무엇인지 말해보십시오. 내가 첩보원으로 활동하는 것을 본 사람이 실제로 있습니까?"

요시코는 특정 활동에 대해 해명하는 데 애를 먹자 오빠 진 비동에게 책임을 떠넘기기도 했다. 만주국의 저명한 관료였던 그는 1940년에 이미 사망했다. "나에게는 형제자매가 많습니다. 그래서 사람들은 우리 형제들 중 누가 무엇을 했었는지 종종 헷갈리곤 합니다."

하지만 검찰 측은 요시코의 변론 요지들을 완전히 무시했다.

가와시마 요시코로도 알려진 진 비후이는 청 왕실 출신인 숙친왕의 딸입니다. 그녀는 가와시마 나니와에게 입양되었으며 어린 시절부터 일본에서 살았습니다. 학교에서 배운 군국주의의 영향을 받은 그녀는 남성복을 즐겨 입고 기사도와 부시도[1]를 예찬합니다. 그녀는 가와시마 나니와와의 관계 때문에 일본 군부 및 정치계의 주요 인물들을 알게 되었습니다. 전횡을 일삼는 적국에 순종했던 피고는 그들이 자신을 이용하도록 내버려 두었습니다. 저희 측 증거에 따르면 [일본이 만주를 공격한] 1931년 9월 18일 이후 그녀는 상하이, 중국 북동지역을 비롯한 기타 지역에서 조국을

---

1. 일본 사무라이의 도덕 체계

배신하는 행동에 가담했습니다. 이러한 이유로 검찰은 피고
의 죄가 형법 2조 1항 1호에 의거한 반역자 처벌 법령에 해
당한다고 보는 바입니다.

요시코는 이러한 비난에 맞서 어리숙한 답밖에 하지 못했다.
"검찰이 왜 나에 관해 그러한 말을 하는지 모르겠습니다. 나는 내
가 원해서가 아니라 아버지가 나를 그곳에 보냈기 때문에 가와시
마 나니와의 양녀가 된 겁니다. 나는 열여섯 살이 될 때까지 내가
중국인인 걸 몰랐습니다. 철들 무렵 나는 너무 슬펐고 내 조국 중
국의 상황이 매일 나아지기를 희망했습니다. …외국이 조국을 공
격하는 데 협조할 만큼 내가 비양심적이라고 생각합니까?"
 하지만 검찰 측의 공소내용은 더 가관이다. 검찰이 공소장에 요
시코의 개인적 특성에 대해 적시한 내용은 억지스럽기까지 하다.
검찰 측은 요시코의 이러한 특성만 보아도 그녀가 비도덕적인 행
동에 가담했다는 사실은 의심의 여지가 없다고 주장했다.

피고는 청 황실의 후손이며 청 왕조의 부활에 일생을 바쳤
습니다. 그녀는 어린 시절부터 일본 군국주의를 지지하도록
세뇌 교육을 받았습니다. 승마와 수영, 달리기, 스케이트,
댄스, 운전, 비행기 조종에 뛰어나며 결혼도 하지 않았습니
다. 즉 그녀는 첩보 활동에 요구되는 모든 자질을 갖추었다

고 할 수 있습니다.

그녀의 변호사는 당연히 이러한 결론을 받아들이지 않았다. "검찰 측은 피고가 다양한 언어에 유창하고 특정한 기술을 지니고 있기 때문에 간첩이 될 전제조건을 전부 갖추었다고 말합니다. 이러한 주장에 반박할 수 있는 사례를 말씀드리죠. 옛말에 '식칼을 들고 있다고 모두 살인범은 아니다'라는 속담이 있습니다. 판사님은 이 속담을 깊이 고려해주시기 바랍니다."

역사학자 단 샤오[1]가 언급했듯, 요시코의 변호사들은 그녀가 만주 혈통임을 강조하면서 반역자가 아니라는 사실을 입증하기 위해 필사적으로 노력했다. 그녀가 저지른 모든 일, 즉 일본을 돕고 푸이 황제의 만주 통치를 지지한 것은 만주 혈통에 대한 애착과 만주의 미래를 개선하고자 하는 바람 때문이었다고 주장했다. 요시코는 재판이 있기 몇 개월 전에 기자들에게 이렇게 말했다. "나는 만주인이다. 중국 본토에 살고 있는 사람들은 우리 만주를 제대로 이해하지 못한다."

이러한 주장을 밀고 나가기 위해 요시코의 변호사들은 그녀의 일탈 행동은 중국의 거대 왕족 가문 내에서 불거진 문제였을 뿐 중국이라는 국가 전체를 향한 광범위한 반역죄에 해당하지 않는다고 주장했다. 다시 말해 그녀는 내전의 패자일 뿐이라는 것이다.

1. 《머나먼 조국, 되찾은 국경》의 저자

그들은 다음과 같이 주장했다.

> 기소장에 따르면, 피고는 친부와 양부의 가르침에 따라 청 왕조의 부활에 헌신했습니다. 하지만 이것은 그녀가 가문의 내부갈등에 가담했다는 사실을 의미할 뿐이므로 그녀에게 반역죄를 적용할 만한 법적 실익이 없습니다. 게다가 어쨌든 피고는 청 왕조의 부활을 가져올 만한 행동을 하지도 않았습니다.

변호사는 그녀의 불행한 어린 시절을 들먹이며 그녀가 면죄부를 받을 수 있도록 애쓰기도 했다. 온갖 거짓 포장도 서슴지 않았다. "마지막으로 법원이 피고에게 동정과 온정을 베풀어주기를 요청하는 바입니다. 그녀는 일본에서 태어난 거나 마찬가지입니다. 아버지와 어머니 둘 다 그녀가 세 살 때 사망했습니다. 열여섯 살이 되어서야 자신이 중국인이라는 것을 처음 알았죠. 우리는 이 여성의 처지를 측은히 여겨야 합니다. 조국의 보호를 받지 못했으며 부모님의 따뜻한 사랑도 받지 못한 여성입니다."

1947년 10월 22일, 가와시마 요시코는 적군을 돕고 중국을 배신한 죄가 인정되어 사형 선고를 받았다. 그녀가 수행한 다양한 활동이 유죄 판결을 낳았다. 1932년 일본이 상하이를 공격할 때 관련 정보를 입수하기 위해 무용수가 된 것, 오빠 진 비둥과 공조하여 황후를 창춘에 데려다준 것, 만주국의 여성 지도자 자리에 오른 것, 만주국에 군대를 창설하고 여러 군사 작전을 수행하면서 타다하야오의 고문으로 활동한 것, 수 빙웬이 항복하도록 설득하려 한 것, 열하에 푸이가 이끄는 꼭두각시 정권을 수립하기 위해 마적단 군대를 이끈 것, 푸이를 베이징에 데리고 와 청 왕조를 부활하고 국민당 정부를 전복시키려 한 계획을 세운 것 등이었다.

이러한 죄목에는 그녀가 수행했을 수도 있지만 확실히 수행하지는 않은 일들, 했다고 자백했지만 훗날 부인한 일들도 군데군데 끼어있다. 예컨대 요시코가 일본 군부가 지원하는 단체의 수장으로 일한 것이 유죄 판결에 한몫했지만 사실 이는 다른 일본 여성이 맡은 직책이었다. 2012년 다큐멘터리에서 그녀의 동생 진 모유는 이러한 혐의에 회의적인 반응을 보였다. "스파이는 아주 똑똑하고 교육도 많이 받아야 해요. 요시코 언니는 그럴 만한 수준이 되지 않았어요. …언니는 상당히 용감했고 대담한 말들도 잘했죠. 자제력을 잃었던 탓이라 생각해요. 저는 그 사실을 알지만 언니도 알았는지는 모르겠네요. 제 생각에 언니는 진정한 스파이가 될 만한 자질이 없었어요."

안타깝게도 법원은 그녀가 가와시마 나니와에게 입양되었고 공식적으로는 일본 시민권을 갖고 있다 하더라도 생부가 중국인이기 때문에 여전히 중국인이라고 주장했다. 따라서 한간죄를 적용할 수 있다고 보았다. 그녀의 중국 혈통은 외국 시민임을 입증하는 그 어떤 문서보다도 강력했다.

요시코는 일본에 부역함으로써 자신보다 중국에 더 큰 피해를 주고도 살아남은 자들이 있다는 사실을 알게 되었다. 하지만 언론의 혹평으로 한층 가열된 대중의 분노 때문에 자신이 면죄 받는 일은 없을 거라는 사실도 깨달았다. 그녀가 허탈하게 말했다. "신문 기사에 따르면, 나를 무대 위에 세우고 나를 볼 수 있는 쇼의 입장권을 발매해 그 수익을 가난한 이들에게 나누어줘야 한다고 하네요."

31
미소와 함께 사라지다

교도소에서 무의미한 날들을 보내느니 빨리 죽는 게 차라리 낫겠다.
-가와시마 요시코

항소 결과를 기다리던 가와시마 요시코는 운동시간 30분을 제외하고는 거의 온종일 0.5제곱미터밖에 되지 않는 감방에 머물렀다. 아직 해가 뜨지도 않은 새벽에 일어나 긴 하루가 끝날 때까지 할 일이 없었지만 그녀는 정신을 바짝 차리기 위해 노력했다. 특히 나니와에게 편지를 쓸 때는 맨정신을 유지하려고 애썼다. 요시코는 그에게 도움을 요청하는 감상적인 편지를 수차례 썼다.

무자비하고 떠들썩한 중국에서 이 감방 안에 있다는 건 정말 다행이에요. 감방은 안전한 천국처럼 저를 완벽하게 보호해주죠. 아버지 덕분에 다양한 문제에 관해 영적 각성을 할 수 있었어요. 저는 자리에 앉아서 음식을 먹고 규칙에 따르고 있어요. 음식(옥수수죽)은 정해진 시간에 와요. 하지만 혀에 닿는 느낌이 이상해 저는 물을 좀 달라고 하죠. 별

탈 없이 음식을 먹을 수 있어서 감사해요. 저는 매일 머리를 쥐어짜요. 평범한 인간들이 질투할 만큼 기발한 생각을 해 내려고 하죠.

법원 담당자는 반복해서 저를 심문해요. '진지하게 답하지 않는다'며 호통을 치거나 제가 '순진한 척하며 원숭이에 대한 얘기만 늘어놓는다'고 화를 내죠.

요시코는 여성 수감자들과 친구가 되었지만 전반적으로는 그들의 행동을 마뜩잖게 여겼다. "여기서도 이 여자들이 일으키는 소란은 똑같다. 이들은 무례할 뿐만 아니라 서로 엄청나게 다툰다. 나는 얼마나 많은 여성이 남편을 죽였는지 알고 깜짝 놀랐다." 그렇기는 했지만 이 여성들은 요시코에게 유죄 판결이 선고되자 함께 슬퍼했다.

요시코는 오가타에게 편지를 썼다. "사형 선고를 받았다. 나만큼 무심한 사람도 이 세상에 없을 거다. 모두가 나에게 크게 감탄하고 있다. 사형 선고가 내려진 날 나는 국수를 두 그릇 먹었다. 감방 친구들은 나를 동정하며 모두 울었다. 나는 친구들 앞에서는 미소 지었지만 마음속으론 울고 싶었다."

중국 친척들은 각자 나름의 문제가 있었기에 섣불리 면회를 오지 않았다. 전시에 일본에 협조한 죄로 체포될까 두려워한 그들은 반역자와의 관계를 모두에게 상기시킬 필요는 없다고 생각했다.

"나는 수감된 이후로 편지를 한 통도 받지 못했고 찾아오는 면회자도 없다. 편지를 받는 것은 수감자에게 가장 행복한 일이다. 다른 재소자들이 가족이나 친구로부터 편지를 받는 것을 보면 참 슬프다."

그녀는 늘 애완용 원숭이를 그리워했다. "지금도 몬짱이 고개를 돌려 산요 호텔 2층 창문 밖으로 전차가 지나가는 도로를 내려다보는 모습이 어찌나 귀여웠는지 생각하면 가슴이 미어진다. 죽은 후쿠짱의 얼굴이 떠오를 때면 눈물이 흐른다. 원숭이들 생각이 나면 나는 파란 하늘을 올려다보며 큰소리로 외친다. '후쿠짱, 몬짱, 데코, 치비! 너희들은 모두 운이 없었구나. 우리가 이렇게 빨리 헤어질 줄 알았더라면 그렇게 때리는 게 아니었는데.' 이런 생각을 하면 기분이 정말 우울하다."

오가타만이 출소하자마자 그녀를 도우려고 했다. 그는 담요를 팔아 현금을 마련하여 요시코가 필요한 물건들을 샀다. 양말, 가루치약, 수건, 케이크, 훈제 돼지고기 따위를 사서 매서운 바람과 눈을 헤치고 그녀가 수감된 교도소로 가져갔다. 그는 자주 방문하지 못해서 미안하다고 했지만 사실 재정적인 여유가 없었다. 오가타는 중국 친구에게 돈을 빌려 어렵사리 그녀를 위한 물건을 마련했지만 그가 교도소에 도착했을 때 요시코는 난징으로 옮겨진 뒤였다. 오가타는 요시코에게 편지를 썼다. "정말로 안타까웠습니다. 너무 좌절해서 울고 말았죠."

요시코는 정신을 차리려고 애썼다. 무슨 일이 있더라도 목숨만을 건지고 싶었다. 그녀는 출소할 수 없을 거라는 사실을 알았지만 최소한 항소를 통해 처형은 면할 수 있기를 바랐다. 그녀는 자신이 죽음을 받아들이고 있다고 계속해서 강조했지만 오가타와 나니와에게 이런저런 요청과 지시 사항으로 가득 찬 편지를 썼으며 그들을 다그치기 위해 열을 올렸다. 요시코는 마지막 순간까지 자신이 일본 시민이라는 것을 입증할 수만 있다면 사형을 면할 수 있을 거라는 헛된 믿음을 품었다.

요시코의 희망은 전적으로 나니와에게 달려있었다. 그녀는 아리송한 일본어는 교도소 검열을 교묘히 피할 수 있을 거라며 서둘러 문서를 보내 달라고 했다. 양부를 조르고 아양을 떨고, 때로는 애절하게…. 요시코는 필사적으로 자신의 간절한 요청을 전달했다.

잘 지내시죠? 제가 가장 걱정되는 건 아버지의 건강입니다. 저는 점점 더 나아지고 있어요. 그러니 제 걱정은 하지마세요. 이번에는 가족등록부가 한 부 필요해요. 일본 가족등록부에 제 이름이 올라가 있다는 것을 보여주면 저는 반역죄에서 벗어날 수 있어요. 최대한 빨리 그 문서를 저에게보내주세요. 진심으로 부탁드립니다. 저는 조만간 처형될지도 모르니 가능한 한 빨리 보내주세요.

요시코는 자신이 공식적인 양녀로 등재된 가족등록부만 손에 넣으면 이를 통해 자신의 일본 국적을 입증할 수 있을 거라 생각했다. 하지만 그녀도 알다시피 요시코의 이름은 나니와의 가족등록부에 오른 적이 없었다. 그래서 그녀는 나니와더러 문서를 조작해 조카 렌코의 이름 대신 자신의 이름을 넣어달라고 했다.

문서를 위조하는 것은 그때나 지금이나 쉽지 않은 일이었고 나니와는 굳이 위험을 무릅쓰려 하지 않았을 것이다. 요시코가 무슨 생각을 품고 있는지 알지 못했을 뿐만 아니라 자신의 안전도 염려했기 때문이었다. 더구나 나니와 역시 자신의 전시 행동들 때문에 미 군정 당국으로부터 조사를 받는 처지였다.

하지만 이러한 상황을 고려하더라도 나니와는 자식을 구하기 위해 필사적으로 무슨 일이든 할 각오가 된 아버지처럼 보이지는 않는다. 요시코를 입양하고 나서 겪은 고충 때문일 수도 있다. 그녀를 집에 들이기 전 예상했던 것보다 훨씬 더 많은 일을 견뎌야 했기에 지금 이런 냉담한 태도를 보이는 것인지도 모른다. 요시코가 근친상간에 관해 공공연히 떠들어댄 일도 그중 하나일 것이다. 요시코의 간청에도 나니와는 거리를 둔 채 냉정하고 초연한 모습을 보인다. 막 나가는 딸의 속임수에서 한참 전 손을 뗐으며 다시는 그녀 때문에 자신의 삶이 만신창이가 되는 걸 원하지 않는 아버지의 태도였다.

나니와는 위조한 가족등록부를 보내지는 않았지만 대신 요시코의 중국 변호사에게 아주 예의 바른 편지를 썼다. 그는 자신이 과거에 요시코의 가족에게 도움을 제공했으며 요시코만큼 일본인다운 사람은 없을 거라고 말했다. "어린 시절부터 요시코는 순수한 일본식 교육을 받았습니다. 그래서 말투나 습관이 전부 일본화되어 있죠. 그 결과 자신이 청 왕족이라는 생각을 하지 않습니다. 모든 일본인이 그녀를 가와시마 가족의 딸로 여겼죠." 하지만 나니와는 구체적인 증거를 제공하지 않았으며 요시코의 이름이 새겨진 공식 가족등록부의 존재에 대해 거짓말을 했다. "1923년 9월 1일 도쿄에서 발생한 대지진으로 문서가 소실되었습니다. 지진에 따른 화재로 시청의 모든 문서가 불타버렸죠." 나니와는 중국 당국이 자비를 베풀어 자신의 딸을 풀어줄 것을 바란다고 공손히 말했다. "저는 올해 83살이 됩니다. 심신이 약해지고 있어요. 저에게는 자식이 없어서 노년이 외롭습니다. 요시코가 출소해서 집에 돌아오기를 간절히 바랍니다."

하지만 나니와는 요시코가 강조해왔던 주장과 배치하는 내용을 편지에 담아 그 바람에 그녀가 살아남을 수 있는 기회의 문은 더욱 굳건히 닫히고 만다. 요시코는 자신이 알려진 것보다 여덟 살이 어리다고 일관되게 주장해 왔으나 나니와가 그녀를 입양한 년도를 언급함으로써 자신이 그러한 죄를 저지르기에는 너무 어렸다는 요시코의 주장이 거짓이었음이 탄로 나고 만 것이다. 나니와는 이렇게 적었다. "당시에 숙친왕은 나에게 자식이 없어서 내가 적적할 거라고 생각했습니다. 그래서 1913년 요시코를 내 도쿄 집으로 보냈습니다. 당시에 요시코는 여섯 살이었습니다."

요시코는 자신의 증언과 명백히 어긋나는 그의 진술에 기겁하며 진술을 수정해달라고 그에게 요청했다. "편지에서 실수를 하셨어요. 다시 한번 생각해보세요. 만주사변이 발생할 당시[1931년] 저는 고작 열여섯 살이었어요. 올해 저는 의심할 바 없이 서른셋이고요. 잘못 생각하고 계신 거예요. …년도를 이렇게 착각하시면 저에게 큰 문제가 돼요. 저들은 제가 저에게 유리하게 거짓말을 한다고 생각할 거예요."

그녀는 여전히 형 집행이 유예되기를 희망하며 계속해서 나니와에게 자신을 살릴 수도 있는 문서를 빨리 보내 달라고 애걸했다. 하지만 결국 만사가 글렀다는 사실을 깨달았고 이 상황을 버틸 수 있게 해줄 기쁨을 찾기 시작했다.

그녀는 오가타에게 편지를 썼다. "편지를 쓴 뒤 나는 붓을 던져버렸다. 그러고는 이렇게 생각했다. '이 온갖 속임수가 도움이 될까?' 나는 온갖 집착에서 벗어나 보려고 했다. 하지만 그럴 수가 없었다. 집착은 힘이고 또 동시에 죽음이기도 한다. 죽은 뒤에는 온갖 집착이 사라질 테니까. 살아있는 동안 집착은 뛰어난 사람이나 미친 사람이나 바보들에게 아무런 의미가 없다."

요시코는 《AP통신》의 스펜서 무사와 마지막 인터뷰를 했다. 그녀의 처형식에 참석하도록 허락받은 두 명의 서양기자 중 한 명이었다. 무사는 그녀가 처형되기 불과 며칠 전에 송고한 기사에 이렇게 썼다.

한때 눈부셨던 아름다움은 사라지고 이제는 빈털터리 신세로 상실감에 빠진 '아시아의 마타 하리'는 임박한 처형식을 기다리고 있다. …그녀는 더 이상 자신의 매력을 이용해 전쟁에서 일본을 도왔던 동양의 사이렌[1]처럼 보이지 않는다. 서른셋의 그녀는 윗니가 전부 빠졌으며 머리는 남자처럼 아주 짧은 모습이다. 솜을 덧댄 갈색 상의와 바지를 입고 있어 실제보다 몸집이 더 커 보인다. 새하얀 피부와 커다란 검은 눈, 작고 섬세한 손에는 예전의 아름다움이 언뜻 보인다.

기자는 그녀의 '황량한' 감방을 소개하며 '감옥에서 얼어 죽지 않도록' 처형식이 빨리 진행되었으면 좋겠다는 그녀의 바람을 전한다. 요시코는 천단 근처 공개 처형장에서 처형된다면 '대단히 수치스러울' 것이기 때문에 대중들이 보지 않는 곳에서 처형되게 해달라고도 요청했다. "진짜 반역자들이 총살당하는 장소잖아요." 라고 그녀는 말했다. 이 요청은 받아들여졌다.

많은 중국인이 "공식적인 국적을 떠나서 그녀는 일본인으로 길

---

1. 여자의 모습을 하고 바다에 살면서 아름다운 노랫소리로 선원들을 유혹하여 위험에 빠뜨렸다는, 고대 그리스 신화 속 존재

러졌기 때문에 사형 선고는 지나치게 가혹한 처사라고 말한다."라고 무사는 덧붙였다. 그럼에도 불구하고 그녀는 사형 집행이 유예될 거라는 희망은 품지 않았다. 적어도 한 명 이상의 국민당 진영의 고위급 인사가 그녀가 즉시 처형되기를 바라고 있다는 얘기를 접한 이후로는 특히 그랬다. 한참 전에 요시코에게 경솔하게 누설했던 비밀을 그녀가 탄로 낼까 두려워하고 있다는 것이다.

요시코는 무사에게 말했다. "나는 남자를 좋아하지 않아요. 그들은 여성들에게 골칫거리일 뿐이에요."

윗니가 전부 빠진 초라한 상태였지만 가와시마 요시코는 조상들을 수치스럽게 만들지 않겠다는 맹세대로 지조 있게 마지막 길을 갔다. 그녀는 마지막으로 시를 남겼다. "논쟁은 이 세상의 덧없는 짓일 뿐. 나는 미소와 함께 사라지련다. 그래야 마땅하다. 나는 아버지의 딸이니까."

1948년 3월 25일, 간수들의 부축을 거절한 채 가와시마 요시코는 서리가 잔뜩 내려앉은 교도소 마당으로 걸어 나갔다.

참고문헌

약어 (略語)

Aida   Aida Tsutomu, *Kawashima Naniwa-ō: Denki Kawashima Naniwa*(Tokyo: Ōzorasha, 1997)

Hiro   Aishinkakura Hiro [Saga Hiro], *Ruten no ōhi no Shōwa-shi*(Tokyo: Shinchōsha, 1984)

Kamisaka   Kamisaka Fuyuko, *Onnatachi ga keiken shita koto: Shōwa josei-shisambusaku* (Tokyo: Chūō kōronsha, 2000)

Jin Moyu   Aishinkakura Kenki [Jin Moyu], *Shinchō no ōjo ni umarete: Nitchū no hazama de* (Tokyo: Chūō kōronsha, 1986)

Niu   Niu Shanseng, ed., *Chuandao Fangzi de jingren miwen: Guomin zhengfu shenpan Jin Bihui mimi dang'an* (Hong Kong: Jinjian zixun jituan youxian gongsi, 1994)

Shōfū essay   Muramatsu Shōfū, "Dansōno reijin," in *Nanairo no jinsei*(Tokyo: Mikasa shobō, 1958), 185–91

Shōfū novel   Muramatsu Shōfū, *Dansō no reijin* (Tokyo: Ōzorasha, 1998)

Terao   Terao Saho, *Hyōden Kawashima Yoshiko: Dansō no etoranze*(Tokyo: Bungei shunjū, 2008)

Yoshiko   Kawashima Yoshiko, vol. 1, *Dōran no kage ni: Watakushi no hanseiki;*vol. 2, Hayashi Mokubē, ed., *Kawashima Yoshiko gokuchūki* (Tokyo:Ōzorasha, 1997)

1. 혼돈 속에 태어나다

나는 인간들과 죽고 싶지 않다. Yoshiko, vol. 2, 98.

저는 3월 25일에 처형될 것입니다. Niu, 600.

아마 저를 처형할 모양입니다. Yoshiko, vol. 2, 91.

아버지의 딸답게 제 마음은 차분하고… 같은 책, 90.

혐의를 벗는 거나 처형되는 거나 저에겐 다를 바 없습니다. 같은 책, 92.

불쌍한 요시코 이모! Kawashima Shōko, *Bōkyō: Nitchū rekishi no namima ni ikita Shinchō ōjo Kawashima Renko no shōgai* (Tokyo: Shūeisha, 2002), 125.

2. 여동생

나는 중국인이다. 하지만 사고방식이 일본화되었다. Jin Moyu, 94 - 95, 98 - 99.

〈88세 공주〉 "Bashiba sui de Xiao Gege—in Moyu" (Hong Kong: Fenghuang weixing, 2007).

나는 언니가 뤼순에 온 뒤에야 언니를 처음 봤다. Jin Moyu, 32.

언니는 느슨한 웨이브 머리를… 같은 책, 33.

하루는 뭔가를 사러 가게에 갔다가… 같은 책, 33 - 34.

왜 그러시죠? 같은 책, 36.

치즈코, 봐봐, 진은 너보다도 발놀림이… 같은 책, 38.

곧 돌아와! 같은 책.

언니는 몇 번이나 나에게 함께 살자고 했다. 같은 책, 8.

얼마 안 있어, 언니가 갑자기 나를 찾아왔다. 같은 책, 8 - 9.

언니의 시신이 담긴 사진을 신문에서 본 뒤… 같은 책, 12.

3. 망명한 왕족

막 잘라 통에 넣은 치자나무의 깨끗하고 상큼한 향기가… Willa Lou Woods, *Princess Jin, the Joan of Arc of the Orient* (Wenatchee, Wash.: World Pub., 1937), 4 - 5.

왜 울고 있어? Yoshiko, vol. 1, 3 - 4.

아버지는 봉천[심양]에 가고 싶어 했습니다. Kamisaka, 44.

나는 중화민국의 땅을 밟지 않으리. Niu, 201.

작고 통통했으며 가무잡잡한 피부에⋯ Jonjurjab, *Su qinwang yijia* (1964), 22ff.

중국을 상대로 전쟁을 치를 때⋯ Marius B. Jansen, *Japan and China: From War to Peace, 1894–1972* (Chicago: Rand McNally: 1975), 153.

일본 경찰은 할아버지를 감시했습니다. Aishinkakura Renshin [Aisin Gioro Lianshen], "Shuku shinnōke zakki," in *Tōhoku Ajia no rekishi to shakai*, edited by Hatanaka Sachiko and Harayama Akira (Nagoya: Nagoya Daigaku shuppankai, 1991), 41.

어린 시절 이 집 베란다에서 랴오둥반도를⋯ Jin Moyu, 24.

뤼순 집에는 넓은 식사 공간이 있었다. Yoshiko, vol. 1, 24.

뤼순에서 보낸 날들을 돌아볼 때 아직도 생생히⋯ 같은 책.

오늘날 비록 우리 왕조는 몰락했지만⋯ 같은 책, 24 - 25.

사방이 조용했어요. Kawashima Shōko, *Bōkyō,* 38.

뤼순에서 우리의 삶은 단순했습니다. 같은 책, 44.

17세기에 즉위한 강희제(康熙帝)도⋯ Mark C. Elliott, *The Manchu Way: The Eight Banners and Ethnic Identity in Late Imperial China* (Stanford: Stanford University Press, 2001), 179.

고대부터 우리 가족의 남자들은 열 살부터 활쏘기를⋯ Watanabe Ryūsaku, *Hiroku Kawashima Yoshiko: Sono shōgai no shinsō to nazo* (Tokyo: Banchō shobō, 1972), 29.

그들은 일본 옷을 입고 일본말을 했습니다. Harada Bairen, "Shuku shinnōke no hito-bito," privately printed, 1969, 5.

뤼순에 자리한 숙친왕의 집은 사실상⋯ Christopher Dewell, Ph.D. diss., University of California, Santa Barbara.

왕은 나에게 장난감을 보내주는 거라고 했다. Aida, 199.

요시코는 2층에 위치한 아버지의 방으로 와서⋯ Kamisaka, 51.

어느 날, 뤼순에 있는 아버지 숙친왕의 저택에서⋯ Kawashima Yoshiko, "Boku wa sokoku o aisu," *Fujin kōron*, September 1933, 67.

4. 대륙의 모험가

물, 하늘. 하늘과 물, 구름. Miyazaki Tōten, *My Thirty-three Years' Dream*, translated by Etō Shinkichi and Marius B. Jansen (Princeton: Princeton University Press, 1982), 52.

당시에 가와시마의 이상은… Wada Chishū, "Kawashima Naniwa monogatari," no. 8, *Taun jōhō,* 2000.

만주는 동아시아의 삶과 죽음이 교차하는 중추 신경이나 다름없다. Aida, 46.

나는 선천적으로 조바심이… 같은 책, 11.

신은 인간의 선한 면과 악한 면을… 같은 책, 13.

너는 달과 태양으로 만들어진… 같은 책, 13 - 14.

훌딱 벗은 채 폭포 아래… 같은 책, 15.

부와 직업, 전문성은 없으면서 정치적 욕망만… "Japan's Foreign Policy," *New York Times*, November 9, 1919.

나는 흰색 옷을 입고 흰색 말에 탄 장군이… Miyazaki, *My Thirty-three Years' Dream*, 73.

백인의 가증스러운 욕심 때문에… Aida, 17.

모든 일본인이 최신 유행에… 같은 책.

제비나 참새는 위대한 불사조의… Kuzuu Yoshihisa, *Tōa senkaku shishi kiden* (Tokyo: Kokuryūkai shuppan-bu, 1935 - 1936), 2:217.

나는 어학원에서 가장 소란스러운… Aida, 15 - 16.

알파벳 A도 모르는 상태로… 같은 책, 18.

자식이 열 명이나 있었던 부모는… Kuzuu, *Tōa senkaku shishi kiden*, 2:248.

가슴에서 피를 흘리며… Aida, 25.

이모는 재능이 뛰어났죠. Kawashima Shōko, *Bōkyō*, 125.

결국 청 왕조의 부활이 헛된 환상으로… Kawashima Yoshiko, "Boku wa sokoku o aisu," 69.

당신 도움 따위는 필요 없어! Kuzuu, *Tōa senkaku shishi kiden*, 2:228.

자금성은 나에게 맡겨라! Aida, 72.

중국과 일본이 제대로… Wada Chishū, "Kawashima Naniwa monogatari," no. 2, *Taun jōhō,* 2000.

중국은 망가진 차와 같다. *Yomiuri shimbun*, July 7, 1925.

[중국인]들은 모래와 같아서… Aida, 175.

숙친왕의 가족은 중국의 축소판과도 같다. Kawashima Naniwa, "Shuku ōke naikōshinsō" privately printed, 1928, 11.

5. 일본에서의 새로운 삶
열세 살 때 나는 아토미 여학교에… Kawashima Yoshiko, "Boku wa sokoku o aisu," 68.

그들은 제 중국 옷을 가져가 버리고… 같은 책, 67.

나니와는 돈과 여자 문제에서는… Watanabe, *Hiroku Kawashima Yoshiko*, 73.

후쿠는 일본으로 돌아온 뒤… Aida, 171 - 72.

뭐 하는 거니? Kawashima Shōko, *Bōkyō*, 73 - 74.

평정심을 잃었다. Kamisaka, 60.

당시에 삼촌의 집에는 성미 급한… Harada Tomohiko, "Kawashima Yoshiko o megutte," in *Harada Tomohiko chosakushū* (Kyoto: Shimbunkaku shuppan, 1981 - 1982), 6:74.

나는 삼촌으로부터 자신을 도우러… 같은 책, 84 - 85.

6. 만주 왕자, 일본 아내
관동군은 푸제가 두 국가 간의 우호를… Aisin-Gioro Pu Yi, *From Emperor to Citizen: The Autobiography of Aisin-Gioro Pu Yi*, translated by W. J. F. Jenner (Beijing: Foreign Languages Press, 1989), 289 - 90.

아버지에게 맡길게요. Hiro, 32.

우리는 그들의 제안을 거절했죠. 같은 책, 23.

둘 다 첫눈에 서로에게 빠졌다. Aishinkakura Fuketsu [Aisin Gioro Pujie], *Fuketsu jiden: "Manshūoku"kōei o ikite*, translated from the Chinese by Maruyama Noboru and Kin Jakusei [Jin Ruojing] (Tokyo: Kawade shobō shinsha, 1995), 74.

7. 학교생활
이 세상에는 자유를… Shōfū novel, 44.

그 많은 돈이 다 어디서… Yoshiko's nephew Aisin Gioro Lianshen. Terao Saho, the transcript of her interview with Lianshen.

한참을 걸어야… Kamisaka, 53.

너는 어느 나라에서 왔니? 같은 책.

내가 죽었다는 소식을 들었을 때… 같은 책, 54.

하루는 요시코가 한 행동 때문에… Watanabe, *Hiroku Kawashima Yoshiko*, 67 - 68.

교생 두 분이 우리 초등학교에서… Tanaka Sumie, "Kawashima Yoshiko," *Rekishi to jimbutsu*, June 1983, 26.

요시코는 한눈에 봐도… Ishikawa Rin, *Akabane mukashigatari* (Tokyo: Kindai bungei-sha, 1988), 124.

꽤 요란한 등교 방법이었죠. 같은 책, 29.

윤기가 좔좔 흐르는 학이… Harada Bairen, "Shuku shinnōke no hitobito," 8.

요시코는 정말로 눈에 띄었죠. Nishizawa Michio, *Shanhai e watatta onnatachi* (Tokyo: Shinjimbutsu ōraisha, 1996), 141.

내 광대 짓은 다른 학생들의 수업에… Takeuchi Minoru, *Kikō Nihon no naka no Chūgoku* (Tokyo: Asahi shimbunsha, 1976), 60.

그 교사는 너무 모욕적이었어요. 같은 책, 52.

청 왕조는 사라지고 없었지만… Jin Moyu, 18.

나는 집이 있지만… Kamisaka, 68.

질서를 파괴하며… Harada Bairen, "Shuku shinnōke no hitobito," 8.

중국인을 학교에 등록시키지 않겠다는… Yoshiko, vol. 1, 37.

나가노현에 위치한 마쓰모토 고등여학교의… Nishizawa, *Shanhai e watatta onnatachi*, 164.

손을 더럽히지 않고도… 같은 책, 163.

단련과 극기… Aida, 297.

그날, 하굣길에 나는… Yoshiko, vol. 1, 32.

작은 비둘기… Takeuchi, *Kikō Nihon no naka no Chūgoku*, 56.

오늘 밤은 어두워요. 같은 책, 57.

희생양! 전에도 말했다시피… 같은 책, 57 - 58.

오늘도 맞았어요. 같은 책, 58.

이 '애국자'는 이미 노년기에… 같은 책, 50.

그들은 1초라도 나를 놓아주지… 같은 책, 59 - 61.

8. 남장미인

나는 선의에서, 그녀를 돕기 위해서… Muramatsu Shōfū, "Dansōno reijin wa ikite iru," in *Gin no mimikazari* (Tokyo: Dai Nihon yūbenkai kōdansha, 1957), 232.

중국에서 가와시마 요시코와… *Yoshiko* 226.

가와시마 요시코에 대해… 같은 책, 228.

오랫동안 가와시마 요시코에게… 같은 책, 230.

결국 《남장미인》은 가와시마 요시코와… 같은 책, 232.

역사 소설로는 모리 오가이가… Muramatsu Ei, Iro kigen: *Onna, onna, mata onna: Muramatsu Shōfū no shōgai* (Tokyo: Saiko shobō, 1989), 87.

중국의 특산품은 새로운 사상과 장티푸스다. Joshua A. Fogel, *The Literature of Travel in the Japanese Rediscovery of China, 1862–1945* (Stanford: Stanford University Press, 1996), 260; from Kikuchi Hiroshi, Kubota Yoshitarō, and Sekiguchi Yasuyoshi, eds., *Akutagawa Ryūnosuke kenkyū* (Tokyo: Meiji shoin, 1981), 230.

상하이에는 없는 게… Muramatsu Ei, *Iro kigen*, 113.

나는 대체 왜 그 먼 도쿄에서… Muramatsu Shōfū, *Moeru Shanhai* (Tokyo: Surugadai shobō, 1953), 6 - 7.

전화로 얘기하기에는 너무… 같은 책, 18.

운전사는 세련된 복장을… 같은 책, 19.

당신은 작가잖소. 같은 책, 24 - 25.

그 말도 안 되는 계획은 그만… Shōfū essay, 186.

저를 미화시키지… Muramatsu Shōfū, *Moeru Shanhai*, 74.

알다시피 자신은… 같은 책, 76.

작가는 여주인공의… Shōfū essay, 187.

여주인공의 모델… *Fujin kōron*, November 1932, 163.

마리코는 남편 칸을 따라… Shōfū novel, 6 - 7.

그리하여 마리코는 자신도 모르는 사이… 같은 책, 41 - 42.

하루는 마리코가 의붓아버지와… *Fujin kōron*, October 1932, 375.

다시 말해, 가와시마 나니와는… Aishinkakura Kenritsu [Aisin Gioro Xianli],
   "Kawashima Yoshiko wa doko ni iru?" *Tokushū Bungei shunjū*, February 1956, 221.

숙친왕의 보물… Wada Chishū, "Kawashima Naniwa monogatari," no. 35, *Taun jōhō*,
   2001.

영웅은 여자를 좋아한다고… Harada Tomohiko, "Kawashima Yoshiko o megutte," 83.

쉰아홉 살의 나니와가… 같은 책, 85.

요시코의 오빠 셴리가… 같은 책, 85 - 86.

이는 진실이 아닙니다. Kamisaka Fuyuko, *Kamisaka Fuyuko no oi no ikkatsu* (Tokyo:
   Sankei shimbun shuppan, 2009), 222.

9. 극단적인 조치

모리야마는 구역질나는… *Shinano mainichi shimbun*, September 10, 1925.

외국에서 유입된 위험한 이데올로기… Joseph Mitsuo Kitagawa, *Religion in Japanese
   History* (New York: Columbia University Press, 1966), 196.

순수한 면을 보았다. *Shinano mainichi shimbun (chōkan)*, September 10, 1925.

사랑스러운 젊은 여인을… 같은 곳 *yūkan*.

그는 사랑하는 여자가… 같은 곳 *chōkan*.

젊은 남자는 그를 살해한 뒤… Jansen, *Japan and China*, 208.

정말로 총을 쏠 줄은… Kamisaka, 66.

요시코의 결혼에 촉매제가… *Shinano mainichi shimbun*, November 21, 1925.

요시코의 결혼 소식을 다룬… 같은 곳, November 22, 1925.

이 모든 일을 겪은 건… *Asahi shimbun*, Tokyo, November 27, 1925.

가와시마 나니와의 집에서 무슨 일이… Kawashima Yoshiko, "Boku wa sokoku o
   aisu," 69.

여자로서의 삶에 작별을… 같은 책.

가와시마 요시코, 아름다운 검은색… *Asahi shimbun*, Tokyo, November 27, 1925.

걱정을 끼쳐드려서… 같은 곳, November 29, 1925.

10. 반향

대중들이 던지는 비난은… Kamisaka, 22.

문제투성이 가와시마 요시코… *Asahi shimbun*, Tokyo, February 18, 1927.

제가 요시코를 중국 가족에게… *Asahi shimbun*, Osaka, March 7, 1927.

요시코는 정상이 아닙니다. *Yomiuri shimbun*, March 7, 1927.

외로움을 견딜 수 없어 *Asahi shimbun*, Osaka, March 7, 1927.

어머니는 일본에 대해… Kawashima Shōko, *Bōkyō*, 80.

그림자처럼 그의 곁에… 같은 책, 111.

그들은 노지리 호수에서… 같은 책, 79.

요시코의 이기적인 성격은… 같은 책, 122.

이모는 어떤 일에서든… 같은 책, 126.

11. 혼자 힘으로

한마디로 그녀는 외국에서 온… Harada Tomohiko, "Kawashima Yoshiko o megutte," 71.

'외국인'이라는 단어가… Yoshiko, vol. 1, 36.

병에 걸렸다가 겨우… Kawashima Yoshiko, "Boku wa sokoku o aisu," 71.

요시코는 저에게 캉주르잡이 계속 편지를… Kamisaka, 73.

언니는 정말로 다소곳한 신부 같아 보였고… Jin Moyu, 34.

'만주와 몽골은 하나다'라는 생각을… Nishizawa, *Shanhai e watatta onnatachi*, 221.

제 일상은 참을 수 없을 만큼… Yoshiko, vol. 1, 83 - 84.

정오의 바다만큼이나 눈부시도록… 같은 책.

이 몽골인들은 이야기를… 같은 책, 85.

법과 질서를 유지하는 일… Nishizawa, *Shanhai e watatta onnatachi*, 218.

우리 군대는 뎅 화 장군과… Zhongyang Dang'an Guan, ed., *Wei Manzhouguo de tongzhi yu neimu-wei Man guanyuan gongshu* (Beijing: Zhonghua shuju, 2000).

요시코는 결혼하자마자 가정의… Jonjurjab, *Su qinwang yijia*.

스물두세 살쯤 된 아담한… Morita Hisako, "Shinchōōo to nisen-en," *Fujin saron*, April 1932, 204 - 8.

12. 독이 든 악마의 맥주

나는 중국인들의 마음을 사로잡기… Whitey Smith, *I Didn't Make a Million* (Manila: Philippine Education Co., 1956), 25 - 26.

나는 춤 동작을…. Muramatsu Shōfū, *Mato* (Tokyo: Yumani shobō, 2002), 11.

상하이가 어떤 도시인지… 같은 책, 26.

마음속 깊은 곳에서는… "Watashi ga futatabi onna ni kaeru hi," *Fujin kurabu*, September 1933, 287.

저는 조국에서 쫓겨났습니다. Kamisaka, 77.

숙친왕의 문제 많은 딸, 가와시마… *Shinano mainichi shimbun*, May 14, 1931.

13. 만주로 진출하다

1931년, 일본이 중국을 침략하면서… Ienaga Saburō, *The Pacific War*, translated by Frank Baldwin (New York: Pantheon, 1978), 3.

일본인의 피로 획득한… Yamamuro Shin'ichi, *Manchuria under Japanese Dominion*, translated by Joshua A. Fogel (Philadelphia: University of Pennsylvania Press, 2006), 261; from Sakurai Tadayoshi, *Nikudan* (Tokyo: Eibun shinshisha, 1906), 36.

만주와 몽골은 중국의 영토가 아니라… Peter Duus, ed., *The Cambridge History of Japan, Volume 6: The Twentieth Century* (Cambridge: Cambridge University Press, 1988), 292.

총소리가 너무 끔찍해… *Walla Walla Union Bulletin*, July 5 1946.

자애로운 정부가 세운 낙원… Duus, *Cambridge History of Japan*, 297.

가격 조작, 강제 매각… Louise Young, *Japan's Total Empire: Manchuria and the Culture of Wartime Imperialism* (Berkeley: University of California Press, 1998), 402.

마치 말을 모는 것처럼… Chong-Sik Lee, *Revolutionary Struggle in Manchuria: Chinese Communism and Soviet Interest, 1922–1945* (Berkeley: University of California Press, 1983), 271.

가와시마 요시코, 격랑 속으로 뛰어들다. *Asahi shimbun*, November 16, 1931.

14. 휘청거리는 황제

나는 관동군과의 대화가 아무런… Pu Yi, *From Emperor to Citizen*, 235.

난폭한 (관동군은)… Secretary of State Henry L. Stimson, quoted in Sadako N. Ogata, *Defiance in Manchuria: The Making of Japanese Foreign Policy, 1931–1932* (Berkeley: University of California Press, 1964), 72.

호랑이의 입… Edward Behr, *The Last Emperor* (New York: Bantam, 1987), 211.

소식을 듣자마자… Pu Yi, *From Emperor to Citizen*, 219.

수세식 변소와 중앙난방이 갖춰진… 같은 책, 208.

징유안 정원의 경제 규모는… 같은 책, 209.

톈진으로 이사한 뒤에는… 같은 책, 209 - 10.

스피어민트 껌이나 바이엘 아스피린만… 같은 책, 210, 212.

그 웨이터가 누군지… 같은 책, 229.

우리를 산적의 자식으로… 같은 책, 228.

그는 주위의 경고에… 같은 책.

조상의 고향 땅으로… 같은 책, 220.

나는 공포 속에서 정권의 부활을… 같은 책, 247.

15. 아편쟁이 황후

가을이 스무 번 지난 뒤… Vera Schwarcz, *Place and Memory in the Singing Crane Garden* (Philadelphia: University of Pennsylvania Press, 2008), 70.

이타가키[세이시로] 참모장교는… Kamisaka, 84.

사진 속 여인들의 얼굴은… Pu Yi, *From Emperor to Citizen*, 117.

황실 가족 중 황후를 제외하고는… Wang Qingxiang, *China's Last Emperor as an Ordi-*

nary Citizen (Beijing: China Reconstructs, 1986), 18.

푸이의 동성애는 공공연한… Kamisaka, 84.

나는 검은색 양복을 입고… Yoshiko, vol. 1, 129.

지난밤 11시, 중국 폭동세력의 무리가… *New York Times*, November 12, 1931.

개를 데려와. Muramatsu Shōfū, *Moeru Shanhai*, 116.

중국 중앙 정부는 당시에… 같은 책.

훗날 중국에 어떠한 정치 조직이… Niu, 58.

서른이 조금 넘었는데, 키가 170센티미터… Hiro, 56.

황후는 제 오른쪽에 앉아 있었는데… 같은 책, 56 - 57.

16. 강력한 연줄

요시코: 어떻게 할 건가요? Kishida Risei, *Tsui no sumika, kari no yado: Kawashima Yoshiko den* (Tokyo: Jiritsu shobō, 2002), 59.

이 재판소에서 내가 증언하는 건… R. John Pritchard and Sonia Magbanua Zaide, eds., *The Tokyo War Crimes Trial* (New York: Garland, 1981), 7:15916.

훗날 다나카는 일본 황제가… Tanaka Ryūkichi, "Kakute tennōwa muzai ni natta," in "Bungei shunjū" *ni miru Shōwa-shi* (Tokyo: Bungei shunjū, 1988), 2:85.

가스 중독… *Tokyo War Crimes Trial*, 2:2142.

그래요, 돈을 좀 썼습니다. 같은 책, 165 - 66.

프로 증인… 같은 책, 14:34377 - 78.

다나카가 다양한 사안에… 같은 책, 18:44904 - 5.

다나카 소장, 일본인들이 당신을… 같은 책, 6:14339.

우리는 헌병대 즉, 켐페이타이와… 같은 책, 14341 - 42.

방종하고 고약한 성격… *Life*, January 26, 1948, 89.

솔직히 말해 당신과… Matsumoto Shigeharu, Shanhai jidai (Tokyo: Chūō kōron, 1974), 2:209; cited in Eri Hotta, *Pan-Asianism and Japan's War 1931–945* (New York: Palgrave Macmillan, 2007), 152.

그 이후로 상하이에 주둔해 있는 동안… Tanaka Ryūkichi and Tanaka Minoru, *Tana-*

ka Ryūkichi chosakushū (Tokyo: Tanaka Minoru, 1979), 454.

다나카의 첫인상은… Muramatsu Shōfu, *Moeru Shanhai*, 22.

요시코는 다나카에게 건방지고… 같은 책, 27.

그의 머릿속에는 무언가… 같은 책, 50.

요시코의 목소리는… 같은 책, 96.

성도착증에서 비롯되었다고… 같은 책, 99.

'비극적인' (죽음을)… *Tanaka Ryūkichi chosakushū*, 570.

요시코는 전체 상황을 이해하기도 전에… Kamisaka, 90.

요시코에게 집을 사줬고… *Tanaka Ryūkichi chosakushū*, 454.

자신의 주요 직무를… 같은 책.

다나카는 요시코와 살면서… 같은 책.

결국 다나카는 요시코를 진정한… 같은 책.

요시코는 옛 청 왕조 부활에… 같은 책.

요시코는 타고난 스파이… 같은 책, 455.

남자 역할을 맡아 춤을… Muramatsu Shōfu, "Dansōno reijin wa ikite iru," 259 - 0.

청 왕족을 운운하는 건… Shōfu novel, 91.

만주사변이 미친 영향을… Terebi Tōkyō, ed., *Shōgen watakushi no Shōwa-shi* (Tokyo: Bungei shunjū, 1989), 1:273.

그렇기는 했지만 상하이에 살던… 같은 책, 275.

말했다시피 당시에 상하이에 살던… 같은 책.

너무 갑자기 발생한… 같은 책.

피난민들의 말에 따르면 차베이에 거주하는… Frederic Wakeman Jr., *Policing Shanghai 1927–1937* (Berkeley: University of California Press, 1995), 190.

이 치열한 전쟁 상황에서… *Tanaka Ryūkichi chosakushū*, 457.

참모 총장 이타가키의… 같은 책, 459.

훗날 셴리는 요시코가… Kamisaka, 86.

17. 영향력 있는 여인

우리가 달콤한 포도를… Woods, *Princess Jin*, 8.

방 안에는 양쪽으로 침대… Shōfū essay, 188.

우리는 매일 밤, 늦은 저녁을 먹은 뒤… 같은 책, 187 - 88.

내가 옷을 입고… Muramatsu Shōfū, "Dansōno reijin wa ikite iru," 255 - 6.

중령은 이 비밀문서를 왜… 같은 책, 250.

'가와시마 보고서'가 담긴… 같은 책, 251.

요시코는 항상 일본군이… 같은 책.

내가 슐리안을 죽였다. 같은 책, 309.

여자는 정조를 지켜야 한다. 같은 책, 308.

가와시마 요시코는 여성의… Terao Saho interview.

공주는 며칠 더 머물다 가라고… Woods, *Princess Jin*, 6.

남자로 위장했다. 같은 책, 3 - 4.

현재 난징 정부는… 같은 책, 24.

작은 일본 소녀… 같은 책, 6 - 7.

저는 항상 외로워요. "Watashi ga futatabi onna ni kaeru hi," 286, 288.

요시코는 열하에 갔을 때… 같은 책, 285.

1931년 만주사변이… Woods, *Princess Jin*, 18.

공주는 부모가 어떠한 취급을… 같은 책.

일본인들은 저에게… 같은 책, 24.

요시코는 성공과 명성에… *Tanaka Ryūkichi chosakushū*, 461.

애초에 요시코는 다나카를… Muramatsu Shōfū, "Dansōno reijin wa ikite iru," 244.

요시코와 헤어졌네. 같은 책.

목숨을 내놓아라. Terebi Tōkyō, *Shōgen watakushi no Shōwa-shi*, 1:280.

당신 없이는 살 수 없소. Aishinkakura Kenritsu, "Kawashima Yoshiko wa doko ni iru?" 223.

돈줄… Muramatsu Shōfū, "Dansōno reijin wa ikite iru," 252.

18. 현실 인식

어느 날, 장교 한 명이 동료와 함께⋯ Aishinkakura Fuketsu, *Fuketsu jiden*, 62‑63.

일본 군부로부터 하객을 제한해야⋯ Hiro, 42.

네가 왜 여기에 왔느냐? 같은 책, 72.

히로, 네 생각은 하지⋯ 같은 책, 58.

만주에서 맞이한 첫 겨울⋯ 같은 책.

황제는 축하 전언을 보냈으며⋯ 같은 책, 66.

대위 주제에 어떻게 온갖⋯ 같은 책.

일본인 이웃 외에는⋯ Katō Toshiko interview.

아이들은 늘 그렇듯⋯ Hiro, 70.

노예 근성⋯ Aishinkakura Fuketsu, *Fuketsu jiden*, 151.

엄중하게 처벌해야 한다. 같은 책.

당신이 만주국 육군사관학교에서⋯ 같은 책, 153.

이 사건은 훗날 나를⋯ 같은 책, 95.

나는 감상에 젖어⋯ 같은 책, 96.

'반역자'라고 부른다)⋯ 같은 책 97.

관동군이 왜 우리가 베이징에⋯ 같은 책.

19. 진 사령관

열하는 사방이 산으로⋯ Edgar Snow, *Far Eastern Front* (New York: Smith and Haas, 1933), 295.

수 장군은 몇 주 동안⋯ *Straits Times*, November 17, 1932.

유난히 반짝이던 잔 다르크⋯ *Asahi shimbun*, Tokyo, February 28, 1933.

죽는 건 상관없어요. Yoshiko, vol. 1, 246.

신경과민⋯ 같은 책, 248.

그는 요시코의 상관이자⋯ Hirano Mineo, "Josōhirei Kawashima Yoshiko to sono bakka," *Hanashi*, April 1933, 243.

나는 내 신념에 따라⋯Aishinkakura Kenritsu, "Kawashima Yoshiko wa doko ni iru?" 224.

타다가 나를 입양했어. Chiya Michio, "Gokusōno Kawashima Yoshiko," in *Shi no kōseki* (Tokyo: Hokuyōsha, 1977), 50.

요시코가 문제를 일으키자… 같은 책, 49.

나의 아파트는 신쿄… Yoshiko, vol. 1, 254.

내 형제들에게 진 정신적인 빚을… 같은 책.

어울리지 않게 조용하고 순종적인… 같은 책, 255.

그들은 딱딱한 안장에 올라타… 같은 책, 258.

여성 사령관 이스턴 쥬얼은… Hirano, "Josōhirei Kawashima Yoshiko to sono bakka," 246‑7.

요시코가 지휘한 군대의 규모가… Terao, 169‑70.

'장난감 병정들'로 이루어진 군대라… Shōfū essay, 189.

요시코는 특별한 지위나… Hirano, "Josōhirei Kawashima Yoshiko to sono bakka," 243.

나는 새로운 만주국을 위해 '암흑 부대'를… Watanabe, *Hiroku Kawashima Yoshiko*, 139.

당시에 호화로운 삶을 유지하려면… Terao Saho interview with Aisin Gioro Lianshen.

십자군 이후, 위대한 군대가… Snow, *Far Eastern Front*, 294.

[열하]에서의 패배는… 같은 책, 293.

이 음산하고 추운 산악… *Time*, January 23, 1933.

제헐[열하의 다른 이름]을 통치하는… *Time*, February 27, 1933.

눈보라 속에서 산길을… *Time*, March 13 1933.

아편에 취한 듯 인사불성이었다. 같은 곳.

20. 만주국에서의 새 출발

그들이 아무리 설득해도… *Aa Manmō kaitaku-dan*, Equipe de Cinema, no. 171 (Tokyo: Iwanami Hall, 2008), 8.

정부는 국민들을 만주로… 같은 곳, 10‑11.

군 장교가 우리 학교에… 같은 곳, 21.

저는 10살 때 만주로… 같은 곳, 22.

아버지는 학교에서 학생들에게… 같은 곳, 18.

동생은 하늘색 옷을… Takarabe Toriko, *Takarabe Toriko shishū* (Tokyo: Shinchōsha, 1997), 11.

아버지한테서 싸늘한… 같은 책, 85.

야마모토는 제멋대로 펼쳐진… Takarabe Toriko, *Tempu, meifu* (Tokyo: Kōdansha, 2005), 41.

그들은 말이 끄는 수레를… 같은 책, 14.

21. 조명 아래서

평범한 사람이라면 자유로운… Watanabe, *Hiroku Kawashima Yoshiko*, 265.

내 인생은 나를 둘러싼… Niu, 453.

이 글을 보면 알 수 있듯… Kawashima Shōko, *Bōkyō*, 120.

'독점'권을 얻었다. Kawashima Yoshiko, "Boku wa sokoku o aisu," 64.

나는 군대를 이끌고… 같은 책, 65.

열하에 사는 3천만 중국인에게… 같은 책.

일본인들이 겪은 것에 비해… 같은 책, 75.

사랑하는 일본의 지적인 여성들에게… 같은 책, 76.

교육받은 러시아인들이 프랑스어를… Thomas Abe, "Dansōno reijin Kawashima Yoshiko hiwa," *Jimbutsu ōrai*, December 1955, 74 – 78.

22. 돌아온 탕아

아니오. 단지 동생의 거취가… Kamisaka, 117.

저는 아버지와 오빠들에게… *Shinano mainichi shimbun*, August 11, 1933.

요시코에게는 이상도… Harada Tomohiko, "Kawashima Yoshiko o megutte," 75.

요시코는 이상이 없었으며 천한… Kamisaka, 20.

요시코는 난폭하게도 응접실에 놓인… *Shinano mainichi shimbun*, August 30, 1933.

투기의 천재… Hugh Byas, *Government by Assassination* (Hoboken: Taylor and Francis, 2010), 249.

'메시아'라 부를 정도였고… Kasai Yoshiharu, *Shōwa no ten'ichibō ItōHanni den* (Tokyo:

Ronsōsha, 2003), 202.

지난 수십 년 동안 경제적 고난에… 같은 책, 200 - 201.

다시 여성이 되셨는데… 같은 책, 200.

'사령관의 방'이라는 표지판이… Kamisaka, 104.

요시코가 뭘 하고 있는지… *Shinano mainichi shimbun*, January 9, 1935.

이상하게 생긴 남자들이… 같은 곳.

분홍색 유젠 기모노를 입고… "Gokuchūni utau Kawashima Yoshiko no 'Kimigayo' " *Nihon shūhō*, August 1959, 166.

'포도당' 주사를 놓는… *Tokyo nichi nichi shimbun*, Nagano Shinshū, June 11, 1937.

이대로 가면 일본의… Fukunaga Kenji, "Joketsu Kawashima Yoshiko," *Nihon keizai shimbun*, May 9 1984.

오늘 밤 여기에 참석한 모든 분들은… *Shinano mainichi shimbun*, March 25, 1937.

23. 과거를 회상하는 딸

일본이 패전한 뒤, 형과 나는… Aixin-Jiaoluo Pu Jie [Aisin Gioro Pujie], "My Family and Myself," *China Pictorial*, no. 8, 1979, 39.

어머니는 책임감이 강하셨어요. Fukunaga Kosei interview.

다큐멘터리 〈내 아버지, 푸제〉에는… "Waga chichi Fuketsu: Rasuto emperāno otōo— aran no shōai," NHK kyōku, January 21, 2006.

일본은 '다섯 민족 간의 조화'라는… Hiro, 74.

우리는 밀가루를 생산하기… 같은 책, 100.

우리 만주국 사람들은 옷도… 같은 책, 114.

생각해보면 이런 위험한… 같은 책, 106.

일본인으로 사는 게… 같은 책, 116.

저는 어떻게 해야 할지 몰라… "Fukunaga Kosei: Aishinkakura-ke saigo no tenshi," *Fujin kōron*, February 7, 2009, 138 - 39.

24. 중국의 밤

그녀의 노래에는 우울한… Yamaguchi Yoshiko and Fujiwara Sakuya, *Ri Kōran: Watakushi no hansei* (Tokyo: Shinchōsha, 1990), 446.

그녀는 미소 지었다. 같은 책, 91.

어렸을 때 사람들은 나를… 같은 책, 93.

중국 경극에는 일본 가부키처럼… 같은 책, 92.

아버지는 일본이 동생 국가, 중국이… *Washington Post*, November 30, 1991.

일본 병사들은 만주 평원으로… Yoshiko, vol. 1, 264.

가와시마 요시코는 가족과 학교… Yamaguchi and Fujiwara, *Ri Kōran*, 94.

가와시마는 낮과 밤이 완전히… 같은 책.

진 비후이 사령관으로서의… 같은 책, 95.

훗날 저는 그녀와 동행한… 같은 책, 98.

가와시마 요시코를 향한 애정이… 같은 책, 99.

그 이상한 장면은 절대로… 같은 책.

밤 11시경이었다. Yoshiko, vol. 1, 268 - 69.

관에 놓인 뒤에야 그 사람이… 같은 책, 260 - 61.

25. 긴급 지원

사사카와는 1918년 일본 해군… Richard J. Samuels, *Machiavelli's Children: Leaders and Their Legacies in Italy and Japan* (Ithaca: Cornell University Press, 2003), 243.

자네에게 부탁할 게… Yamaoka Sōhachi, *Hatenkō: Ningen Sasakawa Ryōichi* (Tokyo: Yūhōsha, 1978), 178 - 79, 187.

참 잔인한 이야기일세. 같은 책, 188.

저를 만나러 와주셔서… 같은 책, 189.

'창백하고 무기력해' 보였다고… 같은 책.

선생님, 저들을 보셔야… 같은 책, 190.

아무도 제 기분을… 같은 책, 191.

그녀는 자신의 군대를 이용해… 같은 책, 185.

일본인들은 온갖 종류의… Watanabe, *Hiroku Kawashima Yoshiko*, 173.

저를 안아주세요. Yamaoka, *Hatenkō*, 195.

화내지 마세요. 같은 책, 196.

제가 의지할 수 있는⋯ 같은 책.

사사카와는 그녀가 진정으로⋯ 같은 책, 197.

요시코는 강연을 하겠다고⋯ 같은 책.

저는 장제스를 보러⋯ 같은 책, 199.

사사카와는 그녀가 망가진 삶 속에서⋯ 같은 책, 201.

26. 옛사랑

전쟁이 일어나지 않았고⋯ Yamaguchi Yoshiko, *Ri Kōran o ikite: Watakushi no rirekisho* (Tokyo: Nihon keizai shimbunsha, 2004), 128.

중국인들은 일본인의 명령을⋯ 같은 책, 125.

훨씬 후에야 가와시마가⋯ 같은 책, 40 - 41.

요시코가 이럴 줄은⋯ Yamaguchi and Fujiwara, *Ri Kōran*, 227.

요시코와 엮이지 않는 게⋯ 같은 책, 97.

야마구치가 학생일 때 나는⋯ 같은 책, 227 - 28.

요시코는 일본 군부가 중국에서⋯ 같은 책, 230 - 31.

야마가는 확실히 군인에게는⋯ Yamaguchi, *Ri Kōran o ikite*, 125 - 26.

난 이렇게나 고통받고⋯ Yamaguchi and Fujiwara, *Ri Kōran*, 233.

가와시마는 내가 사실을 알고⋯ 같은 책.

나는 앞으로 거대한⋯ 같은 책.

오래간만에 만나니 정말⋯ 같은 책, 234 - 35.

27. 후쿠오카에 표류하다

일본인들이 무섭다. Kotone Sonomoto, *Kodoku no ōjo Kawashima Yoshiko* (Tokyo: Tomo shobō, 2004), 114.

일본의 '사냥개'로 활동하는지⋯ Terao, 187.

병원에 갔는데 요시코가 흰색 기모노를⋯ Kamisaka, 113.

그녀의 허락 없이는 봉투를… 같은 책, 112.

나쁜 사람은 아니었어요. 같은 책, 113.

요시코는 일본에 악감정이… 같은 책.

우리가 중국에 함께 간다면… Kotone, *Kodoku no ōjo*, 108.

방은 다소 어두웠으며… 같은 책, 13.

일본과 중국은 모두… 같은 책, 121.

베이징은 대도시이지만… 같은 책, 97.

결국 일본을 격퇴하게 된… Satoshi Hattori, "Japan's Gamble for Autonomy: Re-thinking Matsuoka Yōsuke's Diplomacy," in *Tumultuous Decade: Empire, Society, and Diplomacy in 1930s Japan*, edited by Masato Kimura and Tosh Minohara (Toronto: University of Toronto Press, 2013), 215 - 16.

28. 끝까지 희망을 놓지 않다

요시코는 낮 시간에 딱히… Kamisaka, 119 - 20.

나는 중국과 일본 간에… Watanabe, *Hiroku Kawashima Yoshiko*, 172.

일본이 질 거라는 사실을 즉시… Yoshiko, vol. 2, 25.

나는 중국 병사나 일본 군대에… *Asahi shimbun*, Tokyo, February 8, 1932.

몽골로 도망가는 방법을… Kamisaka, 125.

원숭이 한 마리가 설사 증상을… Yoshiko, vol. 2, 97.

29. 간신히 도주하다

오늘 아침 우리는 천단을… Derk Bodde, *Peking Diary: A Year of Revolution* (New York: Schuman, 1950), 12 - 13; cited in Odd Arne Westad, *Decisive Encounters: The Chinese Civil War, 1946–1950* (Stanford: Stanford University Press, 2003), 223.

국민당과 미국 군대, 그리고 흰색 헬멧을 쓴… Jin Moyu, 7, 10.

일제의 꼭두각시 지도자 중… John F. Melby, *The Mandate of Heaven: Record of a Civil War, China 1945–49* (New York: Doubleday, 1971), 152.

일본이 패전할지라도… Nakanishi Rei, *Akai tsuki* (Tokyo: Shinchōsha, 2001), 2:145.

전쟁이 끝난 뒤 아버지는… Yamamoto Takeo interview.

장 징후이와 타케베 로쿠조가 한 무리의… Pu Yi, *From Emperor to Citizen*, 319.

다음 날 나는 소련 항공기에… 같은 책, 320.

바깥에서는 폭도들이… Hiro, 140.

우리가 닥친 상황을 깨닫자… 같은 책, 138.

황후는 삐쩍 말라갔죠. Motooka Noriko, *Ruten no ko: Saigo no kōjo Aishinkakura Kosei* (Tokyo: Chūō kōron shinsha, 2011), 112.

만주국이라는 허수아비 국가의… Hiro, 168.

우리는 그녀를 가와시마 요시코처럼… 같은 책, 183.

내 삶은 총성으로… 같은 책, 187.

30. 법의 심판대에 오르다

질문: 이름, 나이, 주소를 대시오. Niu, 24.

진 비후이가 여기 있나? Kamisaka, 125.

1시경에 낮잠을 자고… Niu, 1 - 2.

오가타는 이름만 비서일 뿐… Kamisaka, 126.

그녀가 이전에 살던 화려하고… *Xinminbao*, July 9, 1947, 18.

기자들에게 제발 도와달라며… Zhongyang Tongxunshe Zhengjibu, *Chuandao Fangzi panchu jingguo* (Taipei: Zhengda shezi zhongxin, n.d.), 3.

오카무라 야스지는 '살아있는 모든 것을 죽이고 태우고 약탈하라'는… John Dower, *Cultures of War: Pearl Harbor / Hiroshima / 9-11 / Iraq* (New York: Norton, 2010), 385.

'공포의 궁전'이라 불린 본부에서… Frederic E. Wakeman Jr., *The Shanghai Badlands: Wartime Terrorism and Urban Crime, 1937–1941* (Cambridge: Cambridge University Press, 1996), 85.

'왕의 힘러'라는 별명을… Masui Kōichi, *Kankan saiban-shi: 1946–1948* (Tokyo: Misuzu shobō, 1977), 251.

'작은 악마 딩'이 법원에 모습을… Wakeman, *Shanghai Badlands*, 86.

요시코의 조력으로 중국 북동지역 중 일부가… *Shishi xinbao*, July 11, 1947, 2.

법원 담당자는 이렇게… Niu, 519.

다음 날, 내가 쓴 글을… 같은 책, 530 - 31.

여성이기 때문에 그 감독관이… 같은 책, 532 - 33.

나는 직접 비행기를 몰고… 같은 책, 39 - 40.

소설은 기이한 사건을… "Mokugeki-sha ga kataru: Supai no joōKawashima Yoshiko shokei no shinsō," *Shūkan sankei*, March 1, 1971, 44.

아버지는 나에게 중국과… Niu, 29.

나는 중국에서 무슨 일이 일어나고… 같은 책, 30.

나는 마쓰오카 요스케의 비서로… 같은 책, 32.

'아시아의 마타 하리, 일본 간첩 혐의로 법정에 서다.' *Indiana Evening Gazette*, October 16, 1947.

지역 주민들은 입장권이 있든 없든… *Shijie ribao*, October 16, 1947, 30.

진 비후이가 체포된 뒤 아무도 원숭이를… 같은 곳.

'수박처럼' 나무에 매달린… *Heping ribao*, October 23, 1947.

법원 직원들이 신변에 위험을… Zhongyang Tongxunshe Zhengjibu, *Chuandao Fangzi panchu jingguo*, 32.

소설과 영화는 허구적인 사실을… Niu, 430.

우리 아버지는 중국인입니다. 같은 책, 386, 389.

나에게는 형제자매가… 같은 책, 390.

가와시마 요시코로도 알려진 진 비후이는… 같은 책, 384 - 85.

검찰이 왜 나에 관해… 같은 책, 385.

피고는 청 황실의 후손이며… 같은 책, 405.

검찰 측은 피고가 다양한 언어에… *Xinminbao*, October 19, 1947, 42.

역사학자 단 샤오가 언급했듯… Dan Shao, "Princess, Traitor, Soldier, Spy: Aisin Gioro Xianyu and the Dilemma of Manchu Identity," in *Crossed Histories: Manchuria in the Age of Empire*, edited by Mariko Tamanoi (Honolulu: University of Hawai'i Press, 2005), 98 - 99.

나는 만주인이다. *Shishi xinbao*, July 11, 1947, 2.

기소장에 따르면… Niu, 413.

마지막으로 법원이 피고에게… Niu, 419.

신문 기사에 따르면, 나를 무대 위에 세우고… Yoshiko, vol. 2, 103.

31. 미소와 함께 사라지다

교도소에서 무의미한 날들을… Yoshiko, vol. 2, 102.

무자비하고 떠들썩한 중국에서… 같은 책, 90.

여기서도 이 여자들이… 같은 책, 78.

사형 선고를 받았다. 같은 책, 95.

나는 수감된 이후로 편지를 한 통도… *Dagongbao*, November 20, 1947, 47.

지금도 몬짱이 고개를… Yoshiko, vol. 2, 96 - 97.

정말로 안타까웠습니다. 같은 책, 72.

잘 지내시죠? 같은 책, 67.

어린 시절부터 요시코는… vol. 2, 106 - 8.

편지에서 실수를 하셨어요. 같은 책, 115 - 16.

편지를 쓴 뒤 나는 붓을… 같은 책, 122 - 23.

한때 눈부셨던 아름다움은 사라지고… *Long Beach Press Telegram*, March 19, 1948.

그럼에도 불구하고 그녀는 사형 집행이… 누설했던 비밀을 탄로 낼까 두려워하던 국민
당 진영의 고위급 인사는 그 당시 중화민국 입법원장이었던 쑨커였다.

논쟁은 이 세상의 덧없는… Kawashima Yoshiko, *Shinjitsu no Kawashima Yoshiko: Hi-
meraretaru nihyakushu no shiika* (Matsumoto: Kawashima Yoshiko kinenshitsu setsu-
ritsu jikkō iinkai, 2001), 95; cited in Terao, 218.

감사의 글

우선 내가 이 책을 쓰도록 동기부여 해준 후나도 요이치에게 감사를 전하고 싶다.

그리고 중국에서 도움을 준 랑 케후아에게 감사를 표한다. 그녀는 내가 중국 북동 지역을 방문할 수 있도록 주선해주었을 뿐만 아니라 수많은 문서를 찾는 데에도 도움을 주었다. 큰 도움을 준 것에 대해 어떻게 감사 인사를 전해야 할지 모르겠다.

일본에서도 많은 사람의 도움을 받았다. 호카리 카시오와 야나기사와 카즈히코는 마쓰모토를 방문한 나를 따뜻하게 맞이해주었다. 그들은 자신들이 소장하고 있던 자료를 보여주었으며 그 밖에도 다방면으로 도움을 주었다. 요시코의 조카 손녀인 가와시마 쇼코 역시 요시코를 비롯한 다른 가족들에 대한 견해를 기꺼이 공유해주었다. 요시코의 전기 작가인 가미사카 후유코와 테라오 사호는 핵심 문서뿐만 아니라 요시코에 관한 뛰어난 통찰을 제공해주었다.

미국에서는 하루코 아오키 라이어가 이해하기 힘든 문서를 해독해주고 지원을 아끼지 않았고 다양한 문제를 해결하는 데 도움을 주었다. 테루코 크레이그는 내 원고를 검토하며 늘 그렇듯 최종 원고가 나올 때까지 큰 도움을 주었다. 매리 퓨는 열렬한 독자로서 빈틈없는 충고를 해주었고 낸시 베를리너는 중국어와 관련된 문제를 해결해주었다.

그 밖에도 아베 유미코, 조안나 핸들린 스미스, 마키나미 야스코, 마가레트 마츠타니, 린 리그스, 샹 예, 타카하시 치카코, 타카라베 토리코, 타케치 마나부, 왕 칭시앙에게도 감사를 표하고 싶다.

끝으로 격려와 지원을 아끼지 않은 편집자 제니퍼 크루, 에이전트 빅토리아 스커닉에게도 감사를 전한다.

찾아보기